上村一般図

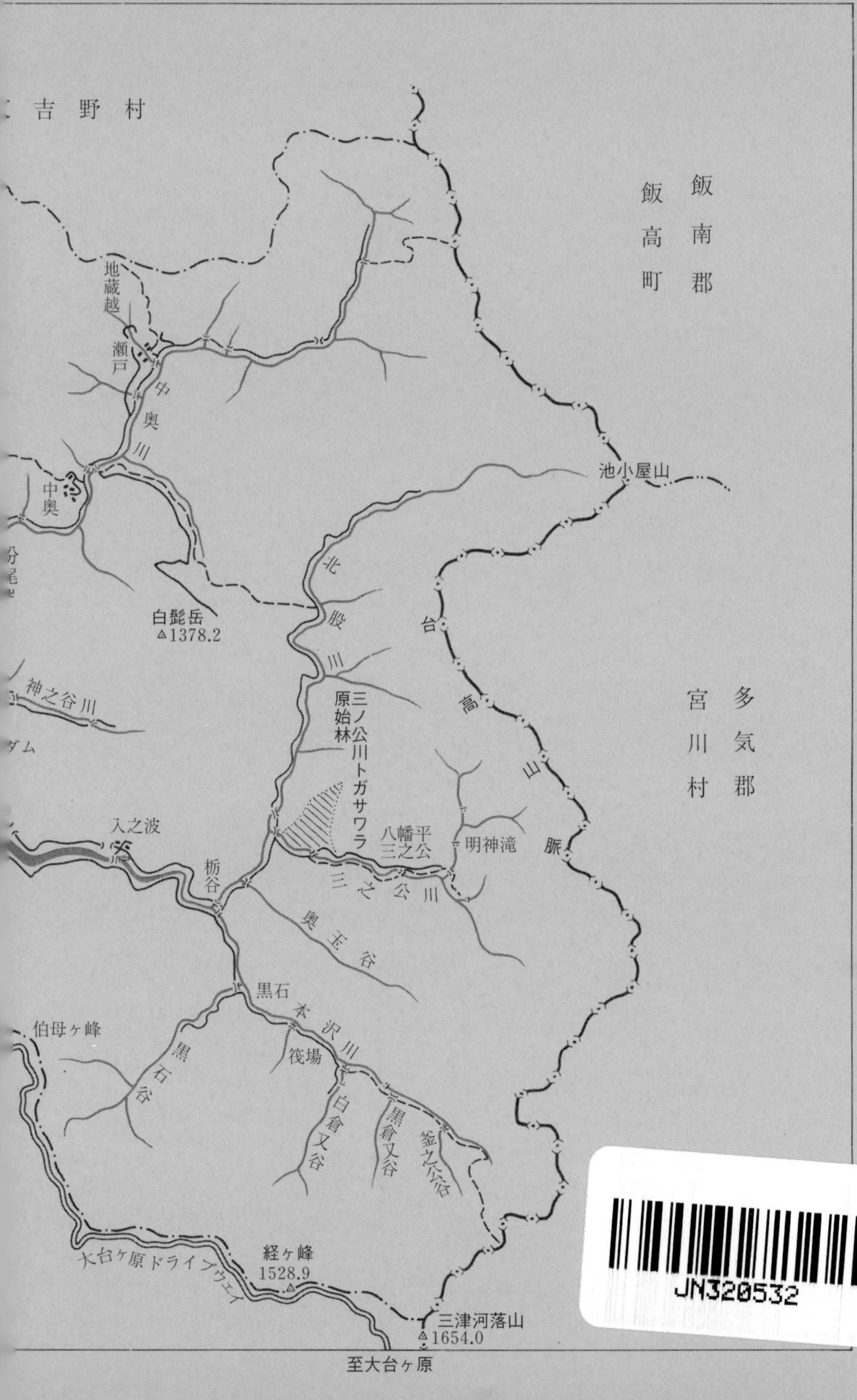

吉野村
飯南郡
飯高町
地蔵越
瀬戸
中奥川
中奥
白髭岳
1378.2
北股川
池小屋山
台高山脈
多気郡
宮川村
神之谷川
ダム
三ノ公川トガサワラ
原始林
入之波
栃谷
八幡平
三之公
明神滝
三之公川
奥玉谷
黒石
本沢川
伯母ヶ峰
黒石谷
筏場
白倉又谷
黒倉又谷
釜之公谷
大台ヶ原ドライブウェイ
経ヶ峰
1528.9
三津河落山
1654.0
至大台ヶ原

辻井英夫

吉野・川上の源流史

伊勢湾台風が直撃した村

新評論

1

2

3

4

扉写真：ヤマブキ（村の花）。山の桜が散り果てるころ、川辺一面に黄金《こがね》の波を見せる。

1. 蜻蛉の滝付近。よく整備されていて年中散策の人が絶えない。
2. フジ。青葉が萌えるころ、渓谷に色添いをもたらす。
3. ササユリ。最近めっきり少なくなったが、山中でこの花に出合うと清々しい気持ちになる。
4. シャクナゲ。白屋岳、白髭山、源流の森や大峰山系では、やはり花の王者。
5. 大台ドライブウエイ付近より、雲海たなびく川上の山嶺を望む。
6. コアジサイの群生。
7. 人口林として 250 年の歴史を刻むスギ・ヒノキの古木。

5

6

7

8

9

8. 西河《にじっこう》の滝（大滝）。古《いにしえ》から多くの文人達が訪れている。左は筏を流すために開削された割滝。
9. 「ほろほろと　山吹ちるか　たきのおと」大滝茶屋の横に建立されている芭蕉の句碑。

10

11

12

13

10. 雄滝　（大滝）。
11. 中奥川での鮎の友釣り。
12. 雌滝　（大滝）。
13. 黒石谷の初夏。

14

15

16

17

14. 大塔山トンネルから覗く瀬戸の秋。
15. 北股川の秋。
16. 大迫ダム湖。
17. 古木の伐採。

18

19

20

21

22

18. 金剛寺境内の佇まい。
19. 2 月 5 日の御朝拝式に開扉される自天王の遺品。
20. 御兜（国指定重要文化財）
21. 菊の御紋の裃を着用しての朝賀拝礼の儀。
22. 御陵に琵琶の弾奏（宇津木卯太郎氏主宰）。

23

24

25

23. 氷結の琵琶の滝。
24. 雪で薄化粧の丹生川上神社上社。
25. 元旦、松明に御神火を戴く氏子。いつから続いているのだろうか（西河・十二社神社）
26. 住吉神社（東川）後亀山天皇の皇子小倉宮実仁親王の御廟所。例祭は月５日であるが、近年はその近くの日曜日に祭祀されている。

26

はじめに

吉野杉の人工美林　ここは日本林業のふるさと

ぼくは山幸彦。ようこそ川上村へ。
みんなが川上村に来たら、まず川岸いっぱいに迫った山々、
そして整然と植えられたすぎや檜に驚くかもしれない。
500年も昔から村の人たちが育ててきたこの山のおかげで、
きれいな空気や冷たくて美味しい水があるんだよ。
そして村の真中を流れる吉野川。
やがて和歌山県へ流れ、紀の川となるんだよ。
その川の源流がここ川上村なんだ。
川上村には、とっておきのいいところがいっぱいあるんだよ。
だから川上村のことをよく知って遊びにおいでよ。
待ってるからね。

この一握りの山塊に、千古の歴史と万人の営みが息づいてきた。白倉山より東を望む（西河地区）

これは、川上村のホームページの冒頭に紹介されている「川上村の自己紹介」の全文である。

川上村を含む吉野地域は、奈良県の南、風水論で言うところの「朱雀」の位置にある。昔から「生命が蘇る所」と言われている。ここに出てくる「山幸

出所：川上村広報誌より。

彦」とは、『古事記』に登場する兄弟、海幸彦・山幸彦のことである。山幸彦が海の中から蘇って新しい世界を創りあげたという伝説のように、この地は吉野林業の中心地として、大和平野などを潤す水源地として、自然と人間が共生できる時代の先駆者として、新しい山村の風景を描きながら蘇ろうとしている。

そして、この故事にちなんで、また村に夢と活力を与えてくれることを願って、山幸彦が村のイメージキャラクターとして1988（昭和63）年４月30日に採用された。

とはいっても、「川上村」がどこにあるのかを知っている人は少ないであろう。正式な住所は「奈良県吉野郡川上村」となる。大阪・京都からであれば、電車とバスを乗り継いで２時間前後、名古屋からとなると３時間半ほどかかる。最寄りの駅と言えば近鉄電車の「大和上市駅」で、ここからバスで40分という、山深い所である。

ひょっとしたら、春、全山が桜となる吉野山の東側、熊野古道の一ルートである大峯奥駆道の入り口、そして、日本一雨の多い大台ヶ原の入り口、といったほうが読者の皆様にはその位置が分かりやすいかも知れない。

いずれにしろ、ほとんど知られていないこの村が全国の注目を浴びたことがある。1959（昭和34）年９月26日、「伊勢湾台風」が村を直撃したために、村史未曾有の被害を受けた。当時、1,702戸（人口は7,465人）でしかなかった村の209戸が全壊流失し、死者も72人に上った。たった一夜の暴風雨が、多くの人命・財産を奪っただけでなく、

この人たちを救おう

県下の被災者4万7千
死傷者590名を突破

奈良県災害特報

第2報

昭和34年10月16日発行
奈良市登大路町
発行所 奈良県
発行責任者 吉田[illegible]一郎
電話奈良4001（代表）

被災者にたいへん
喜ばれている救援物資
お金・お米・フトン・毛布・ゴザ
綿ブトン・古毛糸など

悲しい思いでの河原でテント張りの被災生活（五条市）

伊勢湾台風 奈良県

被害總額183億圓

（10月16日現在）

被災者総数	46,900人	流失埋没	518戸	学校関係被害	98百万円
人の被害		床上浸水	3,144戸	公用その他公共施設被害	79百万円
死者	81人	土木関係被害	7,429百万円	畜産関係被害	52百万円
行方不明	35人	山林関係被害	4,641百万円	開拓関係被害	41百万円
負傷者	512人	農作物関係被害	1,326百万円	農業資材関係被害	8百万円
建物被害	2,299百万円	商工関係被害	1,183百万円	水産関係被害	2百万円
全壊	801戸	耕地関係被害	816百万円	その他の被害	335百万円
半壊	1,458戸				

（右）復旧を待ちこがれる糧道（川上村）
大和タイムス社提供
（上）秋風身にしむ屋外の食事（五条市）
（左）学校復旧へ生徒たちも懸命
（吉野町柴橋中学校にて）

〈奈良県災害特報〉（昭和34年10月16日号）このような情報などによって、県内だけでなく全国から多くの支援をいただいた。

私たちの村の姿や村民の生き方までを大きく変えてしまったのだ。もちろん、その被害状況が新聞などで報道されたわけだが、いかんせん山奥のことゆえそれにも限りがあった。そして、2009年、「伊勢湾台風50周年」ということで改めてマスコミに取り上げられたわけであるが、その紙面に川上村の名前が出ることはなかった。

「伊勢湾台風」という名前のせいだろうか、多くの方々の意識が三重県・愛知県を中心とした伊勢湾に集中しており、実際の台風がどのように進んだのかなど、その通過地点にでも住んでいない限り覚えている人はいないであろう。

本書は、当時、村役場に勤めていた私が、仕事を通じてその被害状況を写真に撮っていたものを地区別に整理したものである（第２章）。伊勢湾台風が山奥の村にもたらした被害がいかにすごいものだったかを、ご覧いただけるとありがたい。

とはいえ、当時の写真が語ってくれるのは台風の悲惨さだけではなかった。この村に残る歴史のすごさ、また村がどれだけ元気で活気にあふれていたかを思い出すにつけ、後南朝（16ページより）に関する史跡などを中心として、現代に至る村の様子も含めて残したいという思いが強くなった。

この村に生まれ、この村で育ち、この村で仕事をしてきた。そして、これからもこの村で多くの人たちが生き続けていく。そのためにも、この村の素晴らしい自然環境のことや歴史などについても簡単に紹介したいと思っている。ただ、歴史学者でも地理学者でもない私が書くことになるわけだから、冒頭に紹介したような村のホームページや、これまでに刊行されている本を参照しての記述になることだけはまちがいない。それゆえ、引用に頼ることが多くなるが、その点に関してはご容赦いただきたい。

ただ、写真に関しては、素人ではあるが、50年以上にわたってこの村や近郊を撮り続けてきたという自負がある。それらの写真もあわせて掲載させていただくので、川上村へ観光に来られるときに役立てていただければと思っている。

言うまでもなく、災害は日本全国どこでも起こり得る。今年（2011年）も、東北地方において大地震による未曾有の被害が起こった。新聞やテレビで「自然は恐ろしい！」というコメントとともに被害地の風景が映し出されているわけだが、喉もと過ぎれば……なんとかで、当事者を除けばその記憶も怪しくなる。対策を考えることも重要だが、その前に「自然の驚異」を目に焼き付けて欲しい。「惨劇」とも言える歴史の１ページを改めて見つめ直し、自然災害の恐ろしさを今一度考え、それぞれの町の地域づくりに生かして欲しいとも思っている。

一枚の写真が、いつかは、誰かに、何かを語ってくれることを信じて。

1954（昭和29）年頃。木材の輸送も陸送となり、筏の雄姿も最後となってきたが、林業界が一番活気に満ちていた（大滝地区）

もくじ

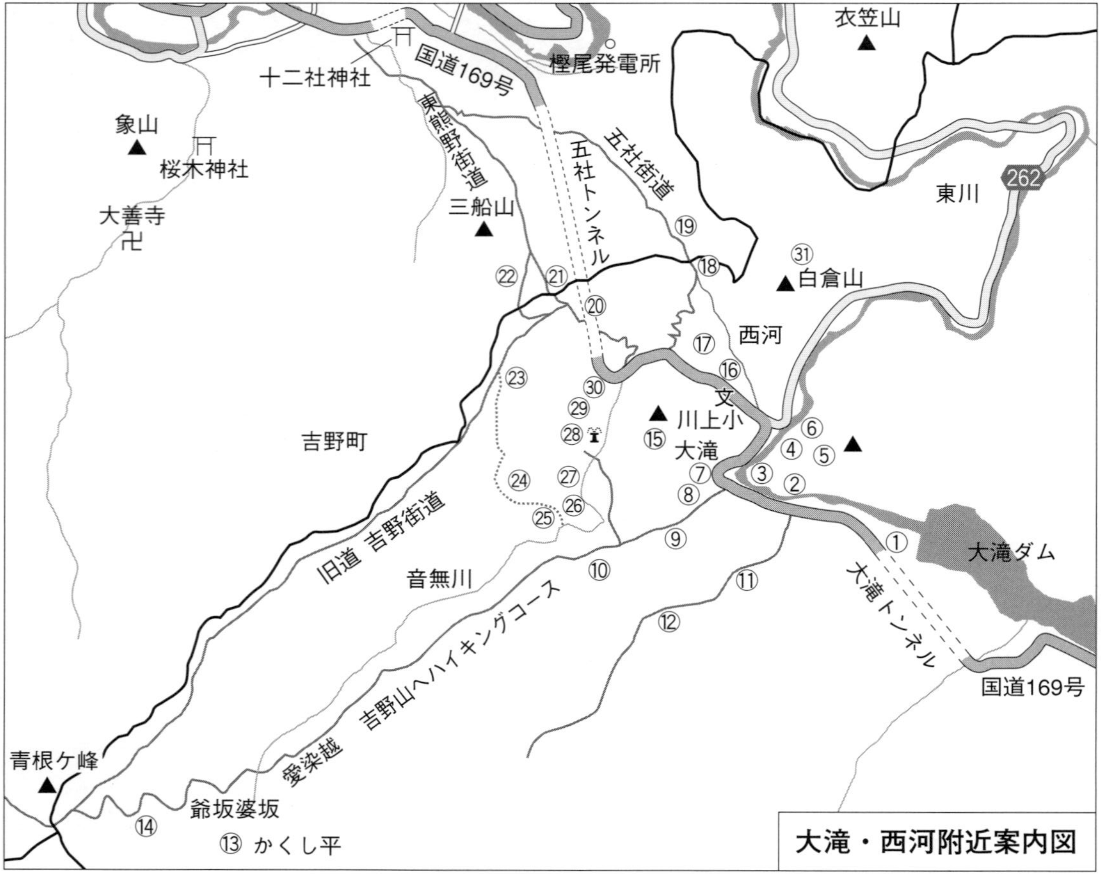

大滝・西河附近案内図

① 学べる建設ステーション
② 大滝（古名 西河の滝）
③ 夢の曲り渕
④ 土倉翁造林頌徳摩崖碑
⑤ 鎧掛
⑥ 別殿渕（ベトロ渕）
⑦ 土倉邸跡
⑧ 吉野離宮跡
⑨ 龍泉寺
⑩ 大刀屋
⑪ 小滝（雄滝）
⑫ 雌滝
⑬ かくし平
⑭ 爺坂婆坂（愛染越）
⑮ 小倉山（八幡神社）
⑯ 十二社神社
⑰ 徳蔵寺
⑱ 五社峠
⑲ 鹿塩神社
⑳ 梅ガ井の碑
㉑ 仏ガ峯
㉒ 馬回し
㉓ 王峠
㉔ 聖天窟
㉕ 蜻蛉の滝
㉖ 不動堂
㉗ 弁財天堂
㉘ あきつの小野
㉙ スポーツ公園
㉚ 林業資料館
㉛ 白倉山

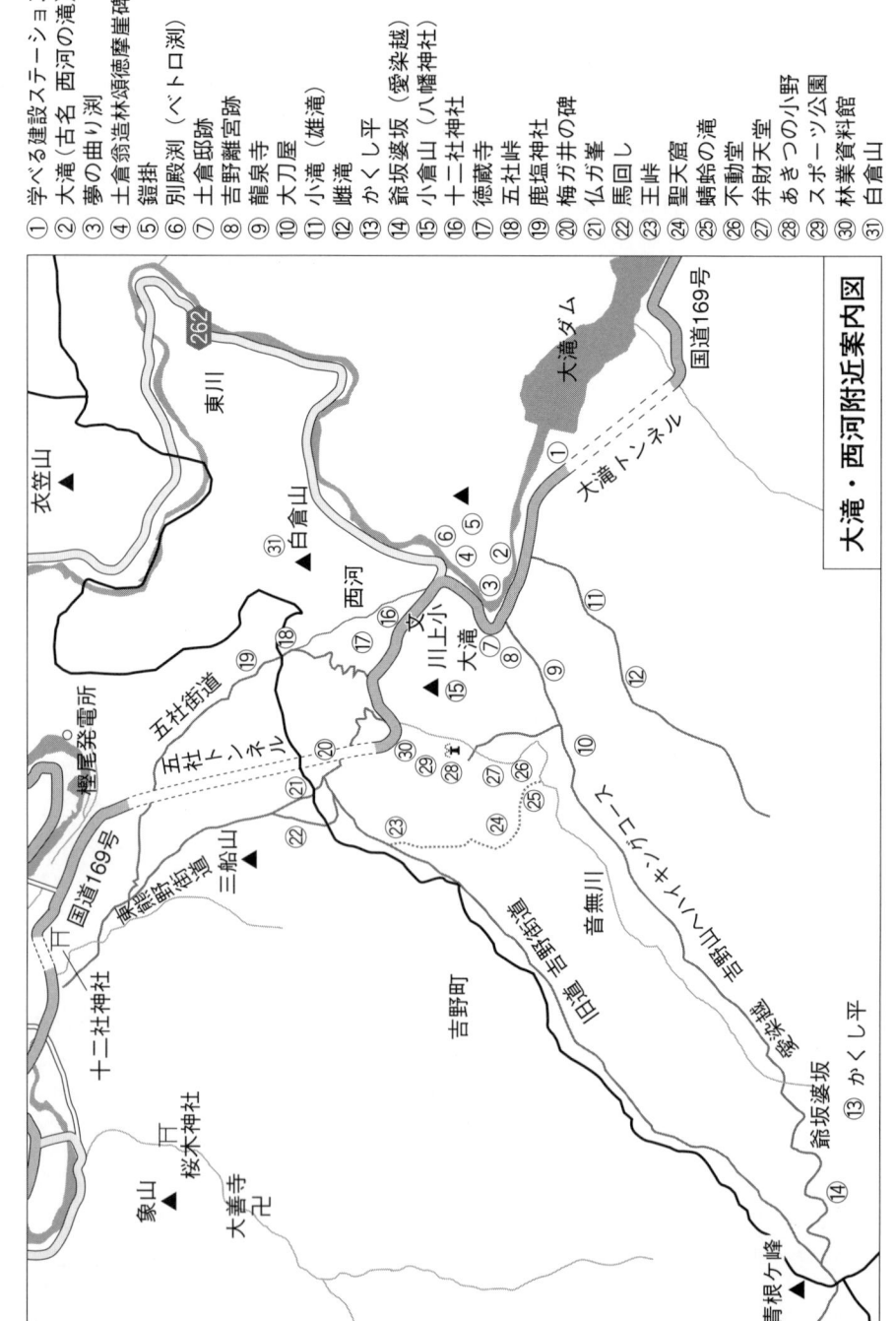

吉野・川上の源流史

——伊勢湾台風が直撃した村——

第1章

川上村の歴史

緑のダムと形容される源流地帯。恵まれた自然・風土が良質材の成育を支えるとともに、一歩深く足を運べば不思議な霊気に包まれる……（武木地区）

1 歴史深い山里の村

東西20.24㎞、南北18.48㎞、総面積269.16㎢、その約96％が山林という奥深い村。現在、大字《おおあざ》（地区）は「東川・西河・大滝・白屋・寺尾・北塩谷・迫・宮の平・高原・高原土場・人知・井戸・武木・井光・下多古・白川渡・枌尾・中奥・瀬戸・北和田・神之谷・上多古・柏木・上谷・大迫・伯母谷・入之波」の27に分かれており、最盛期には8,084人（1960年の国勢調査）いた人口も2010年４月には1,886人（930世帯）と減少した。俗にいう「過疎地区」であり、全人口のうち941人が65歳以上という中山間地区である。

年次別人口

（各年とも４月１日現在）

年	昭和35	40	45	50	55	60	平成２	7	12	17	22
人口	7,562	7,728	6,450	5,613	4,824	3,955	3,472	3,100	2,738	2,321	人 1,886
世帯数	1,702	1,968	1,696	1,616	1,489	1,319	1,233	1,198	1,119	1,033	戸 930

このような川上村だが、出土した遺物からすると縄文時代にまで遡ることができる。また、言い方を変えれば、大台、大峰山系に囲まれた深山幽谷、山紫水明に恵まれた所とも言える。

それが理由だろうか、古《いにしえ》より皇室との関係も深く、神武天皇東征の折はこの地の井《い》光《ひか》を通ったと『古事記』、『日本書紀』にも記されているし、その際、吉野始祖が忠誠を誓ったという伝説も残されている。また、大和朝廷の時代になると、応神天皇（15代）、雄略天皇（21代）、天智天皇（38代）、天武天皇（40代）、持統天皇（41代）が行幸されるようにもなった。

『吉野川上村史』の記述を見ると、応神天皇が大滝と西河の間に跨る

「小倉山に行幸遊ばされた」(13ページ)ことが伝えられているし、雄略天皇が「川上村小野に行幸になり」(11ページ)、狩りをしたという故事も伝えられている。このような伝説を混じえて、この村の歴史を以下で紹介していきたい。

伝説1　吉野離宮

まずは、応神天皇に関する記述を追ってみよう。『吉野郡史』(下巻)には以下のような記述がある。

「小倉山ハ亀山八幡山トモイウ大滝西河ニ跨レリ　應神天皇十九年(288)此山ニ行幸在マセシト頂上ニ八幡大神ノ小祠アリ　大滝高貝万造ノ蔵書記ニ依ルニ　人皇16代應神天皇　玉の緒ノ滝霊場来ル事ヲ聞キ給ヒ御幸有テ帝愛不浅鳳闕ヲ開キ高貝氏ニ命シテ　朕百年ノ後チ知ルコトアラバ霊魂此ニ留ルベシ　万歳朕ガ跡　汝ガ子孫ソレ之ヲ営メ小倉山ノ霊廟是也トアリ」(640ページ)

先に挙げた『吉野川上村史』でも紹介したように、応神天皇が大滝・西河地区にある小倉山八幡山に参詣されたという記述が見られる。

小倉山八幡神社。毎年1月15日が例祭で、西河、大滝地区の輪番神司が祭祀している

この応神天皇の時代から持統天皇の時代にかけて、各天皇がこの辺りに行幸されていることは『万葉集』に掲載されている歌からも明らかである。特に、持統天皇に至っては31回も行幸されている。となると、当然、この辺りになにがしかの施設があったと考えるのが一般的であろう。その施設というのが、現在においても古代史ファンを魅了している「吉野離宮」である。

吉野離宮がどこにあったかについては、吉野町宮滝や東吉野村小村付近、下市、大淀町、それに大滝・西河説があり、いまだ決定的な確証は得られていない。『吉野町史』（上巻）では、当然、宮滝説を挙げており、その結論部分を次のように記している。

「吉野離宮跡については、以上のような諸説があるが、一般的にほぼ宮滝説におちついているようである。吉野の万葉歌を理解し味わうためには、宮滝説で大体さしつかえなさそうだし、仮に宮滝でなかったとしても、およそ似かよった地形・景観のところであったろう。その真相は長い年月をかけても探求されていかねばならない。文献上の調査は勿論、関係の実地について、土地に根をおろした徹底的な究明がつづけられてゆかねばならない。それに、すでに述べたように長期間にわたるすべての『吉野宮』を同一箇所に限定する考えから自由でなければならないし、度々の行幸の目的が明らかにされるところから、ときほぐれる面も大きいにちがいない」（883ページ）

一方、私が現在住んでいる所は大滝地区である。かつてこの地は「山吹の里」と呼ばれ、川面一面にこぼれるように咲く山吹と、豪壮な滝の織りなす自然の美しさが、万葉の時代から幾多の人たちによって歌や史書に残されてきた。つまり、山深いこの村に万葉人が「来ては戻り、来ては戻り」を繰り返してきたのである。それを証明するかのように、『万葉集』（巻１－36）に次のような歌が詠まれている。

やすみしし　わが大君の聞しめす　天の下に国はしも　さはにあれど山川の清き河内と御心を　吉野の国の花散らふ　秋津の野辺に宮柱太しきませば　ももしきの　大宮人は船並めて　朝川渡り船競ひ　夕川わたるこの川の　絶ゆることなくこの山の　いや高知らず水激つ　滝の宮処は　見れども飽かぬかも

そして、この歌の反歌として、柿本人麻呂（660？～720？）が次のように詠んでいる。

見れども飽かぬ　吉野の河の　常滑《とこなめ》の　絶ゆることなく　また還り見ぬ

このような歌から想像される風景を頭に描くと、吉野離宮は私が伝え聞かされてきたように大滝・西河説となる。つまり、歌に詠まれている滝は「西河《にじっこう》の滝」であり、川が大きく折れている所を「夢の廻り淵」（通称、こうもり）と言い、古くから水神さまをお祀りしてきた。そして、鎧掛橋の下、通称「ベットロ淵」と呼ばれている所だが、これは「別殿淵」がなまったものとされている。右岸が「酒呑み」という地名で琴幸姫の伝説があり、川のなかほどには「御供岩」と呼ばれている岩があって、何らかの祭事に使われたものと思われる。ここから下流にかけては

西河の滝から、すぐ夢の廻り渕、別殿渕へと続く

柘ヶ枝仙女伝説のある「簗瀬《やなせ》」や「国栖《くず》」、天王河原の「浄見《きよみ》ヶ《が》原《はら》」へと続き、吉野離宮に関する故事が線となってつながっていくのだ。

離宮解明の中心的存在となると、やはり行幸の回数が最も多いとされる持統天皇である。とはいえ、その目的や位置を確定するだけの決定的な記述がないため、現在に至ってもロマンあふれる伝説としてそれぞれの地域において語り継がれているのであろう。

もちろん、素人の私が本書で「吉野離宮は大滝・西河にあった」と明言することはできないが、持統天皇より400年も前に応神天皇が吉野の霊場に行幸され、小倉山八幡山に参詣されているという記述を目にするたびに、行幸に値する霊場がこの大滝・西河地区に存在していたのではないかと考えたい。

自己中心的なその理由をもう一つ述べれば、ここ川上の地は、その昔「神瀬」または「賀美」と呼ばれていたこと、そして大峰・大台の山霊が醸し出す神秘的な自然界があり、村境の仏ガ峰を越えた所に景勝の地が古《いにしえ》より用意されていたからである。ここに離宮を設け、応神天皇は魂の休まる所と思し召したのではないだろうか……。

いずれにしても、今後の研究によって、歴史が解明されることを期待したい。

蜻蛉野

西河地区にある五社トンネルの入り口の手前を左に折れて音無川を少し遡ると「あきつの小野スポーツ公園」がある。公園内に設けられている遊歩道を上っていくと、高さ50メートルの見事な「蜻蛉《せいれい》の滝」が目に飛び込んでくる。先に紹介した『吉野郡史』に記述のある「玉の緒ノ滝」のことで、近くに不動明王や弁財天のお堂があるこの周辺一帯は「あきつの小野」と呼ばれている。

蜻蛉の滝と不動堂

大和朝廷時代、「あきつの」は「蜻蛉野《あきつの》」と書かれていた。その地名の由来は、雄略天皇がこの辺りで狩りをしていたときに、天皇の肘に突然大きなアブが食いついたのだが、それをどこからか飛んできた蜻蛉（トンボ）がそのアブを噛み殺した。その蜻蛉を褒め称えた天皇が、この地を「蜻蛉野」と呼ぶことにしたという。

天皇即位前から即位後も多くの人を処刑したことから「大悪天皇」という異名をもつ雄略天皇のエピソードとして、『日本書紀』には次のようなことが書かれている。

天皇は狩りに出かけた際、イノシシを射殺せない舎人を殺そうとするが、「陛下、今イノシシを食したいからといって舎人を斬られますのは、豺狼（オオカミ）と何ら違いません」と、皇后に諫められたようだ。天皇の性格を表す話で、のちの世に誰かが創作したものかも知れないが、この話がここ「あきつの小野」であれば、古代史ファンにはたまらないようなロマンが広がっていく。

時代を少し進めて、村で一番古い神社を紹介しておこう。675年、天武天皇の神宣によって創建されたと伝えられる「丹生川上神社上社」である。のちに、後醍醐天皇が「この里は　丹生の川上ほど近し

1965（昭和40）年頃の丹生川上神社上社

祈らば晴れよ　五月雨の空」と詠んだことからも分かるように歴代天皇の崇敬もあつく、水の神「高龗神《たかおかみのかみ》」を主祭神に、大山祇神・大雷神が祀られている。以前は「罔象女神《みずはのめのかみ》」を主祭神としていたが、1922（大正11）年の丹生川上神社（中社）との併合に際して高龗神に改められた。

もともとは吉野川の河原近くにあったこの神社だが、大滝ダムの建設によって水没することになったため、1998（平成10）年３月15日に現在の場所に遷宮された。遷宮後、「宮の平遺跡」として調査が行われ、元あった場所には龍のモニュメントを設置したり、水が張られれば浮橋を渡って御神殿のあった所まで行けるようになっている。しかし、この大滝ダムに水が張られることは現在のところない。そのことについては第３章にて記したい。

惟喬親王

丹生川上神社上社から天川村の洞川へ至る道を登っていき、途中で右に曲がると曹洞宗のお寺「福源寺」がある。当寺は、文徳天皇（55代）の皇子、惟喬親王《これたかしんのう》（844～897）が隠居せられた岡室御所跡とも伝

親王がつくったとされる木の皿

蔵王講。蔵王権現、役行者、理源大師を御祭する行事であり、800年ほど続いているが、最近は簡素化されている

高原の福源寺

福源寺へと上る階段

滋賀県蛭谷町の筒井御陵にある惟喬親王像
（写真提供：東近江市観光協会）

えられ、大峰山とのつながりも深いことから役行者《えんのぎょうじゃ》（634伝～701伝）やその母子像などが祀られている。

現在は舗装された道（1992年完成）を通って車で境内まで行けるようになっているが、かつてはこのお寺に行くためには450段もの階段を上っていかなければならなかった。それだけに当時の雰囲気をしっかりと伝えており、尊厳な雰囲気が漂っている。

惟喬親王は、木地師《きじし》の祖としても知られている。867（貞観9）年に高原地区に入り、木地の製法を教えたと言われている。それがゆえに、親王がつくったとされる木の皿などゆかりの品がこのお寺には多々保存されているので、是非訪れていただきたいお寺である。

福源寺には木造の薬師如来坐像（1085年作・国の重要文化財）があるほか、井戸地区には1173年につくられた同じく木造の薬師如来坐像（国の重要美術品）もあることから、すでに平安時代の後期には、このあたりに集落が形成されていたと思われる。

父である天皇に愛され、皇太子に立てられるはずだった惟喬親王だが、藤原氏に阻まれて追放され、大宰帥《ださいのそつ》、上野大守などを歴任したあと出家し、最後は比叡山山麓の小野に隠棲した。そして、当時にしては長い53年という人生の幕を閉じた。

山岳信仰の地

ちょうど惟喬親王が亡くなった時期に、8世紀の末から盛んになってきた山岳信仰が吉野山地一帯（金峰山から大峰山にかけて）を修験場の霊場・行場として中央から脚光を浴びるようになった。そして、世紀が変わって1007（寛弘４）年に、藤原道長（966～1028）が直筆の法華経などを銅でつくられた経筒に納めて土中に埋めたということでも分かるように、京都の貴族階級では御嶽詣が最高潮に達した。

大峰山寺の本堂。1956（昭和31）年５月撮影

「これらの信仰の高まりのもとには、醍醐三宝院聖宝僧正によって始まり、聖護院増誉僧正に至る金峰－大峰－熊野の霊場化・行場化の進行がある。このような過程で、修験者たちの金峰・大峰への一時的定着から定住への変化、参詣者に対する宿坊等の宿泊施設の発生等から、川上でも尾根筋から少し下った、比較的傾斜がゆるやかで小規模な耕作が可能な地域に、徐々に小集落が形成されていったと思われる」と『川上村史（通史編）』（10ページ）に書かれているように、現在の柏木地区が大峰への登山基地として栄えていった。

さて、次の伝説に関する記述を読んでもらいたい。現在では、村に住む若い人たちも耳にすることがなくなった話だけに、本書を著すにおいて是非とも取り上げたいと思っていた歴史伝説である。

伝説２　源義経

時は進み、源平合戦において平氏を滅ぼした源氏が鎌倉幕府を興した。その源平合戦において最高の功労者であった源義経（1159～1189）が、鎌倉幕府の初代将軍でもある兄の頼朝（1147～1199）に追われる身となった。その理由は、頼朝の許可を得ることなく官位を受けたことや、平氏との戦いにおいて独断専行したことで怒りを買い、それに対して自立の動きを見せたために頼朝と対立したこと、とされている。

当時、京にいた義経は、九州の地へ逃れようとしたが暴風雨のためにそれが適わず、一時、郎党や静御前を従えて吉野の地に身を隠した。この時の様子を描いたのが、ご存知『義経千本桜』の4段目「道行初音旅」（道行）と「河連法眼館の段」（四の切）である。歌舞伎であれ浄瑠璃であれ、ご覧になった読者の方々も多いであろう。

身を隠していた義経に頼朝からの追っ手が迫った。そして、この地に置いて静御前が捕らえられ、義経は再び逃亡生活に入った。その時、川上村の大滝にいた兵部という郷士が、その逃走を助けたという伝説が残っているのだ。『吉野川上村史』に書かれてある一節を紹介しておこう。

「たち屋（太刀屋）　文治年間、源義經が、兄頼朝に追われ、衆徒を頼って吉野山に來り、一時吉水院に潜居してゐたが、衆徒は却つて頼朝の命により、義經を捕へようとした。そこで義經の吉野脱走、佐藤忠信の單身殿戰となり、遂に義經愛染を越えて吉野川に出で、逃走に成功した。

其の頃、大瀧村に兵部といふ郷士があつた。義經は此の家に暫時隱匿されてゐたが、程なく吉野衆徒の追撃するところとなつた。此の時、兵部は義經を先導して吉野川を渡して逃してやり、形身として、太刀を頂戴した。之より兵部の家を、太刀屋と稱へるやうになつたといふ。此の太刀は、近年まで、大瀧村中平某に傳來してゐたのに、同家の不幸つづきに、易者の言を信じ、大和高市郡の壺坂寺へ奉納したと傳へられる。大瀧龍泉寺後方の山中に、太刀屋の跡は残つてゐるといふ」（446ページ）

正面の山が「鎧掛け岳」。右手に「西河の滝」があり川は右に折れて流れていくが、この辺り「夢の廻り渕」と伝えられている

つまり義経は、吉野から川上村に逃れ、兵部という郷士の助けによって吉野川を渡って奥州への第一歩を印したということである。その際、義経は「川邊の竹をつたひ向ふの岸につき」（前掲書、446ページ）、対岸の岳で鎧を脱ぎ捨てて山伏か木地師に変装して逃走したと言われている。その岳というのが写真にある「鎧掛け」である。

また、吉野山から大滝への愛染越えのはずれには「隠し平」という所があり、義経主従を一時その場所に匿った所とも言われている。そのほか、白屋地区には、かつて「白谷」と称していた地名を、義経が八幡神社に矢を奉納したことから「白矢」と改めたという言い伝えが残っている。もちろん伝説であって、そのような歴史的事実を証明するものは何も残されていない。義経にまつわる伝説は全国の様々な所において語り継がれているわけだが、それだけ、日本人は義経という人物が好きなのであろう。

「判官贔屓」という言葉まで残すことになった義経、その伝説の一つがここ川上村にあることはあまり知られていない。歴史ミステリーファンを自称される方々には、是非一度、訪れて欲しいと思っている。

後南朝哀史

川上村が、後南朝の舞台としても歴史に名を連ねていることをご存知だろうか。特に、後南朝悲劇の皇帝である「自天王」の話は、谷崎潤一郎（1886～1965）の『吉野葛(1)』にも出てくるので、ひょっとしたら読まれた方もいるかもしれない。その書き出しの部分、つまり後南朝についての記述を見てみよう。

「私が大和の吉野の奥に遊んだのは、既に二十年程まえ、明治の末か大正の初め頃のことであるが、今とは違って交通の不便なあの時代に、あんな山奥、――近頃の言葉で云《い》えば「大和アルプス」の地方なぞへ、何しに出かけて行く気になったか。――この話は先《ま》ずその因縁から説く必要がある。

読者のうちには多分御承知の方もあろうが、昔からあの地方、十津《とづ》川《がわ》、北山、川上の荘《しょう》あたりでは、今も土民に依《よ》って『南朝様』或《あるい》は『自天王様』と呼ばれている南帝の後裔《こうえい》に関する伝説がある。この自天王、――後亀山《ごかめやま》帝の玄孫に当らせられる北山宮《きたやまのみや》と云うお方が実際におわしましたことは専門の歴史家も認めるところで、決して単なる伝説ではない。ごくあらましを掻《か》い摘んで云うと、普通小中学校の歴史の教科書では、南朝の元中九年、北朝の明徳三年、将軍義満の代に両統合体の和議が成立し、所謂《いわゆる》吉野朝なるものはこの時を限りとして、後醍《ごだい》醐《ご》天皇の延元々年以来五十余年で廃絶したとなっているけれども、そののち嘉吉《かきつ》三年九月二十三日の夜半《やはん》、楠《くすのき》二郎正秀《まさひで》と云う者が大覚寺統の親王万寿寺宮《まんじゅじのみや》を奉じて、急

に土御門内裏《つちみかどだいり》を襲い、三種の神器を偸《ぬす》み出して叡山に立て籠《こも》った事実がある。この時、討手の追撃を受けて宮は自害し給《たま》い、神器のうち宝剣と鏡とは取り返されたが、神璽《しんじ》のみは南朝方の手に残ったので、楠氏越智氏の一族等は更に宮の御子お二方を奉じて義兵を挙げ、伊勢から紀伊《きい》、紀伊から大和へと、次第に北朝軍の手の届かない奥吉野の山間僻地《へきち》へ逃れ、一の宮を自天王と崇《あが》め、二の宮を征夷《せいい》大将軍に仰いで、年号を天靖《てんせい》と改元し、容易に敵の窺《うかが》い知り得ない峡谷の間に六十有余年も神璽を擁していたと云う。それが赤松家の遺臣に欺《あざむ》かれて、お二方の宮は討たれ給い、遂《つい》に全く大覚寺統のおん末の絶えさせられたのが長禄《ちょうろく》元年十二月であるから、もしそれ迄《まで》を通算すると、延元々年から元中九年までが五十七年、それから長禄元年までが六十五年、実に百二十年ものあいだ、兎《と》も角《かく》も南朝の流れを酌《く》み給うお方が吉野におわして、京方《きょうがた》に対抗されたのである」

　このような書き出しで始まる『吉野葛』だが、後南朝秘話だけでなく、この地域の歴史紀行となっている。谷崎自身は、歴史小説を書こうと思ってこの地を訪れて情報収集などを行おうとしたわけだが、作品の最後に記されているように、「私の計画した歴史小説は、やや材料負けの形でとうとう書けずに（後略）」終わったようだ。

　それほど、この地には後南朝にかかわる史跡名所がたくさんある。また、それだけでなく伝説の類も多い。そのうえ、『太平記』をはじめとした史書がたくさん出版されているわけだから、谷崎が言うように「材料負け」するかもしれない。具体的には、『吉野葛』を読んで確かめてもらいたい。谷崎のていねいな注釈も含めて、歴史好きにはたまらないほどの記述が随所にちりばめられている。

（1）1931年に〈中央公論〉で発表された。吉野の「サクラ花壇」という旅館で執筆。現在は、『盲目物語』とともに新潮文庫（1951年）に収められている。

北山宮。自天王の御在所であった滝川寺（上北山村小橡）。1955年撮影

一方、『日本沈没』で有名な小松左京（1931～）も、この後南朝の秘史を題材として『本邦東西朝縁起覚書』という短編を1974（昭和49）年に著している。こちらの本を読まれた方がいるだろうか。「さすが小松左京」と言うべきか、軽快なテンポでこの地のことや後南朝のことを歴史ＳＦ作品として書き表している。もちろん、谷崎同様、後南朝に関する歴史的な説明をされているので、少し長くなるがその部分を引用しておこう。

「（前略）南北の和解が成立して、皇統合一の後も、北朝側は、和解条件に反して、南朝側大覚寺統の血筋を皇位につけず、ことごとにひどいあつかいをしたので、南朝方は、その後、ほぼ一世紀ちかくにわたって、次々に反北朝、反足利の兵をあげる。――中でも、北朝方にとって、言語道断、驚天動地、前代未聞の不祥事は、後花園帝の嘉吉三年（一四四三）九月二十三日、後村上帝の幸曾孫、金蔵、通蔵二王をいただいた、源尊秀、日野有光らが、突如御所に乱入して、皇統のしるしである神璽《しんじ》、宝剣をうばいとり、叡山にたてこもったことであろう。（これにも諸説あって、この時の大覚寺統親王は、万寿院（寺）宮親王、奉ずるは、楠二郎正秀の説もある。また万寿院宮は迫害をうけ、自害されたともいう）。

世に南朝遺裔の乱［著者注：嘉吉の変］とよぶ、このおどろくべき不祥事は、戦時中は隠蔽され、年表にも『九月、賊禁中に入りて放火

し、神璽宝剣を奪う』とのみしるされてあるが――この時、宝剣はのこったが、神璽は長く消息を絶った。京の幕府、朝廷が、周章狼狽したのはいうまでもない。勅語を出すにも、貴族の位階をさずけるにも、実印がなければ、それこそ朝廷の権威もかたなしであるからである。

さて、この後も、南朝の血統をひく宮方の挙兵は、南畿奥吉野の山中にぞくぞくとつづく。――変の翌年文安元年、伯母峰を南へこえた北山郷で、後亀山帝の血をひく円満院宮（或曰、後村上帝皇孫大僧正円胤）が挙兵し、四年後うたれると、その弟で、近江にいた万寿院宮空因法親王が、遺臣に奉ぜられて、この三ノ公川上流の秘境にいたり、八幡平を御所とさだめ、法親王病没後、その遺児二人のうちの兄の宮は神璽を奉じて、南朝統として、ひさ方ぶりの即をされ、自天王となられた。――自ら天王となったから、こうなのったのか、また『皇』の字をつかわぬのは、後世の遠慮か、そのあたりは分明でないが、とにかくここに『後南朝』なるものが発生する。

さて――万寿院宮法親王（伝還俗尊秀王）御他界の後、中世稀に見る惨劇が、この皇統上におこる。法親王の二子は、兄ノ宮が、上北山村小橡《ことち》に御所をさだめ（現上北山村小橡滝川寺）一ノ宮を名のり、弟ノ宮は川上村上ノ川［著者注：神ノ川］に河野御所をもうけた（或曰、一ノ宮、二ノ宮は、長慶帝之胤、玉川宮連枝、梵勝梵仲兄弟ならんと。又曰、小倉宮末にして、自天王は一ノ宮此也と）。――しかし、吉野、熊野に檄して、挙兵の機をうかがっていた若年の両宮に、この時、思わぬ悲運がおそいかかった。さきに、嘉吉の変［著者注：乱］に責を問われ、当主を有馬に討たれて、領土没収された赤松家の遺臣が主家

三之公隠し平にある尊義王（万寿寺宮）の墓

回復を約されて、両宮に近づき、突如として、二人の宮を殺害し、首級と神璽をうばって逃げたのである。――時に長禄元年（一四五七）十二月二日、一ノ宮十八歳、二ノ宮十六歳、吉野の雪を染めた両宮の首は、追撃をうけた赤松の残党が、いったん祖［著者注：伯］母谷の雪の中に埋めたのを、北山郷士がまたうばいかえして、首は川［著者注：河］野御所、胴は北山御所内に葬った、とつたえられる」

　このあと小松氏は、「後南朝の哀史は、神璽奪取後十四年にして幕を閉じ」、応仁の乱に溶け込んで歴史から消えていったと書いている。そして、このあたりの経緯について、「諸説紛糾して、なにがなにやらわからない」と言っている。しかし、さすが小松氏である。「とはいえ――」で始まる以下の文章でもって後南朝の舞台を見事に描き、小説をスタートさせている。
「（前略）吉野、北山の深い山ひだの奥、谷のはざまのすべてに歴史をこえた妄失がみち、怨みがこもっているように思える――まして、ここ、台高山脈の内ぶところ深くはいりこんだ、三ノ公御所跡八幡平では、頭上をおおう老杉と、いりくんだ深い谷と山肌にこめられて、五百年、出口をふさがれた自天王の亡魂が、草木の一本々々に宿っているような気がして、ゆらめくランプのほの暗い影も、とうとうとなる谷川の水も、まことに鬼哭啾々として、総毛立つような気配にみちていた。――まったく、さわらぬ神にたたりなしで、思えばこの時まだ、そのままひきかえせば、無事だったのだが……」

この小説が、その後、どのようなストーリーになっているのかを簡単に紹介しておこう。

主人公の３人がこの地を探検して、洞窟の中で鎧武者のミイラを見つけてしまう。実は、そのミイラは自天王たちであった。そして、さらに驚くことに、３人の前でそのミイラ達がよみがえってしまったのだ。

よみがえった人たちにこの500年間の歴史を３人は説明していくが、当然のごとく聞き入られず、自天王を中心として現代社会を騒乱の渦のなかに導き、天皇家の歴史を含めて世間の注目を浴びることになってしまう。さて、その結末は……。

「あとは『本邦東西朝縁起覚書』を読んでのお楽しみに」と言いたいところだが、この本、現在は品切れとなっており入手が適わない。古本屋か図書館に行って探すしかない。わが村の図書館には収蔵されていると思っていたが、残念なことにここにもなかった。しかし、本書ができあがったあとに私が川上村の図書館(2)に寄贈することにしたので、後南朝の歴史に興味のある方は、休みを利用してこの地を訪れ、温泉にでも入りながら読書にふけてみてはいかがだろうか。

それはともかく、南北朝時代から後南朝に至るまでの歴史的な背景が少しはお分かりいただいたであろうか。村のホームページにも簡単

（2）奈良県吉野郡川上村迫590－1　川上総合センター「やまぶきホール」内。原則として火曜日から日曜日開館。詳細は電話にて問い合わせ。電話：0746－52－0144

な解説がされているが、それよりは一流作家による説明のほうが興味をもっていただけると思い、その一部を少し長く引用させていただいたわけである。

もちろん、当地川上村においても、前出の『吉野川上村史』や『川上村史（通史編）』、『南朝史』、『後南朝史論集』、『南帝自天親王川上郷御寶物由來(3)』をはじめとして、『後南朝史蹟地圖・説明』、『悲運の南朝皇胤並自天王祭祀について』、『南帝由来考――後南朝秘史』など、熱心な個人の研究家による本も出版されている。特に、『悲運の南朝皇胤並自天王祭祀について』は、40年近く前に出版されている本とは

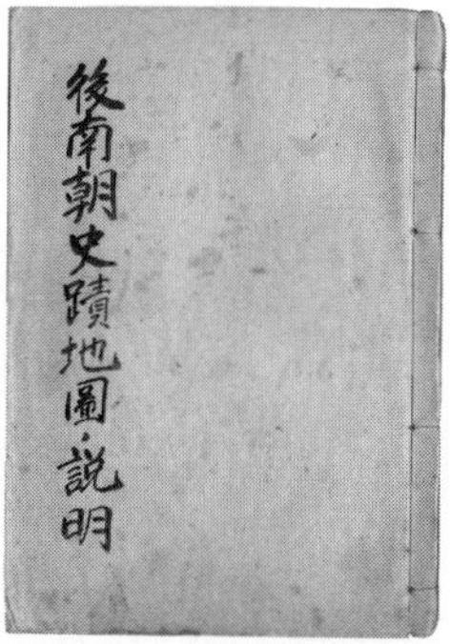

岸田日出男先生（大淀町北六田）が古老達に聞き取り調査して著された個人誌

川上村井光出身の伊藤独氏が著した後南朝史書。写真が豊富な本

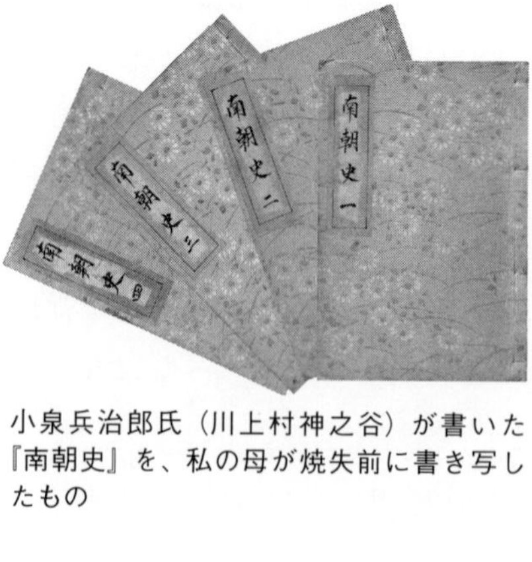

小泉兵治郎氏（川上村神之谷）が書いた『南朝史』を、私の母が焼失前に書き写したもの

『更矢家重代日日記憶録』（更矢伊兵衛）などを参考にして手書きで書かれた『南朝史』の原本。焼失前に写す

川上村附近後南朝史蹟圖

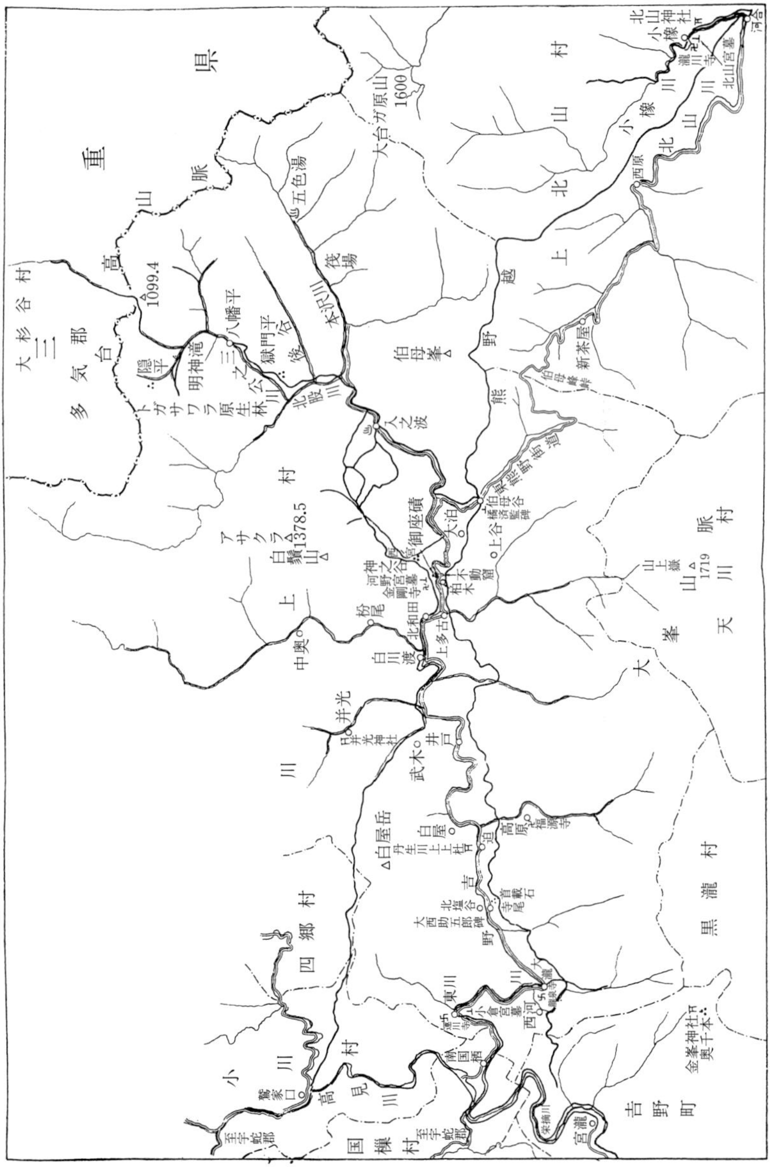

出所：『吉野川上村史』。掲載されている町村名は当時のまま。

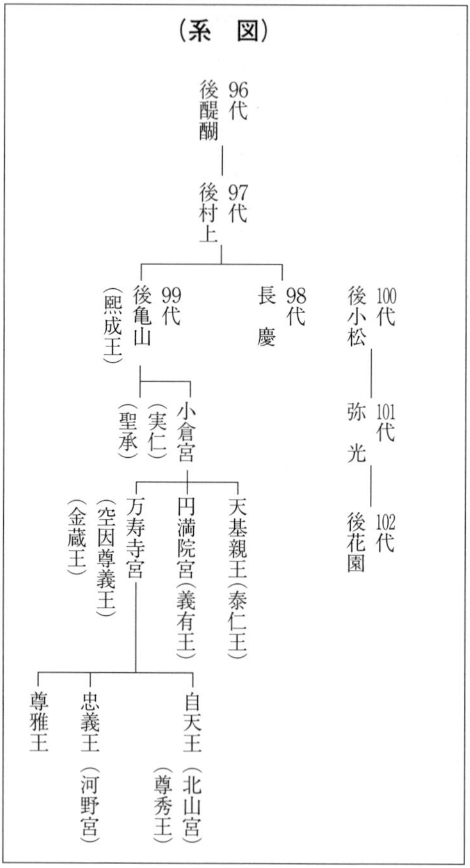

注：系図については、川上村が発行している案内書から引用することにした。川上村では、尊秀王（万寿寺宮法親王）と自天王は同一人物として扱われているが、先述した谷崎潤一郎も小松左京も尊秀王は自天王の父となっている。また、御所を構え、悲劇の舞台となった上北山村小橡の滝川寺においても父子の関係として扱われているようである。550年もの間、欠かさず御朝拝を続けてきた村が言う系図を尊重しなければならないと思うが、『更矢家重代日々記憶録』においても親子になっていることを申し述べておく。

さらに、三男と言われる尊雅王についても、村は明確な解説もされていないし、谷崎や小松は二の宮忠義王は兄君と同じ12月２日に亡くなったとしているが、『南帝自天親王川上郷御宝物由来書』では忠義王は高原で亡くなったとある。身を隠さねばならない事情もあり、不明な点があるのは当然かと思われるが、改めて広く研究したい問題である。

思えないほど写真が豊富で、読みやすいものとなっている。ただ、あいにくと「非売品」となっており、入手は困難である。この本はわが村の図書館にはあるので、興味のある方は小松左京氏の本とともにご覧になっていただきたい。

このように多くの本があるわけだが、それぞれの執筆者の主観や調査方法などが理由で多少符合しない面がある。記録が少ないうえに550年も前のことであるため、やむを得ないことであろう。それに、この山奥に隠れ住まわれたという隠密行動であればなおさらとなる。

とはいえ、これらの本などを読み解くともう少し詳しい説明が可能なので、昔、私が撮った写真などを交えて、川上村の勇士たちの話を少しだけ追記させていただく。「昔、撮った」と言ったのは、伊勢湾台風後にダムができてしまったため、後南朝に関する遺跡が水没している所があるからだ。村内のどこに御所などが設置されていたのかについては、先に掲載した地図（23ページ）を参照していただきたい。

室町時代の1441（嘉吉元）年、播磨、備前、美作の守護職を務めていた赤松満祐とその子である教康が6代将軍である足利義教を暗殺し、その後、播磨で幕府の討伐軍に討たれて赤松家が滅亡したというのが「嘉吉《かきつ》の乱」であるが、それが起こる前から川上郷に移り住んでいた天基親王と円満院宮の弟である尊義王は、円満院宮から神璽《しんじ》を譲られ、皇子の尊秀王（一の宮、自天王）と忠義王（二の宮、河野宮）を連れて三之公《さんのこ》に御所を構えている。

その際に、様々な援助をして手引きをしたのが川上郷士であった更矢家の当主更矢正次であった。先ほど村に伝わる関係書物などを紹介したが、そのなかの一冊である『更矢家重代日日記憶録』には次のような記述が見られる。

「十月二十三日　八幡宮の上遷宮を為す此の時より　御帝尊秀王[4]様御皇子自天王様御弟忠義王様の御三宮様御座在するに因み　河野山を改め三之公山と申し奉る」

そして、このあとに続く記述を読むと、「十二月十日　御主上様宇

（3）いつ、誰が書いたのかという詳細不明だが、寛永2年以後に、これまでにあったものを書き写したことは推定できると『吉野川上村史』には書かれている。その筆跡は見事なもので、前半は楷書、後半は草書体で書かれている。この原本は、関係する宝物と同様に川上村に伝わる秘蔵の巻物であって大事に保管されている。

（4）尊秀王は、自天王と忠義王の父君となっている。

嗣平へ御遷座をなす去月」（つまり11月）に足利家の間者が忍び込んだりして危険が迫ったため、「十二月二日早朝」に更矢・和田・橘などといった郷士たちが宇嗣平に行って雑兵38人を指揮し、厳寒の冬空のもと大きな篝火を焚いて急きょ御所の造営に取りかかり、「九日暮六つ刻に出来上る」となっている。造られた御所がどうのようなものであったのかと興味がわくが、それについては以下のような記述が見られる。

「御殿は奥行三十五尺　間口三十尺　一棟にて屋根は割板　周囲は柴かべにて　御宮様の御殿所　柴かべの上に幕張りを為し誠に畏れ多き極み也」

どうやら更矢正次は、あまりの粗末さにお詫びをしたようだ。しかし、それに続いて「御主上様　此の所にて御徒然〳〵の余り御歌を詠じ玉ふ」とあるので、尊秀王も我が身の置かれている立場というものをよく理解していたと思われる。その「御歌」というのが次の歌である。

三之公川出合。林道が付くまでは、栈橋を上って三之公へ行った

三之公八幡平にある行宮跡の碑

遁れ来て　身を奥山の　柴の戸に　月と心を　あわせてぞ住む

この歌に対して、更矢正次が返歌を詠んでいるので紹介しておこう。

里遠き　此の奥山の柴の戸に　よも人知らず　君いますとは

三之公行宮跡の碑。人物は左から、案内をしてくれた西浦房太郎氏、私の父義治、沼田与勝氏（東川）

三之公への道中。左手中頃に桟道が付けられている。谷はかなり下のほうである

八幡平。丸木橋を渡って左のほうが行宮跡。前方の家が西浦房太郎氏宅

昭和30年当時、かくし平には真竹が生えていた。弓矢や日常品に活用されていたのであろうが、現在は見あたらない

御所が完成してから尊義王は、伊勢の国に通じている「三経に関所を設け御守護」するなどの政務をこの地で行っている。それがゆえだろうか、ここ「宇嗣平を是より隠し平と号す」ようになった。南朝の再興を夢見ていた尊義王だが、それを果たすことなく45歳で病死している（村の系図に従い、父君を「尊義王」と表記）。

父を失った自天王は北山郷（奈良県上北山村）に、忠義王は河野谷村（神之谷）にそれぞれ御所を構え、南朝再興のために挙兵しようと策略していたが、嘉吉の乱（嘉吉元年）によって滅ぼされた赤松家の遺臣が、お家を再興させるために南朝から神璽《しんじ》を奪回しようと企てた。

そして、1457（長禄元）年12月２日の雪の夜、この遺臣らによって二つの御所が襲撃され、自天王は18歳の若さでこの世を去った。一方の忠義王は、深手を負ったものの逃れ、本村の高原で最期を遂げられたと伝えられている（『南帝自天親王川上郷御寳物由來』参照）。

御所が襲撃されたという惨事は、すぐさま川上郷内に伝えられた。郷士たちは、自天王の首と神璽を奪い返すべく、逃走する赤松家の遺臣を迎え撃つことになったが、この日の大雪が郷士たちに幸いした。というのも、賊徒たちが伯母峯越えで難渋している間に橘将監の指示が徹底し、川上八庄司公文をはじめとする楠木、和田、地士ら百数十人が十重二十重に包囲するという万全の体勢がとれたのである。

橘将監は、戦闘の場として塩谷の向かい、寺尾で挟み撃ちにするように指示を出した。そこは、次の村である大滝との間に「大津古谷」という支流が流れ込み、大崖の難所で容易に通れる所ではなく、ましてや当日は積雪が深くて通行が困難な状況にあった。そこを通る賊徒に向かって、寺尾の山影から鬨《とき》の声とともに弓矢を一斉に射るという作戦であった。

刀での斬り合いであればかなりの犠牲を覚悟しなければならないが、弓矢であれば賊徒は前へ進めないうえに雪の斜面を攻め上ってくるこ

長禄の変で大西助五郎ら郷士が自天王の御首や神爾を奪還した寺尾周辺。中央国道が曲がっている辺りに「腰掛岩」があり、右岸側に陰岩があった。矢の通る地形と思える

ともできない。じりじりと間を詰めていき、大西助五郎らの弓の達人が待ち伏せている冷たい河原に追い詰めて殲滅を図るというものであった。

伯母谷を発った賊徒の間嶋彦太郎は神璽を、中村貞友は御首を、上月満吉、石見雅助、中村安禅房らが宮の遺品らを背負い、仲間に守られるようにしてここを通りかかった。大勢の郷士たちが直ちに攻撃を始めた。大西助五郎や東川村の東弥惣一門から弓の指導を受けていた郷士たちは、かなり強い弓を引いたと伝えられている。

矢を受けた敵は隊形が崩れ、冷たい川へ潜って逃げようとした者もいたが、郷士たちに追われて討たれた。このような戦況を見た賊将中村貞友は、さすが武士、助からないと宮の御首を傍らの岩に預け、大西助五郎の呼びかけに応じた。助五郎の一箭は見事に喉元を射抜き、中村貞友はその場にどっと倒れた。これを機に敵は狼狽し、間嶋彦太郎は神爾《しんじ》の唐櫃を放り出して川に潜ろうとしたが討たれ、この場から逃げた者も西河口などでほとんどが殲滅したと言われている。

このようにして自天王の御首と神璽を取り戻した郷士たちは、御首を金剛寺に手厚く葬った(5)。そして、病床で見事な作戦を立てた橘将監

陰岩付近から対岸の腰掛岩（竹薮の右手）を望む

御霊の森。長禄の変で犠牲となられた郷士ら忠臣を埋葬した所だが、大滝ダムで大きく変貌した（白川渡八幡山）

御首を奪還し、一時安置して慟哭礼拝したと言われる「御首戴石」。伊勢湾台風の際に流失した

南朝の忠臣である橘将監の墓碑（伯母谷）

は、宮の後を追うように日を経ずに亡くなった。

ちなみに、この戦いでのこちらの戦死者は、宇野大和守定順、河野庄司ら地士の20名、負傷者38名と言われている。戦死者は白川渡の八幡山の一角に埋葬され、その場所を「御霊の森」と呼ぶようになった。そして、この出来事以来、対岸を通る人たちがみんな跪いて伏し拝んだと言われ、今日までその場所を「伏し拝み」とも呼んできた。また、大西助五郎が陣取った岩を「陰岩」または「かぎ岩」と言ってきたが、吉野川の清流とともに大滝ダム建設のために水没してしまっている。

このような経緯のもと、後醍醐天皇から始まった南朝の血は絶え、南北朝の動乱は終焉を迎えたわけだが、後南朝に対する忠誠心と川上郷士たちの勇姿は代々語り継がれており、毎年２月５日には自天王を偲び「朝拝式」が行われている。これは、自天王が三之公御所において、毎年２月５日に執行されていた新年の拝賀の儀式にならったもので、生前着用されていた「縹糸縅筋兜《はなだいとおどしすじかぶと》」、「御鎧両袖《おんよろいりょうそで》」、「鎧胴丸《よろいどうまる》」を御神体としてあがめて、550有余年、一度も欠かさず行われている式典である。また、1956（昭和31）年には500年祭が、そして2007（平成19）年には550年祭が金剛寺において盛大に催された。

現在、これらの遺品は国の重要文化財となって、金剛寺において収蔵されている。もちろん、朝拝式の時にしか拝観することはできない。そして、自天王の首が葬られた金剛寺の境内には、自天王と忠義王を祭神とした「自天親王神社」がある。石組みの小さなものだが、悲運の最期を遂げられた二人の宮を哀惜し、追慕し、当時の郷士たちが建立したものである。

（5）翌年の1458年、赤松家の残党にまたもや神璽を奪われている（この経緯は不詳である）。これによって、赤松家はお家再興という悲願を達成している。

1956（昭和31）年12月２日のご命日に「500年祭」が行われた。昔を偲ばせる雪の舞う日であった。左の建物が翌年の８月に焼失している

2007（平成19）年２月５日、御朝拝550年祭に出仕された方々。この時より、保存会の形式で御朝拝を金剛寺で営むことになった

金剛寺本堂。
右にあるのが宝物殿

御陵に参拝する出仕者

寛永２（1625）年、幕府の命により３か所に分置されてきた遺品が、550年祭以後、金剛寺に合祀された

菊の御紋章の裃を着用して、自天王神社に参拝する出仕者

1958（昭和33）年、大滝龍泉寺での七保御朝拝式。『南帝自天親王川上郷御寶物由来』の朗読

西河より御宝物、什器を引き継いで帰る大滝筋目の人たち

1961（昭和36）年、白川渡明光寺における四保御朝拝式

2 文人たちが訪れた川上村

松尾芭蕉（1644～1694）と聞けば、ほとんどの日本人が『奥の細道』という紀行文をイメージするだろう。しかし芭蕉は、これ以外にも、門人の千里とともに江戸から生まれ故郷の伊賀上野への旅を綴った『野ざらし紀行』（1684～1685）や、同じく江戸から鳴海→保美→伊賀上野→伊勢→吉野→高野山→和歌浦→奈良→大阪→須磨→明石への旅を綴った『笈《おい》の小文』（1687～1690、出版は1709年）などの紀行文を書いている。

以下に紹介する句は、1688（貞享５・元禄元）年３月、芭蕉が先人の足跡を訪ねんと愛弟子杜国《とこく》（？～1690）を伴って旅に出、大滝に立ち寄ったときに詠んでものである。つまり、『笈の小文』に掲載されており、俳文学界の定説となっているものである。

ほろほろと　山吹ちるか　たきのおと

大滝茶屋の横にある芭蕉の句碑。1971（昭和46）年５月建立

実は、写真の句碑を建設するにあたって、この句に詠まれた滝が「西河《にじっこう》の滝」（大滝とも言う）ではなく「蜻蛉の滝」ではないかという意見が一部の村民から出された。村役場としては、その真意を確認するべく専門家に調査を依頼することになった。

その依頼を受けたのが、『大和路の芭蕉遺蹟』[6]の著者である増田晴天楼（1904～1961）氏である。

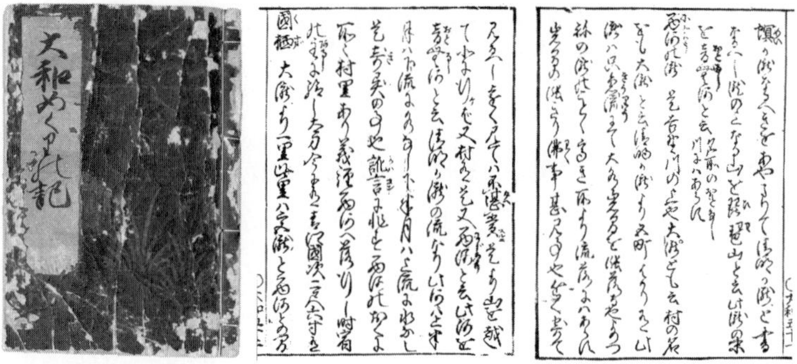

『大和めぐりの記』とあるが、通常『和州巡覧記』という。貝原益軒が元禄9年に京都を発って、奈良から吉野、大滝　初瀬等県内を旅した紀行文である。開いているページは、吉野・西行庵から清明の滝（蜻蛉）、西河の滝・国栖と行ったところの記述。

増田氏は、この句が西河の滝で詠まれたものであるいう「定説を今更考証を必要としない、と或る人はいわれるかも知れないが、土地の事情を多少知っている私にとっては一笑に附せられない問題であったので」と断りながら、改めて『笈の小文』を考証し、この句が「蜻蛉の滝で作ったものでなく、吉野川の激湍である西河の滝を詠んだものであることはもはや疑う余地がない」と締めくくっている。

そして続けて、この二つの滝について、江戸時代の本草学者・儒学者であった貝原益軒（1630～1714）が著した『和州巡覧記』を引用して説明している。本書においては、西河の滝についてのみ孫引きをさせていただく。本をご覧になったら分かるように、私には原本を読み解くだけの教養がないからだ。

「〇 西河《にじっこう》の瀧

是、吉野川の上なり。大瀧とも云。村の名をも大瀧と云。清明が瀧より五町ばかり有。此瀧は、只急流にて大水岩間を漲り落るなり。世の常の瀧の如く高き所より流れ落ちるにはあらず。岩間の漲り沸く事、

西河の滝（大滝）

筏流しの模様。通称「割滝」と言われ、筏を容易に流すために開削された水路。1921（大正10）年10月撮影のもの

甚だ見事なり。近く寄りて見るべし。遠く見ては賞するに堪えず」

写真をご覧になったら分かるように、「滝」と言うよりは「段差」と言ったほうがいいかも知れないぐらいの流れである。この滝を見て、芭蕉は先に挙げた句を詠んだわけである。その感性のすごさに改めて感心してしまった。

それにしても、貝原益軒の観察力および描写力にも頭が下がる。幼いころから読書家であったようだが、書物だけにとらわれず、現在で言うところのフィールドワークに非常に熱心に取り組んでいたことがこの一節からも伝わっている。自らの足で歩き、目で見、手で触り、あるいは口にすることで物事を確かめていたようだ。

そんな貝原が寛文年間にこの地で行ったのが、木材搬出のために「割滝」と呼ばれる水路を向こう側に開削し、筏を流すように指導したことである。その、筏流しの勇壮な景観については、国学者でもあり医者でもあった本居宣長（1730～1801）が『菅笠日記《すげがさ》』で次のように書いている。

（6）この本は、増田氏の没後に坂口正一氏と壇上正孝氏のお二人によって原資料に修正を加えて編集されたものである。

「(前略) そこは殊に水の勢《イキホ》ひはげしくて。ほとばしりあがる浪にゆられて。うきしづむ丸木の上《ウヘ》へ。いたはりもなくとびうつるさま。いと〳〵あやうき物から。めづらかにおもしろきこと。たぐひなし。みな人此筏に見入《リ》て。 盃《サカヅキ》のながれは。いづちならんとも。とはずなりぬ。さて此筏。瀧をはなれて。ひら瀬にくだりたるを。よく見れば。一丈二三尺ばかりの長さなるくれ《榑》を。三ッ四ッづゝくみならべて。つぎ〳〵に十六。つなぎつゞけたるは。いと〳〵長く引はへたり。(後略)」(尾崎知光・木下泰典編『菅笠日記』43ページ)

本居宣長は、青根ヶ峯から大滝に下って上記のように迫力のある筏流しを見物したあと、少し引き返して蜻蛉の滝から仏ヶ峯を越えて頂上付近にあった茶屋でひと休みをしている。その時に関する記述は以下のようになっている。

西河集落を囲むように山が迫り、峠の向うは吉野町。昔の人は、歩くことを苦にしなかった

「(前略) かの里にかへりて。又けさくだりこし山路にかゝる。けさはさしもあらざりしを。のぼるはこよなくくるしくて。同じ道とも思はれず。さてのぼりはてて。右につきたる道へわかれて。又しものぼる山は。佛《ホトケ》が峯とかいひて。いみしうけはしき坂也。さてくだる道は。なだらかなれど。あしつかれたるけにや。猶いとくるしくて。茶屋の有所に。しばしとてやすむ。(後略)」(前掲書、47～48ページ)

このあと宣長は、吉野川のほとり樋口（吉野町）へ出て、宮滝（吉野町）で岩飛びを見て吉野宿に戻っている。そして、ここで『菅笠日記』の「上の巻」は終わっている。

説明が前後するが、『菅笠日記』は、本居宣長が1772（明和９）年に三重県松阪から初瀬街道を通って飛鳥・吉野を歴訪した日記である。原本は「上の巻」と「下の巻」に分かれており、私が上記で引用させていただいたのは、寛政七年初刊本に基づいて活字化し、現代の人でも親しみやすいように編集されたものである。その「解説」のところには、「『菅笠日記』の旅は、本居宣長が四十三歳の春、明和九年三月五日、松阪を出発し、吉野、大和を巡覧し、同十四日に帰宅した十日間で、同行したのは、覚性院戒言、小泉見庵、稲掛十助、同常松（大平)、中里新次郎の五人であった」と書かれている。

桜をこよなく愛したことで知られる本居宣長は、長年にわたって吉野での花見を夢見てきたわけだが、その願望が43歳の時にようやく果たされたのである。『玉勝間《たまがつま》[7]』の「花のさだめ」に記されている以下の文章を読めば、その想いがいかほどのものであったのかが分かるだろう。

（７）本居宣長の随筆集。14巻、目録１巻。1795～1812年刊。宣長という人物を知る基礎的資料。巻14の途中まで清書して没したため、大平の息子・建正が後を継いで完成させている。

奥千本から見る吉野山の桜

「花は桜、桜は、山桜の、葉あかくてりて、ほそきがまばらにまじりて、花しげく咲きたるは、又たぐふべき物もなく、うき世のものとも思はれず」

もう一つ、宣長の吉野紀行には重要な意味があった。それは、彼自身の出生にまつわる話である。前掲の『菅笠日記』の「解説」に次のような記述があった。

「宣長は、小津三四右衛門定利を父とし、村田孫兵衛の女、於勝を母として、享保十五年（一七三〇）五月七日に生れた。両親は子宝に恵まれず、父定利は兄の子を養子としていたが、のちようやく念願がかなって、実子の宣長を得たのである。その念願は吉野の水分の神にかけたものであった」

「吉野の水分の神」というのは、吉野郡吉野町子守地区（吉野山上千本）にある「吉野《よしの》水分神社《みくまりじんじゃ》」(8)のことである。葛城水分神社、都祁水分神社、宇太水分神社とともに大和国四所水分社の一つとして古くから信仰されてきたこの神社はまた、「みくまり」が「みこもり」となま

吉野水分神社

って平安時代の中頃から「子守明神」と呼ばれるようになり、「子授けの神」としても信仰を集めてきた。つまり、宣長の両親がこの神社に祈願したことによって生まれたのが宣長ということである。お礼参りも兼ねて、宣長はこの地を旅していたのである。

さて、本居宣長も立ち寄った大滝から歩くと5時間、タクシーで行っても30分ほどかかる吉野川の源流に近い山奥、大迫ダム（1973年完成）のほとりに、古くから薬湯として知られ、平安時代にはすでに温泉地として有名になっていた入《しお》之《の》波《は》温泉がある。平安時代からあったとはいえ、長らくの間使われなかったようである。それを、元禄文化の華やかな頃、1694（元禄７）年に掘り直している。

この当時、江戸では井原西鶴、近松門左衛門、市川団十郎、坂田藤十郎、尾形光琳、俵屋宗達などといったそうそうたる顔ぶれが活気ある文化を築き、それを世間に広めていった。川上村においても、吉野の桜や寺社めぐり、滝めぐり、丹生川上神社参り、大峰山上参りに多くの人が訪れて賑やかあったが、入之波地区は熊野街道から外れてい

（８）主祭神は水を司る天《あめ》之《の》水分《みくまり》大神《のおおかみ》。豊臣秀吉もこの地を訪れて、秀頼を授かったと言われている。現在の社殿は、1605（慶長10）年に秀頼によって創建されたものである。2004年７月に、ユネスコの世界遺産『紀伊山地の霊場と参詣道』の一部として登録された。

入之波温泉「山鳩湯」

ることが理由で往来もなかった。この地区の人々は、たぶん歯がゆい思いをしていたのであろう。そのために温泉を掘り出し、「御夢想塩湯」という版木を使って宣伝をしたのである。現在で言うところのパンフレットであるが、この時代に、ましてや山深い奥地で宣伝活動をしていたことに驚きを感じる。それの縁起をコラムとして次ページに紹介したので、参照していただきたい。

この泉源、実は大迫ダムの建設によって水没している。しかし、「山鳩湯」の中村英一氏が復活させ、「温泉の村」として、現在は息子さんが地域の活性化に貢献されている。

版木には「吉野乃桜乃渡しより　七里」とあるが、実際はそれ以上であり、ましてや山道であることを考えるとここまで来るのは容易なことではなかったと思われる。巨大なケヤキの切り株で造られた露天風呂、杉の丸太造りの大浴場で湯に浸かりながら、この奥地で起こった後南朝の若き親王たちの悲劇に思いを寄せてほしい。

コラム　御夢想塩湯　　吉野山　誦春奄

山上大峰山乃ふもと吉野河上塩の波と申
ざい志よに今度はじめて温泉の塩湯わき出る
ことおび多ざし　元禄七年きのへ戌正月二日の
夜半乃頃老翁壱人来り給ひ　六保其の心
さ志満ことある老人あり　此者に夢中に
つげてのたまふは　昔より此の塩波に諸病によき
塩湯あり　それゆへ塩波村と名付る　いにしへ洪
水の時節うづもれて断絶し年久し　汝等
是あることを志らず　諸病によきこと奇妙の湯
なり諸人に志らせんがため来たりてつぐ　山乃ある
じとのたまひて　姿はそのまままきえぬむ　えんの
行者の御つげとや　然るに此村に昔湯のわきし
といふ旧跡ありその処をほりたるに忽然として
塩湯わき出る　又薬師の尊像をほりつるに
昔の湯船も朽てその形もあり　今まづ
かりに湯船をこしらえて入ばやまひの
なおさる事さても奇妙の湯なりとて
病人こぞって入なり　くわしき事は
えんぎにみえたり

入之波温泉の版木

湯本へ道の法

一　吉野乃ふもと六田の渡しより　八里
一　同桜乃渡しより　七里
一　吉野乃安禅寺　六里
一　道すがら人馬駕籠のり物自由に通る
食物何にても事をかかす　熊野おは
せより山越に七里あるゆへに夏も生
ざかなくるなり
　元禄七年戌六月吉日

鳴貝山龍泉寺。山号は、修験者の吹くホラ貝の音が響き渡るところから付けられた

時代はぐっと下がって昭和初期。斎藤茂吉（1882～1953）や野口雨情（1882～1945）といった歌人や詩人も川上村を訪れている。生まれ故郷の山形をこよなく愛し、大正から昭和にかけてアララギ派の中心人物として活躍した斎藤は、1930（昭和５）年８月12日に大滝にある龍泉寺を訪れ、次のような歌を詠んでいる。

滝のべの龍泉寺にて夏ふけし　白さるすべり見つつ旅人

この歌碑が、2000（平成12）年７月、龍泉寺の境内に建立されているので、わが村を訪れた際には是非ご覧になっていただきたい。

そして、北原白秋、西條八十とともに「童謡界の三大詩人」と謳われ、誰もが知っている『十五夜お月さん』、『七つの子』、『赤い靴』、『青い眼の人形』、『シャボン玉』といった作品を残している野口雨情が、なんと1936（昭和11）年に川上村に滞在し、『川上小唄』（作曲・駒井一陽、振付・園井のぼる）をつくっている。川上村の名所という名所がすべて歌われているこの歌詞、すべてを紹介したいところだが、紙幅《しふく》の関係もあるので抜粋して紹介しておく。歌詞の最後を読むと、どうやら野口も入之波温泉に入っていることが分かる。

♪吉野川上、南朝の事績、アリヤセ。
山にや名の出た吉野杉。
ア、ソウトモナ、ソウトモナ。
行けども〳〵、杉山つゞき。
杉ぢや川上吉野杉。ソレナツトコセ。
(中略)
♪杉の芽は伸び、青葉はかほる、アリヤセ。
鮎は川上川の瀬に。
以下、繰り返し
(中略)
♪筏乗りさん、荒瀬を越して、アリヤセ。
吉野川筋唄でゆく。
以下、繰り返し
(中略)
♪吉野川岸、不動の窟、アリヤセ。
今も行者の行どころ。
以下、繰り返し
(中略)
♪わたしや入之波、温泉皈り、アリヤセ。
袖に湯の香がほんのりと。
以下、繰り返し

酒樽のクレを作っている作業風景
(枌尾地区、1965年)

3・吉野林業――土倉庄三郎翁の功績

川上村の歴史を語るにおいて、最重要項目となるのが「吉野林業」である。川上村をはじめとする吉野地域で植林がスタートしたのは室町時代と言われているが、吉野の木材が他の地域に大量に搬出されるようになったのは、天正年間に豊臣秀吉（1537～1598）がこの地域を領有し、大坂城や伏見城をはじめとした畿内の城郭建築において普請用材として盛んに利用された頃からである。

その後、徳川幕府の直轄領となった川上村を含む吉野地域で林業が主産業として栄えるようになったわけだが、その当時のことを説明する文章が川上村のホームページ（「川上村の林業――林業の歴史」より）に掲載されているので以下に紹介する。

> 江戸時代には木材の需要が飛躍的に増加し、山地の森林資源は少しずつ減少しはじめ、造林をする必要が生まれました。吉野地方は山地なので耕地も少なく、森林資源を維持することが唯一の生き残る道だったのです。しかし、刈出生産の過程でも利益を上げることは少なく、一方では村に課せられる税金は大きく、資本を蓄積させる余裕はありませんでした。そこで村では、郷内の有力者に林地を売却、あるいは造林能力のある人に貸し付ける制度をつくり、造林を促進しようとしました。
>
> しかし、山村の住民には造林地を維持する資力がなく、元禄年間（1700年）には商業資本の消費貸付を通じて借地林が発生していきました。木材の販路の拡張、とくに寛永年間（1670年）より始まる銭丸太[9]の製造、享保年間（1720年）より始まる山地での樽丸製造［筆者注・コラム参照］などの木材利用技術の発達による

> 販路拡大に伴い、造林の方法は集約化し、木材業者の組合による流筏路の改良などの努力によって造林可能区域が拡大してゆきました。

海布丸太の生産風景

このように、17世紀から19世紀にかけて吉野地域で林業が発展していったわけだが、それをさらに発展させたのが「吉野林業の父」と言われている土倉庄三郎である。

1840（天保11）年、川上村大滝の山林主の家に生まれた土倉は、16歳で家督を継いでからというもの林業の発展に力を入れ、苗木の密植[10]と丁寧な育成で優れた材木を生産するという「土倉式造林法」を生み

コラム　樽丸の製作

重要無形民俗文化財となっている吉野の樽丸製作技術は、吉野杉から酒樽の側板であるクレを作り、それをマルワと呼ばれる竹の輪に一定量詰め込むまでの技術である。樽丸とはこの一定量のクレを詰め込んだものをいう。この技術は、灘や伊丹などにおける酒造りで使われる酒樽の側板を供給するために、江戸時代中期に始まったとされ、最盛期には、樽丸に最適な木材を生産するのが吉野林業の目標とされ、そのため吉野林業は樽丸林業とすら呼ばれた。（中略）この技術は、明治以降全国各地の杉の植林地で行われるようになる樽丸製作に影響を与えるとともに、江戸時代末期には吉野郡における割箸製作の技術も派生させた。吉野杉の特性を最大限に生かした技術であり、我が国の林産加工技術を考える上で重要である（吉野の樽丸製作技術保存会のホームページより引用）。

（9）「海布丸太」とも言う。直径がほとんど銭の大きさぐらいであったことからこの名が付けられた。

土倉翁の肖像画

1954（昭和29）年頃の土倉邸

出し、地元は言うに及ばず、群馬県伊香保、奈良公園、兵庫県但馬地方、滋賀県西浅井町、台湾など全国各地にその技術を広め、それぞれの地において大きな成果を上げていった。

本書を著すにおいて様々なことを調べていると、『森林からのニッポン再生』（平凡社新書、2007年）という本を書かれた田中淳夫氏という森林ジャーナリストのブログを発見した。そこには、私が提供させていただいた土倉の還暦祝の時の写真が掲載されていた。田中氏に「非常に珍しいものである」と言っていただき、非常に喜んでもらったものだが、その説明文として以下のように書かれていた。

「注目してほしいのは、前列に座っている一群。わかるかなあ。ちょっと日本人離れした人々を見つけてほしい。7人くらい、和服でなく、チャイナ服のような、ポンチョのような洋装である。女性もいるようだ。彼らは、台湾の先住民。いわゆる高砂族だ。通訳もいるらしい。この写真は、明治33年、土倉の還暦祝のものである。その記念に高砂族の頭目を日本に招いた時のものだ。ちょうど、台湾で2万ヘクタールの植林を始めていたから、吉野で造林技術を教える意味もあったのかもしれない。吉野では、踊りなども披露したと伝えられる」

土倉翁の還暦記念写真

非常に興味深い内容である。さすがにジャーナリストと言うべきか、なかなか地元においても伝わっていないことを村外の人が発信している。興味のある方は田中氏のブログをご覧になっていただきたいが、その田中氏のコメントは次のように結ばれていた。

「土倉氏が、もっとも興隆していた時代だったのかもしれない」

この頃だろうか、「日本軍閥の祖」と言われている山縣有朋（1838～1922、第３代・第９代内閣総理大臣）が土倉を訪ねている。東京・目白にある「椿山荘」にも代表されるように造園好きであった有朋ゆえの訪問であったかもしれない、と語るとロマンが広がるが、実は有朋は、1884（明治17）年より栃木県で750町歩の山林経営を始めてお

(10)　林野庁の指導では、１ヘクタール（１町歩）当たり3,000本の植林となっているが、吉野地方では、今でも7,000～8,000本ほど植えている。明治・大正時代には10,000～12,000本が植えられてたというから、昔に比べれば少なくなっている。密殖するのは、お互いに牽制させて、わざと成長を遅らせ、年輪のつんだ強くて美しい材木をつくるためである。また、檜よりも杉を多く植えるのは、早く樹冠を閉じて日光を遮り、下枝を枯れ落とすためである。（谷彌兵衛「吉野林業の話」参照。）

『吉野林業全書』に掲載されている山県有朋公の揮毫の書

り、そのための視察として土倉を訪ねたのかもしれない（山県有朋記念館からの回答による[11]）。

土倉と有朋の関係を説明する記述が、1983年に復刻された『完全復刻　吉野林業全書』の冒頭にあるので紹介しておく。「地道敏樹」（明治31年７月）と有朋自信が書いた書が掲載され、その下段に以下のような文が添えられていた。

「中庸[12]の第二十章に、人道ハ敏《ツトメ》政。地道ハ敏ム樹スルヲ。夫政《ナル》也者ハ蒲蘆也。とある。

この意味は、人民に政治の必要なことは、土地に樹木が必要なのと同じで、水辺の蒲や芦は、成長が速いが、それと同じように、政道も急転成長する。と云うような意味である。

但し、これに続くことばがある。

故に政を為すは人に在り。人を採用するには身を以てし、身を修むるに道を以てす。道を修むるに仁を以てす。とある。

山県有朋と土倉庄三郎とは、非常に親しかった。山県は日清戦争の前と後、二度の内閣総理大臣で、極度に国力の疲弊した最悪時代に国政を担当した。山県は、土倉の首唱する『冨国殖林　殖林救国説』に大いに共鳴し、山林局長に就任することを懇願したほどの肝胆相照らすものがあった。その故に、山県の云わんとするところは、身を修むるに道を以てし、道を修むるに仁を以てす。という言葉が、土倉の業蹟にふさわしいとて、この地道敏樹を、揮毫したような気がする」

ところで、有朋が書いた「地道敏樹」という書に関してだが、実は

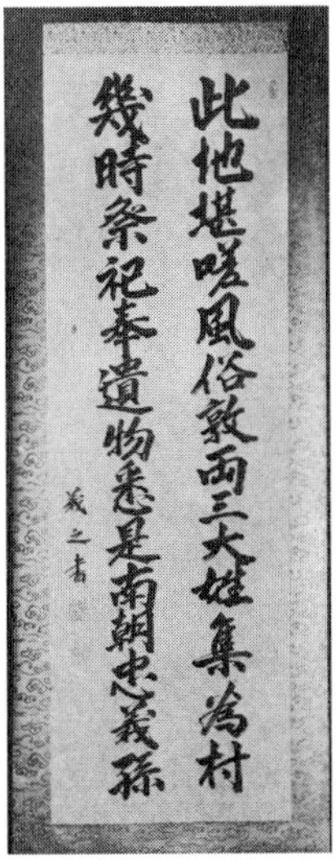

山縣有朋公の詠まれた詩を川島義之氏が揮毫した軸

横額になって川上村の役場に掛けられていた。しかし、1926（大正15）年の火災において焼失してしまっている。また有朋は、土倉を訪ねた折、先に記した後南朝の歴史を聞いて大変感動し、以下の詩を詠んでいる。

　此地堪嗟風俗敦両三大姓集為村
　幾時祭祀奉遺物悉是南朝忠義孫

「此の土地は三つの保（村）が集まって村をつくっており、非常に人情が豊かである。昔から欠かすことなく南帝王の遺物をお祀りしており、これ皆が南朝に忠義を尽くされた人達の子孫である」という内容のことが書かれているが、ちなみに「三つの保（三大姓）」とは、七保（東川他）、四保（井戸他）、六保（中奥他）のことである。

　この詩を、陸軍大将であった川島義之（1878～1945）が揮毫《きごう》し、表装したものを同じく役場で保管していたが、「地道敏樹」の書とともに1926（大正15）年の火災において焼失してしまっている

　植林・造林だけでなく、借地林業や村外の森林所有者による森林経営、それに伴う山守制度（管理制度）など現在においても継続してい

(11) この件で山県有朋記念館に問い合わせたところ、「有朋公は、明治初期に我が国の地方自治制度の確立に尽力され、その立法化にあたって地方の実情把握に努められ、明治16年の内務卿就任から明治21年の市町村制公布までの前後に各地を巡視された頃」という回答をいただいた。
(12) 中国の春秋時代の魯の名君であった哀公が政治の要諦を孔子に聞いた際、返答した孔子の辞。

るシステムの基礎を築くなど、吉野地域の林業（地場産業）の発展に多大なる貢献をした土倉だが、別の一面が先に挙げた「川上村の林業——吉野林業の父　土倉庄三郎」に掲載されているので紹介しておく。

「土倉庄三郎は、事業のかたわら、道路の整備や吉野川の改修などの推進や日本赤十字社への寄付など社会貢献にも努めました。また、私費によって奈良県初の小学校を川上村に開校したり、同志社大学や日本女子大学の創立にも一役かっています。板垣退助の洋行を援助するなど自由民権運動にも力を注ぐなど、林業以外の分野でも多大な功績を残しています」

川上村大滝で生涯を過ごした土倉は、1917年７月に78歳で亡くなった。土倉の功績をたたえて、1921年10月、大滝にある鎧掛け（15ページ参照）の大岩壁に「土倉翁造林頌徳記念」と刻まれた。土倉を紹介しているホームページは、「川上村の山の緑がいきいきと輝くのは、今も土倉庄三郎の熱い魂が村に息づいているからでしょう。そして、木を愛し、木と生きた偉人伝は語り継がれ、その魂は山を、そして自然を愛する川上村の人たちに受け継がれています」という言葉で結ばれている。

ちなみに、土倉が亡くなるまで貫いた方針というのは、「３分の１は国のため、３分の１は教育のため、３分の１は自分の仕事のために（財産を）使う」であった。

このように、土倉が全勢力をかけて行ってきた林業、現在はどのようになっているのだろうか。まずは、前掲の「川上村の林業」の記述を見てみよう。

「全国で大乱伐が流行した明治維新前後にも風潮に乗らず高齢林は維持されました。明治10年（1877年）前後の材木の価格が高騰した時代に高齢林はやや減少しましたが、一方で再造林は確実に行われ、さら

屋敷跡に建立されている土倉翁の銅像。最初は第一小学校の校庭にあったが、戦時中に供出されている

鎧掛けの岸壁に「土倉翁造林頌徳記念」と彫られた摩崖碑

に天然の雑木林は林種転換されて、スギ・ヒノキの人工林が拡大していきました。基本的には長伐期施業が行われていますが、明治の終わり頃から磨丸太の生産が一部で始まり、時代の変遷によって1940年頃に樽丸から柱角の短伐期になり、1970年代の吉野杉ブランドの材価高騰時代、1980年代のヒノキ・スギ集成材単板の時代を迎えるに至っています」

このような記述を読むと、現在も川上村の林業は繁栄しているかのように思われるかもしれないが、現実はもちろん違う。その第一の理由となったのが、木材の輸入規制緩和である。地方を軽視した国の林業政策が村民の生業を奪い、吉野林業のふるさと川上村は衰退していくこととなった。

第2次世界大戦後、日本各地で復興ムードが湧き上がったために、木材の需要が急激に高まったのは事実である。そのおかげもあり、吉野地域の木材も出荷が間に合わないぐらいの需要に見舞われ、それこそ「左うちわ」と言えるほど儲かった。しかし、日本政府が、1960（昭和35）年、住宅建材不足を口実に木材の輸入自由化に踏み切り、徐々にそのかげりを見せ始めることになった。

そして、1962（昭和37）年、製材製品までもが輸入自由化となり、林業に依存していた全国の山村は大きな打撃を受けることになった。もちろん、吉野地域の中山間村も年を追うごとにその影響が大きくなり、「林業では飯が食えない」ということで村を去る人たちが出始めた。「過疎化」が始まったのはこの時からである。

日本は国土の70％が森林で、その森林の40％が人工林という世界有数の森林国家である。にもかかわらず、コスト高というだけの理由のために外国から材木を輸入し、住宅供給を行い続けている。そんななか、地域再生という目的のために林業に力を入れている自治体があった。

テレビ朝日で放送されているニュース番組の「報道ステーション」の「特集　コンクリートから緑へ…林業にかける徳島県の試み」（2010年８月19日放送）を見て知ったのだが、徳島県が借金をしてまで公的な助成金を出して、地域活性化の一助にしようとしているのだ。建設業から林業へ転職をすすめる事業などを中心にして、林業予算を約７倍に増やし、林業で地域を自立させるために「林業再生プロジェクト」を始めている。

今のところ関連企業はまだ採算ベースに乗っていないということだが、その理由は「円高」である。伐採した木材を最終的に卸す会社というと住宅供給会社となるわけだが、円高によってより安くなってしまう輸入木材に押されてなかなか供給が進まないということである。徳島県がこの事業のプランを立てたときの円相場は平均で115円ぐら

長材の原木市が珍しく西河で開かれた。1996（平成８）年11月

いであっただけに、現在のような81円（2011年４月現在）という円高状態ではなかなか太刀打ちできないであろう。

国の公共事業が削減されるなか、県独自で公共事業の予算をアップさせた徳島県の「コンクリートから緑へ」とも言える林業再生への挑戦を、川上村に住む私としても応援したい。と同時に、政府の円高対策に対しても不満の声をあげざるを得ない。

4　驚きの村

驚くことに川上村は、明治天皇と大正天皇から御真影を拝戴している。それぞれ、1883（明治16）年と1922（大正11）年のことである。現在では話題にもならないことだろうが、万余の村があるなかで、このように２人の天皇より御真影を賜ったのはわが川上村１村のみであり、当時としては大変名誉なことであった。前掲の『吉野川上村史』では、「第九章　御眞影拝戴」と１章を設け、13ページにもわたって

(295～307ページ）詳述されているほどである。

もちろん、川上村の郷民が後南朝時代に忠誠を励んだことによるものであると私は考えるが、前述した土倉翁が時の政府に依頼をしたのではないかとも思っている。ただ、これらの御真影、山県有朋の書などと同様に、1926（大正15）年10月5日の火災において焼失してしまっている。

そして、戦時下。子どもまでもが運動場を畑にして食糧の増産に精を出したり、くず鉄の収集などをして、村は「忠君愛国一色」であった。御真影をいただいたということもその理由であろう。1943（昭和18）年、村民の寄付により2機の戦闘機が献納されている。3月24日に海軍戦闘機の「報国号」、6月1日には陸軍戦闘機の「愛国号」であり（当時のお金で1機10万円と聞いている）、それぞれ第二小学校において命名式も行われ、翌日には〈朝日新聞・奈良県版〉に「征け、仇討て“我らの川上號」という見出しのもとに記事までが紹介された。

それ以外にも、大滝の龍泉寺の梵鐘が供出されたほか、土倉翁の銅像も出征されている。先ほど銅像のキャプションでも記したが、現在の銅像は2代目ということになる。こうした時代であったため、「読み・書き・ソロバン」よりは、今でいうところの「社会科」を学んでいた私の子ども時代であった。

戦後においても皇室との関係は続いた。1955（昭和30）年5月11日、高松宮殿下が来村されている。入之波《しおのは》の奥、筏場で一夜を過ごされ、身近に後南朝の史実に接せられたと聞く。その際、金剛寺に寄られて御陵に参拝され、桜の植樹をされたようだが、現在は枯れてしまってその桜を愛でることはできない。

もう一つ驚いた話がある。

献納された陸軍戦闘機「愛国号」

大勢の子どもに見送られ、木馬に乗せられて供出される龍泉寺の梵鐘。1943（昭和18）年２月（写真提供：古瀬順啓氏）

1992（平成４）年の夏のことである。川上村の民俗調査などにご協力をいただいていた大淀町北六田の岸田定夫（1908～1996）先生を通じて、PHP研究所より「山本七平（1921～1991）氏が終戦後まもなく川上にいたようだが、調べてもらいたい」という依頼を私が受けた。

ご存知の方も多いだろうが、山本氏といえば「イザヤ・ベンダサン」のペンネームで『日本人とユダヤ人』（山本書店、1970年）を著し、その後、評論家・随筆家として文学界で活躍をした人物である。1991（平成３）年に亡くなられた同氏の業績を顕彰するため、PHP研究所が「山本七平賞」を設けることになったわけだが、フィリピンより引き揚げてきたあとの３年間ほどが所在不明であった。どうやら、戦犯として捕らえられるのを恐れて戦友のいる川上村へ一緒に行ったこと、そしてその戦友が大工であるらしいということまではPHP研究所でも分かったらしいのだが、「詳細を調べて欲しい」ということで私に依頼が来たのだ。

私の親戚筋にも戦前から大工をしていた人がいたし、当時、村には大勢の大工さんがいた。しかし、私が調べてもまったく手がかりが得られなかった。そこで、もう少し情報がないかとPHP研究所に問い合わせたところ、山本氏がある人物と対談している原稿の一節を送ってくれた。そこには、以下のような記述が散見できた。

「奈良県吉野郡川上村というものすごい山の中におりまして」

「どうせ山の仕事を手伝うなんていっても手伝えないんで、留守番やってるようなもんですけども、水車を利用して製材などやっておりました」

「在所に一軒だけ何でも屋がありましてね、(中略) まあ田舎のデパートですね。そこに必需品は全部あるんです」

「元来は水車の動力で川の向こうに架線というんですか、ワイヤで材木をこう向こうの道路まで持ってくと。その持って［ママ］グルグル回すのを水車でやってるわけですね」

当時、水車で製材をしている所といえば武木《たきぎ》地区でしかない。また、「何でも屋」というのが「紙谷商店」であるということも簡単に分かった。そして、一緒に復員したという戦友が加藤巧匠氏であることも判明したが、すでにお亡くなりになっており、お兄さんの上林潔夫妻にお会いして当時のことを確認していると、巧匠氏の奥様が大阪におられるということも分かった。

これらのことをまとめてPHP研究所に回答すると、同研究所の細矢節子氏より「(前略) 八月の四日から五日にかけてそちらにお伺いし、取材をさせていただこうと思っております。三日に大阪の加藤様のお話を聞かせていただく予定でおります。〈Voice増刊号〉で『山本七平追悼記念号』の編集長をいたしました北村と細矢私、そして、伝記の稲垣先生と三人でお伺いする予定でおりますので、その時お会いできたらと思っております (後略)」という丁寧なお手紙を頂戴した。山本氏の吉野での消息が分かったこともさることながら、このような名誉ある調査にかかわれたことを誇りに思っている。

手紙に書かれている〈Voice 増刊号「山本七平追悼記念号」〉（1992年３月１日発売）で、「山に隠れる」という見出しのもとに、山本氏が当時の川上村の山林労働について興味深い記述をしているので紹介しておこう。

「（前略）そこで初めて山林地主の実態を知った。その辺一帯の山々は一人の山主が所有しており、山主は領主のような存在である。山主の下に管理人がいて、山林労働者（伐採と運材）の一切を取り仕切っている。復興景気で、山人夫の日当が七百円という非常な高賃金だったのを覚えている。都会のサラリーマンの平均月収が千三百円の頃の話である。日当は半年分まとめて支払われる。生活用品は在所にただ一軒ある『何でも屋』でつけで買う。この何でも屋も管理人が経営しており、半年分の手当からつけ買いの分を差し引いて支払われるから、普段はほとんど現金の要らない生活である。彼らは血縁関係で結びついているわけではなく、山主と管理人対自分という関係が生活の基盤になっている。そういう山の人間といろいろ話し合ったことも、日本人の一つの原型を知るという意味で、後になって大変参考になった」

また、明治、大正、昭和、平成という時代を生き、多くの作品を残している随筆家の白洲正子氏（1910～1998）も『かくれ里』というエッセイのなかで川上村のことを書いている。

「吉野の川上」と題された本文の冒頭に、「吉野は古くから伝統的な『かくれ里』であった。天武天皇が、壬申の乱に、いち早く籠られたのは有名だが、西行も義経も、南朝の天子方も、近くは天誅組[13]の落人に至るまで、『世のうき時』に足が向うのは、いつも吉野の山奥であった」という一文がある。

先に紹介した山本氏の話も、まったく同じである。古《いにしえ》より昭和の時代まで、それぞれに隠れ住んだ人たちがこの村にいたという事実、そして、それらの人々がこの村から様々なことを発信してきたわけである。いや、ひょっとしたら、発信してきたのは川上村そのものであったのかもしれない。

21世紀、平成の時代となった現在、また誰かが隠れ住んでいるのであろうか……その人は、この村で何を見て感じ、何を発信するのだろうか……。

5・川で遊び、山で学ぶ

兎追ひし　かの山
小鮒《こぶな》釣りし　かの川

ご存知のとおり、誰もが口ずさむ『故郷』（唱歌）の一節である。また、詩人であり小説家の室生犀星（1889～1962）は「ふるさとは遠きにありて思ふもの」と詩集『抒情小曲集』のなかで発表している。そんな故郷に住み続けて70年余、ゆえにほかに故郷はないが、最近、どういうわけか故郷が遠くに行ってしまったように感じる。

それを一番感じるのが大晦日かもしれない。毎年、12月31日から元旦の朝にかけて、近くの氏神さまの境内では「大とんど」が焚かれ、松明《たいまつ》に火をつけてお参りをしているのだが、最近では子どもが少なくなったために淋しいものになってしまった。お参りのあとに御神火をもらって帰り、その火で雑煮を炊いて正月を祝うという慣習は、現在

この日ばかりは火遊びも公認であった

においてもどこの家でも行われている。かつて、子どもたちの楽しみの一つであったこの慣習が長く続けば……と思っている。

家のすぐ前が川ということもあって、幼い頃から釣り竿を振っていた。しかし、小学校4年生位まで泳ぐことができなかった。水に頭を浸けるのが怖かったのである。それなのに、川の端（通称・こうもり）で身を乗り出しては釣りをしていた。今考えてみると、よく親も近所の人も何も言わなかったものである。釣り談義となればそれだけで1冊の本が書けるぐらいの経験があるので、子どもの頃のことを少しだけ紹介して当時の川上村の様子を伝えることにする。

私が住む大滝界隈には、一口に川と言っても様々なロケーションがある。そのため、同じアユを釣るにも、淵での毛針釣り、滝での乱引き、それに友釣りといった漁法があるので、あきることがなかった。

(13) 幕末の1863（文久3）年8月17日に吉村寅太郎をはじめとする尊皇攘夷派の浪士の一団（天誅組）が公卿中山忠光を主将として大和国で決起し、のちに幕府軍の討伐を受けて壊滅した事件を「天誅組の変」という。尊皇攘夷派による、初めての武力蜂起とされている。

滝を遡上するアユを狙って乱引き（大滝）

大人のなかに割り込んで（西河）

そして、アユが放流されるともなれば大津古（現在のダムサイト）まで一緒に付いていって、桶から飛び出るアユを拾い集めて、死なないうちに川へ放流するという手伝いをよくした。

実家で釣り道具を売っていたこともあり、その手伝いもよくやった。釣り糸は青いすすき糸で、４本、６本、８本と絹糸の撚り合わせた本数で太さが決められていた。それがまた測り売りで、畳の巾（90センチ）で長さを測って、それを糸巻きに巻くといったような、現在では考えられないような商《あきな》いの仕方であった。

大人がする釣りを見ていて、一番「うまい！」と思ったのはミツゴでの引っ掛けだった。九州の有明湾では、潮が引いた干潟でミツゴを使ってするムツゴロウ漁がよく知られているが、川上村では、岩についている苔を食べに来る（ハミ付くと言う）アユを狙い引きする。激しい流れのなかで動いているアユを引っ掛けるわけだから、相当なテクニックを必要とした。流れのなかにミツゴを沈める練習として、木の皮をアユに見立てて川岸でかなり練習した。

また、関電水路を筏が下る日は水位を下げるために水門を開けて放水をするので、その日は水門が閉じられる夕方が待ち遠しかった。水門が閉じられるのと同時に大川からアユが慌てて上ってくるので、そ

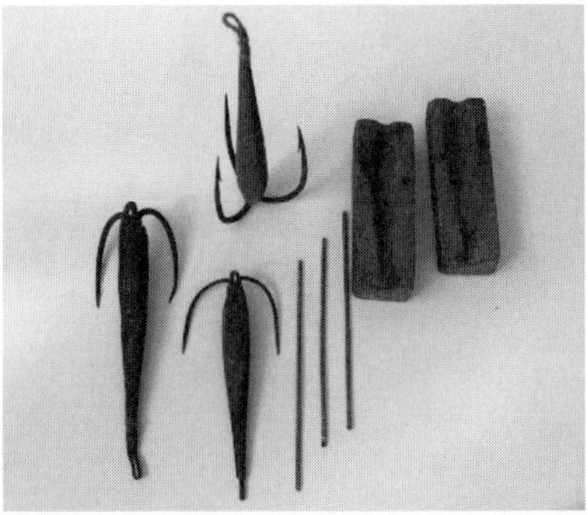
ミツゴと製作用型。鉛を溶かして型に流し込んで製作する

以前の川は子どもたちでずいぶん賑わった

れをつかみ捕っていたのである。6月の解禁前であっても捕ることができたのだが、ガラガラと水門を閉める音でヤンチャ坊主たちが一斉に走り出すという姿は、今思い出しても壮絶と言えるものであった。

初めて兄とウナギを捕ったときのこともよく覚えている。夕方、モドリ[14]を伏せて翌朝に上げに行くのだが、ほとんど毎回溢れんばかりのウナギが入っており、モドリがギイギイと鳴くし、隙間から尾が出るわで、無我夢中で重いモドリを兄と持ち帰った。家に帰るとすぐに行水用のタライに開けて大漁を自慢したが、その大量のウナギをどのように料理して食べたかはまったく覚えていない。

ある時、子どもの腕ほどの太さのあるウナギを釣った。家に持ち帰ったところ、見知らぬ人が「売って欲しい」と言うので、「お金はいらん」と言ってあげたことがある。何日か経って、その人から和紙に描かれた絵が送られてきた。部屋に飾ったままにしていたが、伊勢湾台風の時に流されてしまった。今、改めて想うことは、「ひょっとしたら、名のある画家だったのでは……」ということである。

(14) 筌《うえ》のことを吉野川水系では「モンドリ」と呼んでいる。そして、川上村ではこれを「モドリ」と呼んでいる。

稚鮎の放流。ここでも子どもが追っかけていた（東川地区）

こんな話を地元に住む息子世代の人に話したら、やはり同じようなことを言っていた。しかし、そのあとに続く内容はちょっと違った。

「アユを捕ったら友釣り用に売ってたわ。そう言えば、以前、釣り上げた何匹かのウナギを持って道を歩いていたら、釣りをやっているおっちゃんに声をかけられて、『そのウナギ売ってくれへんか』と言われたので5,000円で売ってやった」

時代の違いと言ってしまえばそれまでだが、私が子どもの頃はここまで知恵は回らなかった。すべてが天然のもの、今であればいくらになるのか……とつい考えてしまう。

また夏、網漁が解禁されると大人からよく誘われた。囲んだアユを追う役目もあったが、網が底にしっかり着いているかどうかをチェックし、浮いていれば石で押さえるという手伝いをしたほか、アユ以外の魚やゴミを網から外すという大変な仕事をした。たくさんのアユを囲んだときは嬉しかった。しかし、それ以上に嬉しかったのは、捕れたアユを大人と同じように分配してくれたことである。たくさん貰っ

川番さんのもとで

帰りに自分の「川行き札」を持ち帰る

たということより、一人前として認めてくれたことに妙に満足していた。今思えば、地元の人たちのこういう配慮がコミュニケーションとなり、地域づくりへとつながっていたのかもしれない。それに、川は誰のものでもなく、自分たちのものという共有する意識が強かったように思う。

それにしても、捕れた魚をよく食べた。多いときはもちろん近所にあげたが、牛肉や鶏肉がたまにしか買えず、卵も貴重品、ましてや冷蔵庫のない時代だから新鮮な蛋白源である魚を毎日のように食べて「家計を助けた」と思っている。

もちろん、川での遊びは魚釣りだけではない。夏になれば、泳げなくても昼から「川行き札」を持って川に行き、所定の場所にそれを置いて夕方まで天然のプールで遊びまくった。

私たちが泳いでいる間、ずっと見守ってくれた人がいた。「川番さん」と呼ばれる人で、今で言えばプールの監視員である。「川行き札」の置いてある所に来て、川に入った子どもを確認し、夕方まで見守ってくれるのである。そして、午後4時過ぎに、最後の子どもたちとともに川番さんも引き揚げていく。近所の大人たちが交代でそれを行っていた「川番さん」のことを、「郷土の先覚者　土倉庄三郎翁」（川上村教育委員会）という冊子で説明しているので紹介しておこう。

「水泳と翁　　明治十年頃大滝小学校の内田という先生が水泳で溺死したことがあったが、大滝附近は川瀬も荒く水深く幼児の水泳には適当の場所少く、危険の多い所から、翁の発心で毎年川番と称し二ヶ月間水泳経験のある人を雇い入れ、学校生徒や幼児の保護に当っておりましたが、土地の教師だけでは不充分と言うことで、途中から京都武徳会の流達の先生を毎年招聘して指導させ、大滝・上市間の遠泳も毎年夏季実施して水泳の振興に尽力されました。川上第一の水泳は県下にその名をうたわれた歴史を持つのも翁に俟つ所まことに大なるものがあります」

つまり、この制度は土倉翁の発案であり、翁がお金を出して設けられた制度であった。その後、地区で費用（約25万円）を出して人を採用してきたが、子ども会の活動資金を得るために、1965（昭和40）年頃からは保護者でやることになった。

現在は村内にいる子ども数が減ってしまったので、このような風景を見ることもなくなったが、どうやら1970年代頃までは続けられていたようである。川番さんによっては、子どもたちを一斉に川岸に上げて休憩をとり、昔話などを聞かせてくれたこともある。川遊びだけでなく、それも楽しみの一つであった。

川上村には平地がない。ある所と言えば、学校のグラウンドと道路ぐらいだ。となると、川で遊ばないときは山に入って遊ぶことになる。山では、野イチゴやグミ、アケビ、クリ、ケンポ梨[15]などを採りに行ったり、友達と戦争ごっこもした。

食糧難の時代でもあったので、山肌での畑仕事もずいぶん手伝わされたが、その辛い経験は現在の生活において大いに役立っている。でも最近は、全国でも多発しているように、せっかく実った畑の作物がサルに奪い取られてしまうという被害が頻繁に起こるようになってしまった。

山林労働者の装束。腰に弁当を付け、尻皮をぶら下げている。今はヘルメットが義務付けられている

当時、家で使う燃料と言えば川に流れてきた流木（「かわら木」と言った）であった。秋、台風が通過したあと、川に浮いて流れている木々を拾い集めてくるのだが、それを「山行きさん」（山林労働に従事している人）がよく手伝ってくれた。その時、「鳶《とび》を打つときは水がこっちへ来るときに打てよ、絶対引くときには打つな[16]」とか「木を挽《ひ》くときは生しいときに、割るときは乾いてから。もし、節があればその節を打つのだ」と、作業しながらいろいろなことを教えてもらった。

それにしても、山行きさんたちの休憩は長かった（少なくとも、私はそのように思っている）。彼らが焚火でもしていれば、その輪に入れてもらって、いろいろな話を聞いた。

「山でキジが傷ついたような素振りを見せるけど、追っかけても駄目だよ。巣から遠ざけようとしているだけだから」

これまでに3回ほどそんな場面に出合う機会があったが、なるほど、山行きさんが言ったとおりであった。そんな彼らは、みんなお尻のところに獣の皮をぶら下げていた。どこで休憩するのか分からないため、座布団代わりに獣の皮を付けたまま仕事をしていたのである。

「イノシシはダニがつくが、カモシカには虫がつかない。ノミが来ないから赤ちゃんに敷いてやる家があるくらいや」と言われたことを、

（15）クロウメモドキ科の落葉高木。東アジア温帯一帯に分布し、日本では北海道の一部から九州まで自生する。初夏に小型の白い花が咲き、秋には数ミリの果実が熟す。同時に、その根元の枝が同じくらいの太さに膨らんで、梨のように甘くて食べられる。

（16）濁流に流れている木のため、波が打ち寄せるときであれば楽に木が拾え、逆の場合は川に引っぱり込まれるので危険であるという意味。

昭和初期の筏カラミ。土倉邸の前の土場

60年近くなる現在まで鮮明に覚えている。そのほかにも、「お前の家の裏にカヤの木があるやろ。夏、蚊よけのために炊くとええ匂いがして夏らしいぞ。それからなぁ、カヤの木は500年を過ぎんとよい碁盤ができへんから、植えても誰のものになるか分からんやろ。そやから、『植える阿呆に伐る阿呆』と言うんや」とか、「カエルの卵は火傷《やけど》にええぞ」、「ハブの皮は吸い出しにええ」、「雲があっち向いたから天気が変わるぞ」、「今年は松茸ができるぞ！」といったように、決して科学的とは言えないが、学校では教えてくれないことを山行きさんから学ぶことができた少年時代であった。

もう一つ、科学的と言えないことに天気予報がある。村内では、天気に関する様々な予報の仕方がいまだに残っている。そういえば、子どもの頃は履いている下駄を放り投げて、裏であったら雨、表なら晴れと、翌日の天気を占っていた。何の根拠もない天気予報であったが、多くの人々が経験していることである。

現在は、テレビやパソコンで翌日以降の天気や雨量までが簡単に分かる時代となったが、昔からそれぞれの地域において天気は様々な方法で予報されてきた。先人の長い経験が生み出した確かなもので、川上村では特に山働きをする人たちによって継承され、暮らしのなかで活かされてきた。

ここに、『大和吉野川の自然学』という本がある。そのなかの「12. 自然からの気象情報」という一節には、以下のような記載があった。

> 吉野川流域の住民で、気象に関し、最も関心の深い職種は筏《いかだ》師《のり》であった。筏師にとって増水や洪水、それに台風などは運搬材の流失や人命にかかわる重要な現象である。従って、近代科学による気象予報技術が発達していない時代では、自然からの情報を五感を通じて的確に察知し、診断を下すことが何よりも大切であった。
>
> ここでは吉野川の筏師たちの間で言いかわされていた気象診断の言い習わしについて書き留めておこう。
>
> ・朝虹に川渡りするな。
>
> ・夏虹は20日のひでり。
>
> ・虹が川を横切ったらえらい（大変な）水が出る。
>
> ・四つ晴れ（午前10時頃）に傘を預けるあほがある（四つ明かりは雨の兆し）。
>
> ・日がちょっと当たって虹がひく（虹がたつ）と大水になる。
>
> ・山が近くに見えたら雨が近い。
>
> ・星が水汲む（ピカピカ光ること）と雨が近い。
>
> ・月が笠を被るときは雨、笠が破れたら天気になる。
>
> ・谷あいに霧が上がると明日は夕立があるという。
>
> ・西が明るくなると天気。
>
> ・東から西に雲が流れると雨になるという。
>
> ・いりひ（夕日）がよいと、明日は天気、なんぼ降っとっても

気遣《きづか》いない。

・総体にくもやけ（雲焼け）したら雨が続く、西側だけ焼けたら（夕焼け）天気、東が焼けたら雨。

・鍋の尻が焼けると雨。

・せぶり（川の上流域が降雨）すると、まくれ水（不意の増水）がくる。

・礎の石に水分があって表にあらわれると雨。

・蟻が群れて各所にいるときは雨が近い。

・クモが巣をかたずけると雨。

・夏の日、小さい虫が飛ぶと雨。

・百足（ムカデ）の足が赤く見えると、翌日は晴れ。

・エンコ（猿）が川へ下りてくると必ず雨が降る（雨の降る前の日にサルが川に下りてくる）。

・タカ（鷹）が低く飛ぶときは雨が近い。

・鳥が川で行水（水浴び）すると、近々に雨が降る。

・朝鳥が啼いたら筏に乗るな。

・トチハカリ（キツツキ類）が、コロコロコロと続けて啼けば雨が降る。

・蛙が鳴くと雨が近いという。

・蛇は雨の前によう出る。

・蜂が低いところに巣をすれば、大雨や大風にならぬ。

・蜂が高いところに巣をすれば、大雨や大風がくる。

・ゴーロ（コオロギ）が鳴きだしたら雨が止む。

・楮《こうぞ》がよく成長する年は大風がある。

・蛇が木に登れば洪水がある。

・セミ（アブラゼミ）が鳴きやめば、雨が降りはじまる。雨が降りはじめるとセミ（アブラゼミ）が鳴きやむ。

水棲生物の観察をする家族づれ

非常に残念なことだが、現在はこのような知識の伝達がなくなってしまっている。今後の村のことを考えれば、このようなことを後世に伝えることで自然環境への理解も深まると思っている。何も、科学的なことだけ（それも答えだけ）を教えるのが教育ではないだろう。それぞれの現象の理由を村民（先人）から聞き、それを体験するという機会が今後増えることを願っている。いずれにしても言えることは、コミュニティのあり方をもう一度考え直す時期に来ているということである。

このような少年時代を送って育った私は、奈良県立吉野林業高校に併設されていた中学校を卒業したのちに同高校の普通科に入学し、卒業後、衣類などの行商を村内で行うようになった。

数年後、たまたま役場の野球チームのメンバーが足らないということで助っ人に行ったのが切っ掛けで、どういうわけか、そのまま村役場に再就職をすることになってしまった。1959（昭和34）年８月上旬のことである。そして、右も左も分からないまま１か月半ほど働いて、衝撃の日を迎えた。

第2章

伊勢湾台風

台風の当日、4時半頃に撮影。東川小学校校庭より深山方面（写真提供：米田素明氏）

1 台風の直撃前後

川上村は紀伊半島の内陸部に位置するため、これまで何度も台風の襲来に脅かされてきた。また、南東部に日本一雨量の多い大台ヶ原があることもあって、普段から雨の多い所でもある。夏、晴れていたかと思うと急にどしゃ降りになるという、典型的な山の気候である。そんな状況で生活しているだけに、雨に対してはある程度慣れていることもあって、少々のことでは大して心配することがこれまでなかった。しかし、昭和34（1959）年9月だけは事情が違った。

23日、秋分の日には北和田の第三小学校で村民による陸上競技大会が開催される予定になっていたが、前日から降り続く雨のために中止となった。台風15号（「伊勢湾台風」と命名されたのは後日）が北上している影響による雨であって、地元では「背《せ》降《ぶ》り[1]」と呼ぶ雨で、山の背を雨が走るかのように降り続いた。このような降り方の場合は台風が接近する前触れで、奥地の状況は川の水位で判断するというのが、日常私たちが行ってきたことである。ところが、勢力の大きい台風の北上につれて雨脚が強くなってきて、当日となる26日（土曜日）の昼すぎにはまだ潮岬の南方だというのに川の水位は従来の最高位近くまで達し、進路も直撃の恐れがあるという予報となった。

この日、私は東川地区にある木材検査所での勤務となっていた。しかし、2、3日降り続く雨のために材木の搬出はほとんどなかった。主任の中西重夫さんから、「台風の接近もあるから、昼から帰ってもいい」と言われたが、結局帰路に就いたのは午後2時頃のバスであったと記憶している。すでに風雨が激しく、川の水は勢いを増して関電水路の下段位にまで達していた。全村民が進路の逸れることを期待していたわけだが、どうやらその願いは届かないということを確信せざるを得なかった。

私が住む大滝地区では、雨が降り続く昼間から消防団員や山林作業員によって、川側に位置する家々をワイヤーで縛ったり、タンスなどの家財を避難させるなど、これまでにない厳戒態勢を敷いた。定期バスが4時頃に吉野町の国樔《くず》方面から上がってきたが、ここ大滝から上へは通行が不可能ということになって引き返していった。

私の家の家財道具も一段高い前の家に避難させてもらっていたが、まだ明るかった夕方の6時頃、突然土間が吹き上がった。それを見て、もうこの家もダメだと、手伝ってくれたK氏と慌てて避難した。それこそバケツをひっくり返したような雨のなか、土倉邸前の国道に大波が打ち上げられるのを見て、少し遠回りをして実家にたどり着いた。家の横の谷もすでに相当な増水で、大川の影響もあって流れが阻止され、濁流が道路や周辺に溢れかえっていた。

懐に抱え込むように上流からの流れを受ける大滝地区

（1）山の背を雨が走るかのように降り、それが少し止み、また降るというように断続的に降り、徐々に激しくなっていく本降りになる前の様子。

あまりにも増水が速いことに驚かされた。寺尾地区で起こった山崩れが原因だったかもしれないが、やはり時間雨量が示す62、60、86ミリという猛烈な豪雨が長時間かつ流域全般に降ったことが原因であったと思われる。私の実家も川の増水と横の谷の溢水《いっすい》で危険となって、両親が避難していた親戚宅に私も避難した。谷の水が、川の増水によって流れが押し戻されて家の中に浸水してきたのだ。

想像を絶するような雨風の音、逆巻く川の音、柱がきしむ音、人間の力ではどうしようもない自然の驚異のなか、濡れた服のまま避難所を出たり入ったりした。しかし、外の光景を見ることはもちろんできなかった。ひょっとしたら、耳しか働かなかったことが精神的にはよかったのかもしれない。

そんな雨も、深夜0時には嘘のように上がり、風も収まった。荒れ狂ったあとの国道に出てみると流木の山で、埋もれていた古株が酸素と反応してリンの青白い光を放っていたのが印象的であった。ふと見ると流木のなかに碁盤もあり、上流での被害状況が想像されたが、この時点では、まさか72名もの犠牲者があったとは夢にも思わなかった。

当日は日曜日であったこともあり、着のみ着のままであった私は一日かけて家の周辺の片付けをし、翌日の月曜日には役場へ出勤した。役場に勤める前に衣類などの行商をしていたために村内のことをよく知っていたこともあって、まだ若かった私は毎日のように駆け足で村内の各所に連絡・伝達するという仕事にあたった。その時、「役場」という腕章を付けてカメラを持参して写真を撮ったわけだが、フィルムが少なくて撮りきれなかった。

役場内では謄写盤印刷などの作業をし、その後、救援物資の整理にあたった。地区内では、被害家庭の片付けなどの応援はもとより、仮住まい所の手当て、道路の確保など村民総動員の復旧活動や奉仕作業を行うことになったのである。これらの作業を行うにあたってありが

日を追うごとに奥地の悲惨な状況を伝える新聞

たかったのは、２年前に簡易水道事業が施工され、それが台風の被害を受けることなくきれいな水が十分に使えたことである。

数え切れないほど流れてきた流木のうち、仮設道路用に使えるものは集められて、それ以外のものは何日もかかって燃やされた。同じく時間がかかった作業は、全壊した家の屋根瓦の片付けである。当時はブルドーザーやショベルカーどころか一輪車すらなかったため、１枚１枚を人の手によって取り除いていかなければならなかったので想像以上の労力がいった。

その点、流失した家屋の片付けは比較的楽であった。何も残っていないのであるから跡地を整理するだけであった。とは言うものの、一時避難で他家へ預けたタンスや衣類など整理ができず、長きにわたって迷惑をかけたことはまちがいない。我が家もそうであったが、風呂に入れていただくにも交代で何軒も渡り歩くといったように、多くの人たちがお互いに多大なる迷惑をかけあった。しばらくは、食事と言えば缶詰や佃煮の類であって、何日か経ってからダイコンの抜き菜のおかずを食べたときは本当に「食事をした！」という思いであった。

昭和34年9月26日

雨量（迫観測）

23日	50mm
24日	31mm
25日	89mm
26日	565mm

26日時間別降雨量

時　間	時間雨量
	mm
	80
午前8時 まで	
	5
9時	
	6
10時	
	15
11時	
	24
12時	
	36
午後1時	
	32
2時	
	34
3時	
	39
4時	
	62
5時	
	60
6時	
	86
7時	
	34
8時	
	22
9時	
	20
10時	
	7
11時	
	3
12時	
	565

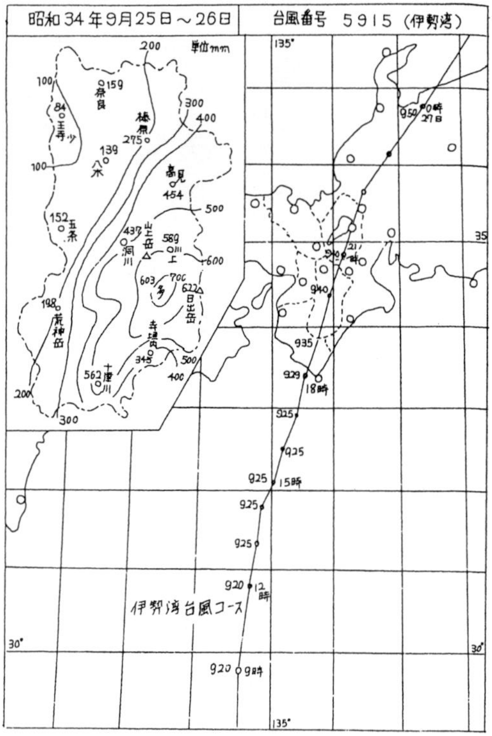

最大風速：約17メートル。26日午後6時
最高水位：約14メートル。26日午後8時

インフラなどの被害

道路	99か所
橋梁	24か所
耕地（流失） （決壊） （埋没） （冠水）	746アール 93アール 233アール 229アール
林野（崩壊）	460か所 （4,066アール）
木材（風害）	57,750石
（立木流失）	28,000石
（素材流失）	5,700石

伊勢湾台風大字別被害状況　（昭和34年９月26日）

大字	家屋						人的			昭和35年1月1日現在	
	流失	全壊	半壊	床上	床下	計	死亡	不明	怪我	世帯	人口
東川	10	34	16	10	10	80				196	915
西河	5		3	11		19				112	493
大滝	9	2	1	3	4	19				75	342
寺尾	11	5	1	2		19	1	1		30	108
北塩谷	3	2	2	2		9				16	87
迫	8	5	4			17		1		90	413
高原	1	22	4	1	4	32	46	12		112	488
高原土場	7		2			9				11	45
人知	9	1	1	1	1	13	1			48	205
白屋			1			1				75	336
井戸	5	3	2	1		11				35	148
武木	2		3	2		7				75	308
井光	1	1	2		1	5				86	411
下多古	8	6	4	2	1	21	1	1		59	271
白川渡	3	1				4				56	237
枌尾	3	2	1	4	3	13	1	2		35	167
中奥				2		2				38	196
瀬戸	1	2	1			4				27	142
北和田	3	4	6	13	4	30				108	418
神之谷		1	1			2				26	126
上多古	8	5	22	14	8	57		2		104	384
柏木			5	1	1	7				113	474
上谷					3	3				19	74
大迫	6	1				7				19	96
伯母谷						0				24	97
入之波	5	4	28	7	6	50	3			113	484
合計	108	101	110	76	46	441	53	19		1702	7465
被災人口	440	456	528	330	209	1963			211		

注：上記以外にも、土地の状況が不安定なために危険視され、避難退去した家屋も発生している。

10月29日、奥田知事（当時）も当村の状況を視察。左は説明する米田助役

日赤医療班も高原現地へ

簡易水道の水源地も土砂で埋まるも、大滝地区ではろ過されてきれいな飲料水が供給された

お年玉付き年賀はがき寄付金よりの見舞品

仮設住宅は意外と早く建設されたが、一間に炊事場とトイレでは大家族には狭く、ほとんどの家庭が空き家を借用することになった。村が建ててくれた公営住宅の入居には、2年位の時間がかかったように記憶している。公営住宅と言っても有料で、月額900円であった。この家賃はずっと改定されることなく、後年、ダムの補償問題も絡んで有償で各家庭に払い下げられている。

本章において掲載させていただく写真は、私とともに他の職員などが撮った川上村の各地区における被害状況である。ただ、50年が経過しているため何処で撮った写真かの確認ができなくなっている。当時の状況を村の人に尋ねてもなかなか思い出せないということも多く、そのうえダム工事のためにすっかり土地の形状や面影がなくなってしまい、整理をするにもかなりの苦労をした。

幸い、大勢の方々にご協力をいただいて作成することができたが、それぞれの写真について詳しいコメントをするだけの記憶はやはりない。当時の状況を思い出しながら各地区の紹介をし、可能な限りの説明を

義援物資を受け取って帰る高原婦人会の方々

届けられる義援物資の受け付け整理（川上第二小学校講堂で）

梱包の中には様々な品物があり、地元婦人会の奉仕により選別されて、それぞれの被災地へ配分された

救援物資を整理するために残業。碁盤を食台にして、鍋一つに干魚のご馳走（？）で夜食をとる。左から、筆者、梅本雄三氏、松田泰祐氏。撮影したのは山口一一氏

写真に添えさせていただいたので、それらを参考にしながら各写真をご覧になっていただきたい。

被害は村内全域にわたっているが、伯母谷、上谷、中奥、白屋の各地区は被害が少なかったために省略させてもらった。地区によっては本流や支流の氾濫、谷の増水、裏山の崩壊などと様々である。そこで、多少なりとも分かりやすいように、各地区の概略図を作成した。平面でしか表現することができないが、川上村の地形を念頭に置いてご覧いただきたい。また、概略図の番号は世帯名簿の番号である。

そして、ダムによって水没した寺尾、北塩谷、迫、高原土場、人知、井戸、入之波の各地区については、被害の及ばなかった所も可能な限り図に掲げるように努めさせていただいた。とはいえ、完全なものとは言えないことをご理解いただきたい。ちなみに、掲載させていただいたすべての写真は、現在、村において保管されている。

なお、本章と次章における年代表記は、当時の臨場感を味わってもらうために元号表記とさせていただいた。

2 各地区の被害状況

①入之波《しおのは》

集落全体が大迫ダムのために水没移転となったが、当時の集落は、現在の入之波大橋の上流域にあり、吉野川を挟んで左岸の陰地地区と右岸の日浦出地区に113世帯484人という、比較的大きな集落であった。伊勢湾台風の時点では、まだ大台ドライブウエーができていなかったこともあって、登山客などでかなりの賑わいを見せていた地区である。

集落の下流は川幅が狭くなっており、増水すれば水が滞留し、すぐに水位が上がる地形となっていたため、予想以上に家屋の半壊や床上・床下浸水という被害が発生した。また、日浦出地区は、対岸へ渡るために唯一丸木橋があったが、それが流失してしまい、電話線も切れて長い間孤立した状態が続いた。特に、食糧の補給にはかなりの苦労があったようだ。

入之波地区は、村の一番上流に位置するために、交通、連絡、その他日常生活に至るまでかなりの困難を極め、多くの山林従事者が生活していた筏場《いかだば》地区などでは被害状況を掌握することすら困難であった。

小学校は、かつて集落の上手、墓地の近くにあったが、昭和28(1953) 年の台風で流失したためナメラ谷の近くに移築され、校舎の敷地も高くしたため被害は免れた。

大迫ダムの建設計画は伊勢湾台風の以前よりあり、その後、ダム計画の具体化や災害復旧が進むにつれて戸数も増え、賑わいを取り戻すようになった。全戸が水没移転ということもあって、台風当時の家屋を完全に掌握することはできなかったが、この地区に生活再建された人々の協力を得て整理をした。現在、「大迫ダム・ダム釣り公園」になっている所が、かつて入之波集落のあった所である。

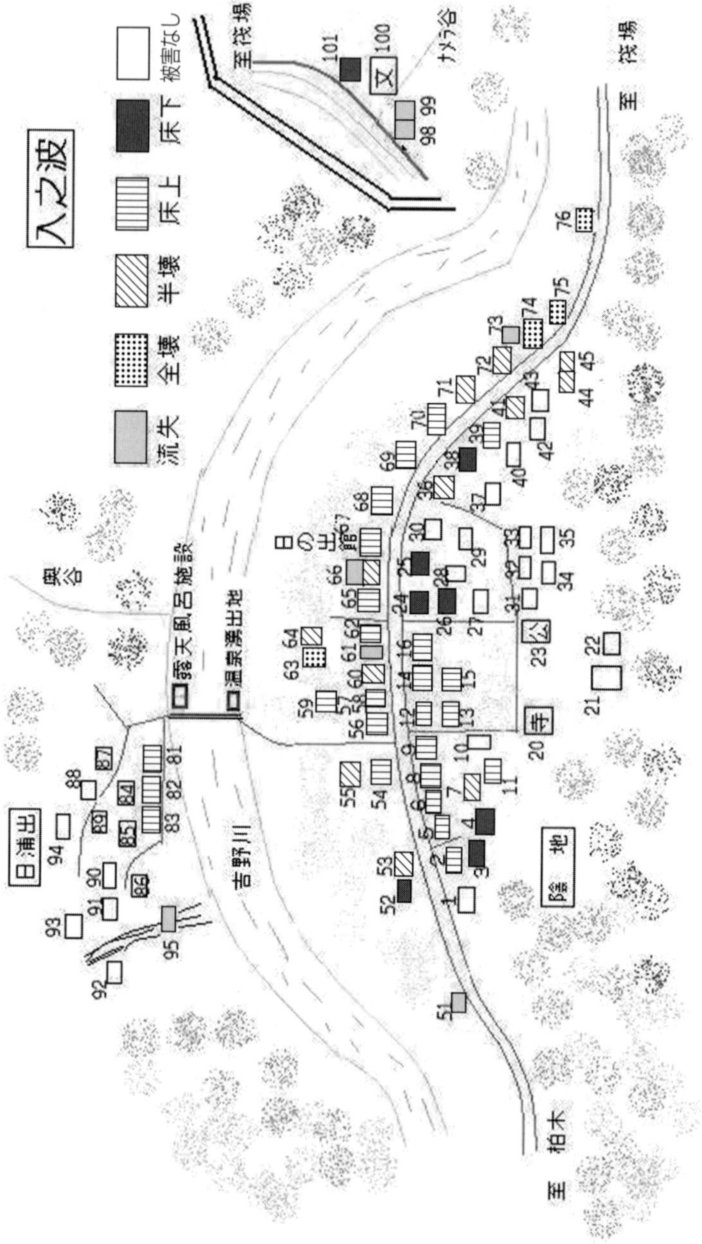
入之波
流失
全壊
半壊
床上
床下
被害なし
至筏場
ナメラ谷
至筏場
奥谷
露天風呂施設
温泉湧出地
日の出館
吉野川
日浦出
陰地
至柏木

No.	通称地名	世　帯　主	人数	全壊等別	原因　状況等
1	陰地	下西　吉右衛門			
2		更ヱ　千代松	7	床上	嗣男
3		更ヱ　美弘	1	床下	
4		陰山　繁一	5	〃	
5		更ヱ　逸郎	5	床上	
6		亀井　勇次郎	3	〃	床上
7		下西　勇男	3	半壊	
8		井上　忠義	5	床上	
9		北岡　藤吉朗	5	〃	
10		空　家			前○○床屋
11		塩崎　丈夫	7	床上	
12		下西　幸男	6	〃	
13		中西　昭夫		〃	新築中
14		下西　荒太郎	4	〃	(要太郎)
15		辻　久夫	3	〃	
16		米谷　悦治	11	〃	
17					
18					
19					
20		永通寺			
21		大年神社			
22		三之公神社			
23		公民館			
24		辻本　達雄	3	床下	
25		更ヱ　亀太郎		〃	
26		米谷　正夫		〃	
27		下西　之一			
28		更ヱ　実男			
29		下西　敏弘			
30		下西　博文			
31		中平　利一郎			
32		中谷　知彦			(本宅)
33		五味　祥昭			
34		井上　太蔵			
35		中西　市郎			
36		空　家		半壊	中谷　栄作
37		山本　武一			

No.	通称地名	世　帯　主	人数	全壊等別	原因　状況等
38	陰地	中平　キヌヱ	2	床下	友作
39		中平　六郎	8	床上	
40		保田　芳信			(天明の家)
41		中谷　芳造	5	半壊	
42		中平　喜三朗			
43		新子　丑三郎			
44		保田　又治郎	2	半壊	
45		保田　永蔵	4	半壊	(同居)
46					
47					
48					
49					
50					
51		下西吉衛門倉庫	非	流失	
52		下西一良倉庫	非	床下	
53		下西　一良	6	半壊	
54		北村　隆	8	床上	
55		下西　正良	4	半壊	
56		中西　昭夫	4	床上	(乾　一夫)
57		米谷　良造	5	〃	
58		米谷　泰雄		〃	(同居)
59		喜田　清弘	5	〃	小学校教員
60		富岡　奈良松	4	半壊	
61		消防団倉庫	非	流失	
62		更ヱ　明義	4	床上	
63		五味　武彦	7	全壊	
64		蔭山　愛造	3	半壊	
65		大口　重利	5	床上	
66		中谷知彦	3	半壊	隣接倉庫が流失
67		亀井　良太郎	3	床上	日の出館
68		松谷　皓雄	4	〃	
69		山口　宗太郎	8	〃	
70		五味　馨	7	〃	
71		片石　清太郎	4	半壊	金吾
72		山本　丈一	7	〃	
73		山本　丈一倉庫	非	流失	
74		新子　キミヱ	2	全壊	玉之助
75		東　由太郎	2	〃	〃
76		乾　喜良	4	〃	

No.	通称地名	世　帯　主	人数	全壊等別	原因　状況等
81	日浦出	下西　錠次郎	8	床上	武夫
82		国金　成吉	6	〃	
83		貝田　卯一郎	7	〃	
84		山本　巌			
85		中西　保			（謙友）
86		中西　昇			
87		水本　喜八郎			
88		山本　良輝			
89		中西　友吉			
90		中村　英一			
91		橋本　清隆			
92		乾　一雄			
93		中西　加代子			
94		大谷　福次			
95		中西勇空家		流失	裏山の土砂崩壊
96					
97					
98	ナメラ谷	桝谷　松治郎	4	流失	小学校の上
99		桝谷　森作	4	流失	
100		入之波小学校			
101		梶本　成一	7	床下	教員住宅
	二の股	西村　竹馬	3	流失	
		武田　隆	2	〃	
		小松　史郎	5	半壊	
		岩崎　福重	6	〃	
	栃　谷	中西　初太郎	2	流失	
	人　見	高橋　清治	3	全壊	
		川阪　利雄	6	床上	
	三之公	西浦房太郎	3	床上	
		高　永玉	4	流失	場所？

注：表中、空欄があるが、調査当時は予測のつかない状況であったため、余白を設けて作表したことによる（以下同）。

連日総動員での片付け、煙が絶えることがなかった

向かいは日浦出地区

激流が押し寄せたというより、減水に伴い家財類が流されたという印象もあった

ガランとした建物の中で仕事の打ち合わせでもしているのか

集落の上手。小学校までの道路がすっかり洗われている

応急護岸の上に住宅の再建。左端に日浦出との仮設橋が見える

まもなくコンクリートの応急橋ができた。陰地地区の護岸はまだ手が付けられていない

長殿橋付近。伯母谷川が合流することもあり、戸数は少ないがすべて流失という被害を受けた

仮設道路の工事中。村内、至る所がこのような状況であった

②大迫《おおさこ》

集落を襲った地すべりのなかで、大迫地区の地すべりが、高さ、幅、土石量とともに一番ではなかったかと思われる。資料はないが、国道および入之波への県道を押し流し、一時はかなりの土砂ダムが出現したものと推測され、少し間違えれば大惨事になっていたと思われる。時間的には、寺尾や高原地区と違って、夜中の２時を過ぎていたようである。

崩壊（地すべり）の中心が集落をやや外れたが、それぞれ家が相当の被害を受けた。何日経っても集落から流れ出る谷水は泥土で、それが国道や県道を覆い、小型の車で入之波まで救援物資を輸送するときもタイヤの半分近くが水に浸かり、助手席の人が後ろから押したりしたが、長靴に泥水が入るほどここを通過するのは容易なことではなかった。

伯母谷川の長殿《ながと》で被害に遭った人たちが、夜中、雨のなかを大迫に避難したが、生きた心地がしなかったという。その時の恐怖は、体験した人にしか分からないだろう。人々の買い物などは昔の熊野街道を利用せざるを得なかったが、整備の必要があったとはいえ、こちらのほうが安全ということであった。

昭和42（1967）年５月11日、多くの反対がありながら大迫ダムの工事が進められていくなか、左岸ダムサイトで突然大きなクラックが発生し、その後幅150メートルにわたって大規模な地すべりが発生した。表土の移動が50万立法メートルにも及ぶ大規模なものであった。

このダムサイトの上方は、昔から第一級の霊威を伝えている「難《なん》地《じ》」（事故の多い所）と言われている所である。由来は定かでないが、白ヘビが木に巻きついていたとか、この辺りの木を切れば血が出ると言って、付近の木を切るときにはお払いをするほか、子どももその辺りでは小便をしなかったと言われている。

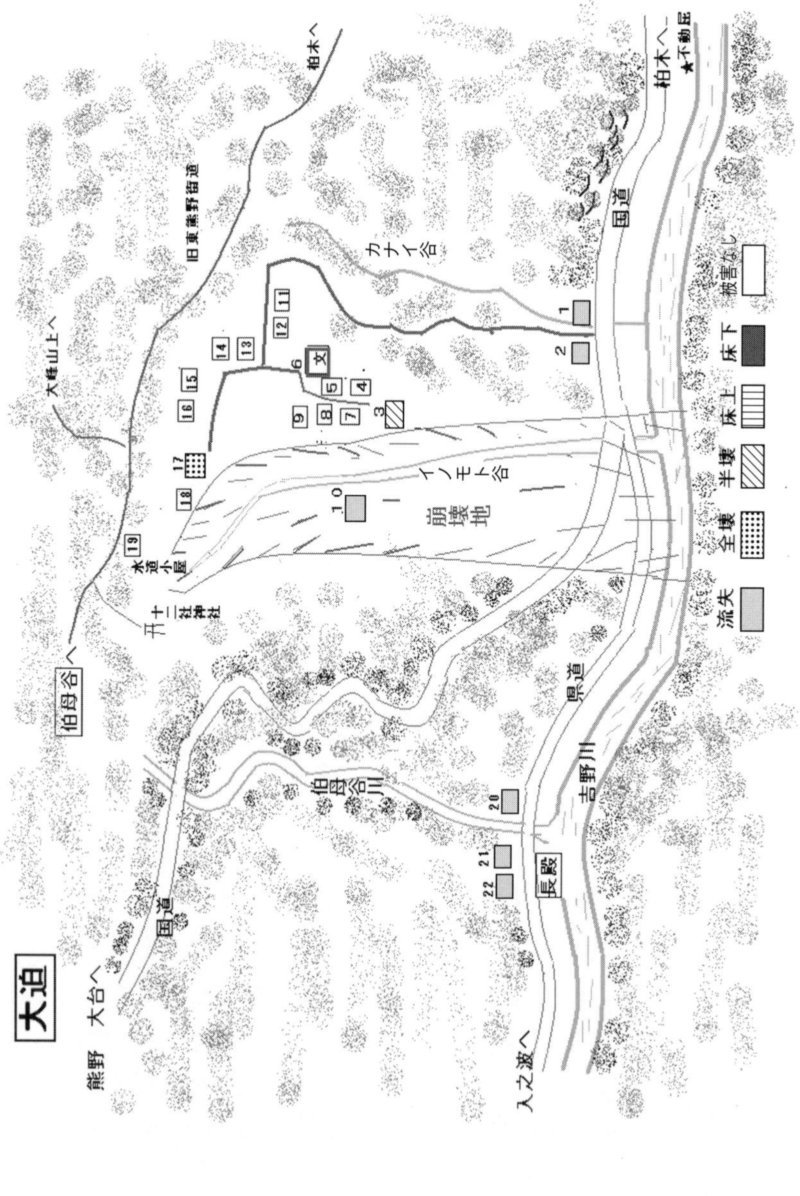
大迫
熊野
大台へ
国道
伯母谷へ
大峰山上へ
旧東熊野街道
柏木へ
十二社神社
水道小屋
イノモト谷
崩壊地
カナイ谷
文
国道
柏木へ
★不動窟
伯母谷川
県道
吉野川
長殿
入之波へ
1
2
3
4
5
6
7
8
9
10
11
12
13
14
15
16
17
18
19
20
21
22
流失
全壊
半壊
床上
床下
被害なし

No.	通称地名	世　帯　主	人数	全壊等別	原因　状況等
1	大迫土場	上岡　直利	5	流失	谷の崩壊
2		李　東源	2	〃	〃
3	下　坊	岡本　一三	4	半壊	(風呂 便所棟)山崩壊
4		岡本　賢三			
5		瀬戸　金治			
6		大迫分校			
7		土井　庄司			
8		土井　武一			
9		新子谷　登志夫			
10		乾　忠夫	6	流失	山崩壊
11	上　坊	瀬戸　和一			
12		瀬戸　かおる			
13		岡本　栄			
14		貝谷　行義			
15		上西　徳松			
16		新子谷　吉造			
17		新子谷　美代治	5	全壊	山崩壊
18		上西　徳次郎			
19		水道小屋			
20	長　殿	新子谷　重義	6	流失	伯母谷川氾濫
21	〃	上西　幹夫	4	〃	〃
22	〃	奥　玉男	2	〃	〃

地すべり地点の最上部付近より下に向けて、吉野川は集落よりまだはるか下である

地すべりが集落の中心をやや外れたが、危機一髪の状況下であった

雨が降れば土が流され落ち着かない日夜である。右手上の白い建物が水道小屋

いっときも早い整備が望まれた

図17、18付近

大迫土場。集落へはこれより徒歩で。
下は県道入之波線、上は国道伯母谷へ

大迫から柏木への旧熊野街道。この道を利用するほうが早かったが、危険な所もあって整備されたが、杭が立たずにこんな所もあった

地すべりが吉野川へ突っ込んだ所。上流から撮影したもので、遠く前方に国道が見えるが、かなりの規模と推し量ることができる

下流側から撮影したもの。一時はかなりの土砂ダムが発生したと思われる。この区間の通行には車でも大変であった。←印で示したのが、道を求めて歩く人たち

③柏木《かしわぎ》

集落全体は吉野川よりかなり高い所に位置しており、他の地区に比べて地盤も安定しているが、やはり集落内の谷の氾濫、裏の石垣の崩落などの被害が出た。上多古よりすぐの国道に土砂の崩落が続いて、国道が通行困難となった。土砂の撤去は何とか人力で解決できたが、河床付近からの崩壊はどこも大変で、復旧にかなりの日数がかかるということで、仮桟道《さんどう》を造るなど応急処置を施すに留まった。

不動窟（291ページ参照）付近も、谷の土石流で待合所や洞窟の入口に被害が発生した。鍾乳洞があるという地質からか、この地域一帯が石灰岩の地質層であり、近くには「軍勢岩《ぐんぜいいわ》」(2)と言われる奇岩が露出している所もあり、他の地区では見られないほどの大量の石灰岩が落石していた。柏木の上垣内には東熊野街道があり、大迫、伯母谷、北山村への交通の要所であっただけにその取り除き作業は困難を要した。

どこでも崩壊は土砂混じりであるが、柏木付近は石灰岩がゴロゴロとかなり大きいものであった。不動窟もあり、周辺の地層を物語っている

（2）人が蓑笠を被って立ち並んでいるようで、長禄の変の時、赤松の賊徒は南朝方の襲撃と思って慌てふためいたと言い伝えられている。

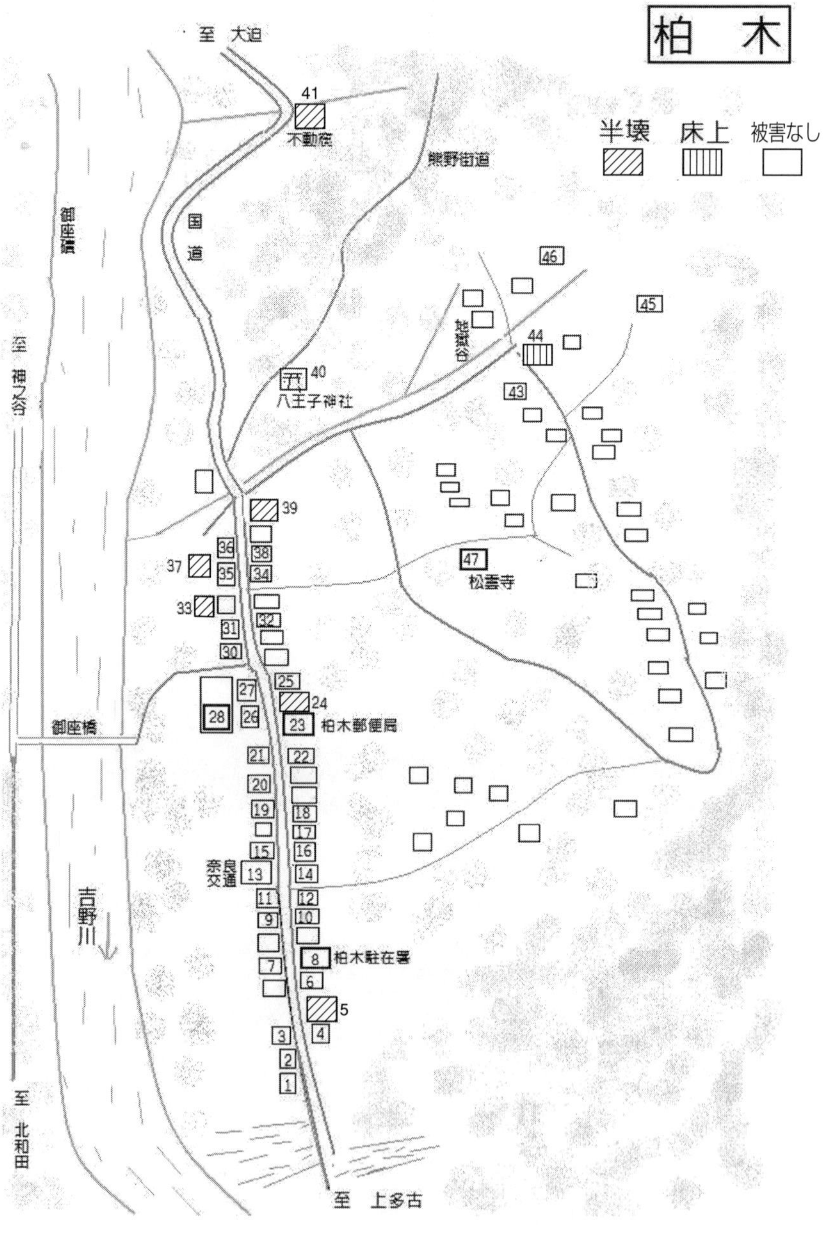
柏　木
半壊
床上
被害なし
至　大迫
不動院
熊野街道
国道
地獄谷
八王子神社
松雲寺
柏木郵便局
御座橋
奈良交通
柏木駐在署
吉野川
至　神ノ谷
至　北和田
至　上多古

No.	通称地名	世　帯　主	人数	全壊等別	原因　状況等
1	下垣内	中川　秀雄			
2		昆布　英也			
3		貝田　和三			
4		山下　洋			
5		瀬戸　薫	5	半壊	裏の崩壊
6		長瀬　卯治郎			
7		北谷　忠義			
8		柏木巡査駐在署			
9		山下　将軍			
10		中谷　慶太郎			
11		村井　一			
12		村井　五郎			
13		奈良交通　営業所			
14		〃			
15		中川　新三郎			
16		中川　好江			
17		杉村源次郎			
18		大楠　タケ			
19		〃			倉庫
20		毛利　正三			

不動窟の手前の石灰岩の落石

No.	通称地名	世　帯　主	人数	全壊等別	原因　状況等
21	下垣内	辻　キヨノ			
22		桝谷　公雄			
23	中恒内	柏木郵便局			
24		阪本　やす江	3	半壊	側溝の溢水
25		高井　克之			
26		大谷　一二			
27		大谷　勇造			
28		柏木公民館			元小学校地
29					
30		南　美語			
31		大谷　恒雄			
32		勢渡　晟			
33		岡本　政市	5	半壊	吉野川の増水
34		辻　作治			旅館　朝日館
35		〃			
36		下辻　清代冶			
37		森本　光雄	4	半壊	吉野川の増水
38		坂本　康子			
39		上野　行利	7	半壊	地獄谷の氾濫
40		八王子神社			
41		不動窟		半壊	休憩所
42					
43	上垣内	下辻　喜一郎			
44		西浦　昭	5	床上	地獄谷の氾濫
45		辻谷　達雄			
46		羽根　喜與門			
47		松雲寺			
	柏　木	宇治　七郎	2	床上	
		澤越　敏美	4	〃	
	上　谷	辰己　守正	7	床下	側溝等に溢れた雨水による
		貝田　廣吉	3	〃	〃
		上田　正雄	7	〃	〃

上多古からすぐの国道。通称「うままくれ」対岸の北和田より撮影

上の写真の右手、山からの土砂が国道を高く埋めている。前方に柏木集落

不動窟付近の状況。休憩所が
潰されている

不動窟付近。路面の
土が流れ石灰石がむ
き出している

奉仕作業で少しずつ道が広
げられている

④上多古《こうだこ》

吉野川本流、上多古川、うしろ谷、から谷と、前後左右から恐怖が襲い、戸数104戸のうち、流失から床下浸水まで半数以上の54戸が被害を被った。人的被害もあり、地区全体がかなりの被害を受けた地区である。

国道筋の川側にあった家は吉野建て[3]ということもあって、流失から半壊など全戸が被害を受けた。また、上多古川は、比較的浅いうえに鳴川奥地からの土石流が河床を押し上げて被害を拡大し、みどり橋も流失した。支流が本流と合流する所では支流の流れが阻止され、それが理由で水位が上昇してしまって被害が拡大した。

うしろ谷は、氏神様の所から大きく左に向きを変えて村道沿いに流れていたため、村道が谷と化して上垣内集落を襲うことになった。台風後、氏神さまの移転も含めてうしろ谷の改修流域変更がなされたが、台風前にこのような被害がなかったのか疑問である。どう見ても、谷の規模が小さいと思える。

安全、安心のためとした行為が思いがけなく災禍に遭うこともあるが、から谷での事故はまったく痛ましい災難であったと言える。子どもを吉野川筋から安全な家に避難させようとしたのだが、どうしたことか、途中のから谷で３人が流され、助かった１人も片足をなくすことになってしまった。

大台ヶ原、大峰山への登山客の中継地で、旅館や郵便局、警察署などがあり、東部地区の拠点として賑わいを見せていた隣の柏木地区と同様、上多古地区も農協の支所をはじめとして国道の両側に各種の商店が建ち並び、活況を呈していたが、この台風と大滝ダムの建設によって昔の面影がまったく消えてしまった。

（3）表から見ると１階部分が、裏からは２階だったり３階だったりする建築様式。山の斜面に建っているため、平地の少ない吉野地方には特に多い建築様式。

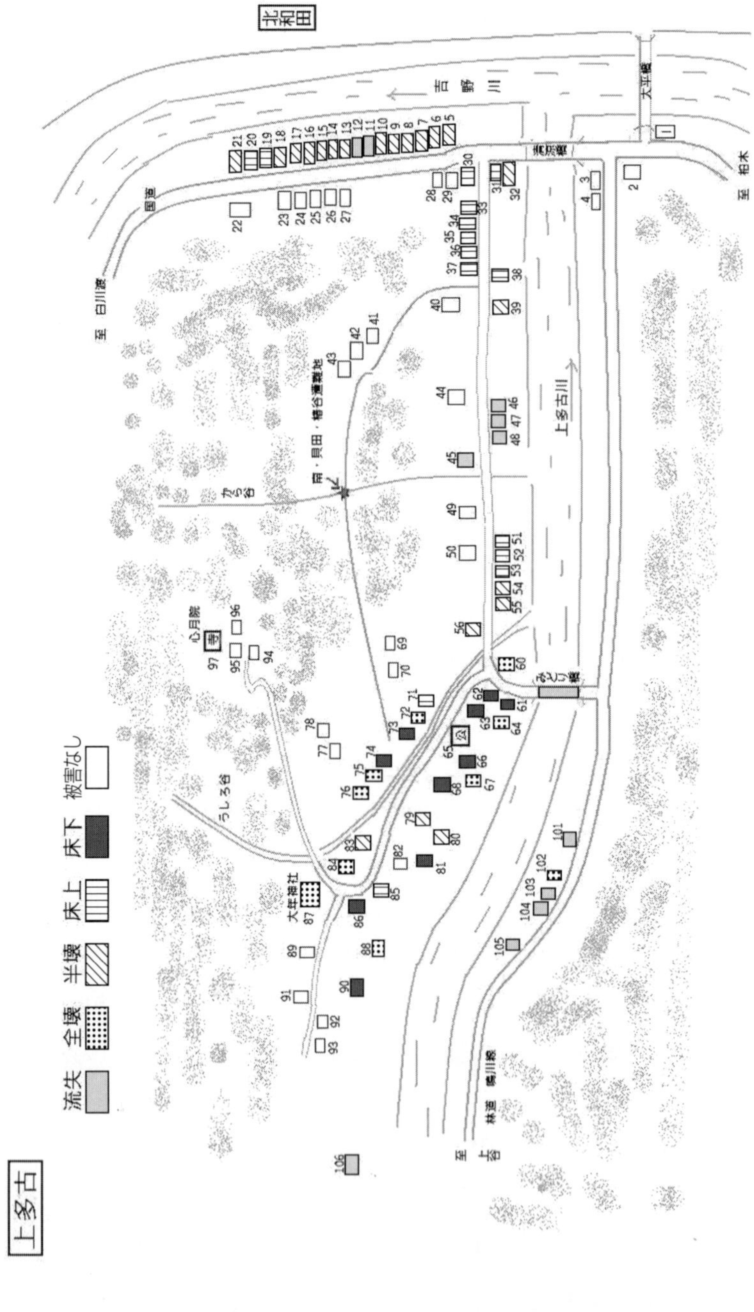
北和田
吉野川
上多古川
国道
至 白川渡
至 柏木
至 上谷
大平橋
大年神社
心月院
うしろ谷
流失
全壊
半壊
床上
床下
被害なし
上多古

No.	通称地名	世　帯　主	人数	全壊等別	原因　状況等
1	下垣内	大谷　龍			
2		農協上多古支所			
3		役場事務取扱所			
4		上多古消防団詰所			
5		今福　源之助	4	半壊	吉野川増水
6		森本　清司	5	〃	〃
7		大谷　ナラギク	3	〃	〃
8		棚田　純輔	5	〃	〃
9		貝田　篁寿	3	〃	〃
10		貝田　通夫	4	〃	〃
11		貝田製材所	非	流失	〃
12		〃　事務所	〃	〃	〃
13		棚田　重直	4	半壊	〃
14		中川　一次	13	〃	〃　川上運送事業所
15		貝田　収	2	〃	〃
16		北村　憲治	7	〃	〃　関西電力出張所
17		枡田　嘉明	5	〃	〃
18		森平産業事務所	非	〃	〃
19		杉田　好文	2	床上	吉野土木事務所上多古出張所
20		松田　喜三夫	2	〃	〃
21		板谷　佐致男	4	半壊	村教員住宅
22		川上運送(中川)			
23		東　松三郎			
24		川口　欽吾			
25		今西　行義			
26		仲平　和美			
27		棚田商店			
28		坂本　倶至			
29		森本　啓二			
30		山本　重治	5	床上	上多古川増水
31		堀口　為吉	5	〃	〃
32		玉井　信雄	9	半壊	〃　旅館
33		森本　幸隆	2	床上	〃
34		森本　久治	4	〃	〃
35		大月　愛子	2	〃	〃
36		福村美容院	非	〃	〃
37		前川　忠司	5	〃	〃

No.	通称地名	世　帯　主	人数	全壊等別	原因　状況等
38	下垣内	玉井　健夫	2	床上	〃
39		東　正雄	4	半壊	〃
40		玉井　欣治			
41		椿谷　勝美			(遭難負傷)
42		糸谷　儀衛門			
43		森本　清司			空家
44		川口　能弘			
45		川口　栄治郎	1	流失	から谷氾濫
46		松本　勘治郎	6	〃	上多古川増水と、から谷氾濫
47		山本　美代治	6	〃	〃
48		川口　音吉	4	〃	〃
49	上垣内	山風呂			
50		山田　作治			
51		泉　利一	6	床上	上多古川増水
52		椿谷　雅是	2	〃	〃
53		東　新左衛門	3	〃	〃
54		更井　義春	6	半壊	〃
55		栢本　一良平	3	〃	〃
56		栢本　貞司	3	〃	上多古川増水
57					
58					
59					
60		小平　鄧次	6	全壊	うしろ谷氾濫
61		坂本　みよ	1	床下	上多古川増水
62		松本　弘子	1	〃	〃
63		更井信義	5	〃	〃
64		松井　鮭治	6	全壊	上多古川増水
65		上多古公民館			
66		植平　儀作郎	4	床下	上多古川増水
67		栢本　順司	3	全壊	〃
68		坂谷　荒吉	2	床下	うしろ谷氾濫
69		榎本			
70		南　イトノ			
71		大西　太美次	2	床上	うしろ谷氾濫
72		森　辰造	5	全壊	〃
73		田辺　義和	3	床下	〃
74		堀口　勝司	3	〃	〃
75		島田　タミヱ	3	全壊	〃
76		部矢　アキノ	3	〃	〃

No.	通称地名	世　帯　主	人数	全壊等別	原因　状況等
77	上垣内	森口　喜孝			
78		桝谷　美正			
79		浦東　一郎	6	半壊	うしろ谷氾濫
80		鍵谷　俊介	6	〃	〃
81		大西　愛治	2	床下	〃
82		辰巳　功			
83		福本　藤吾	7	半壊	うしろ谷氾濫
84		栢本　駒次郎	6	全壊	〃
85		松本　オマサ	3	床上	〃
86		松本　幸次郎	6	床下	〃
87		大年神社		全壊	〃
88		岩瀬　碤三	7	〃	上多古川増水
89		中井			
90		栢本　宇三郎	4	床下	上多古川増水
91		松本　奈良一			
92		岩井			
93		田中			
94		浦東　たけお			
95		東　弘			
96		東　忠義			
97		寺院　心月院			
98					
99					
100					
101	鳴川林道	城内　市蔵	2	流失	上多古川増水
102		越智　直吉	3	全壊	〃
103		小山　源太郎	4	流失	〃
104		小林　みつゑ	6	〃	〃
105		中村　春夫	2	〃	〃
106		営林署宿舎	12	〃	〃

吉野川沿いの商店はほとんどが吉野建てであり、大きな被害を受けた

前ページ写真の拡大

国道に架かる清涼橋に大量の流木が流れ込み、被害を増大している

図71、72付近。公民館の前の村道。川原の状態を呈している

村道であるが、うしろ谷氾濫の凄さが推察される。このような大きなコンクリートの水槽が村道内に流れ込んでいる

図67付近。上多古川の増水で夥しい堆砂である

図84付近。うしろ谷の氾濫による。周辺一帯は相当な被害を受けた

流失したみどり橋

から谷の下流域。不明者の
捜索なのか……

上多古川右岸。林道鳴川線の
崩壊

⑤神之谷《こうのたに》

神之谷地区の台風被害は舞場地区の２戸だけであった。次ページに掲載した当時の家屋図を見ても分かるように山深い所で、近年の過疎化現象が拍車をかけている所である。台風直後、さすがにこのエリアまでは写真を撮りに行くことができなかったので、ここでは、台風前の写真を掲載するとともに地区の紹介をして、記録として残すことにする。

金剛寺をはじめとして後南朝に関する史跡が数多く残っている神之谷に住む人たちは、後南朝の宮にお仕えして種々の世話をするためにいったん三之公に移り住み、長禄の変後、宮を金剛寺でお祀りすることになったため再度この地に戻ってきたと言われている。

当時の集落は、金剛寺より４キロ余りの山中の神之谷川沿いにあり、兄の自天王が北山へ居を構えられた際に、二の宮の忠義王は三之公を出てここを行在所とされた。一帯は平坦でかなり広く、多くの屋敷跡、水田跡、墓碑など伝えられている所があり、現在も氏神社清谷神社がその地に留まり祀られている。

この神之谷川を遡っていけば北股から三之公谷へ比較的楽に行ける地形である。上北山村小橡《ことち》の「北山の宮」に対して、ここを「西の宮」とも呼ばれている。

金剛寺は白鳳時代（645～710）役行者《えんのぎょうじゃ》の草創とされ、本尊は投地蔵などと伝承もある地蔵菩薩立像で10世紀前半頃の作品とされている。この歴史あるお寺に、今から550年前、長禄の変で難を受けた宮をお祀りし、今日まで連綿とその想いが受け継がれてきたのである。

昭和30（1955）年５月10日、高松宮殿下が当時の宮を偲ばんと、三之公に近い筏場《いかだば》で一夜を明かし、翌日金剛寺の御陵に参拝されている（56ページ参照）。

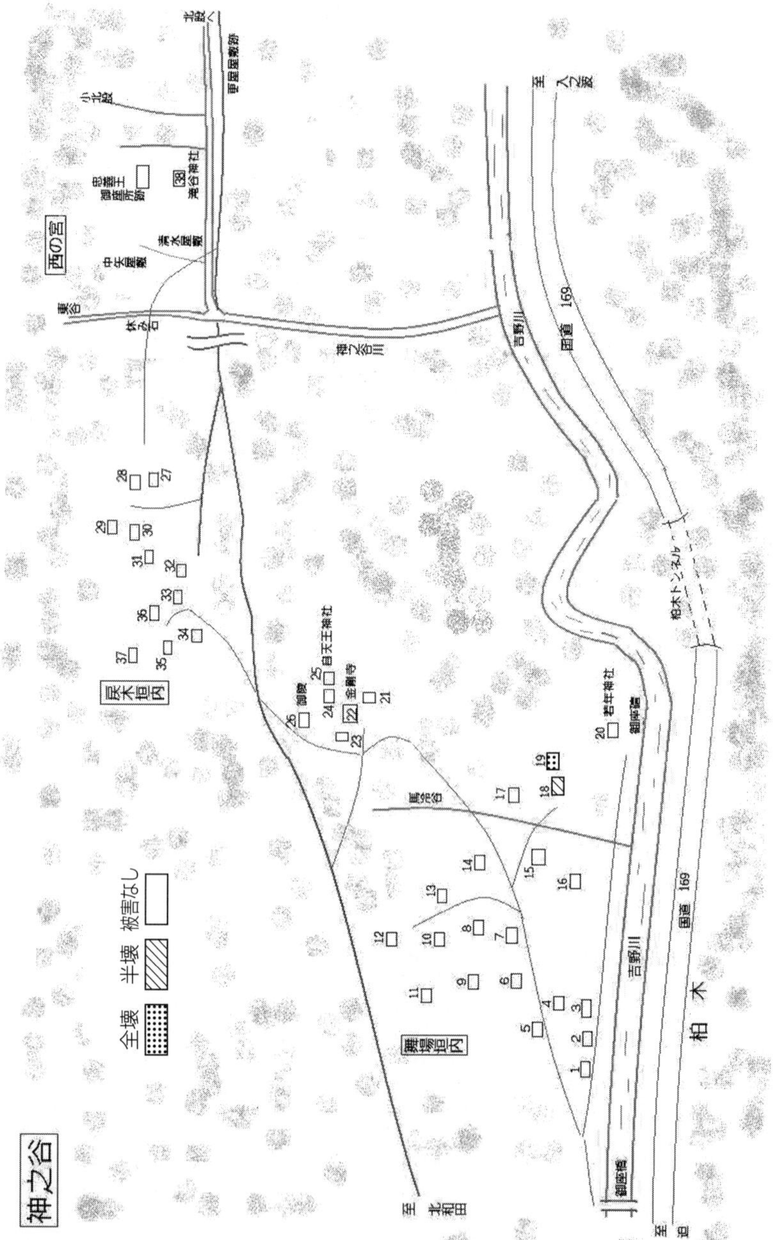
神之谷
全壊
半壊
被害なし
西の宮
北股へ
小北股
忠義王御座所跡
滝谷神社
清水屋敷
東谷
神之谷川
至入之波
吉野川
国道 169
柏木トンネル
自天王神社
金剛寺
御座橋
至北和田
至迫
柏木

No.	通称地名	世　帯　主	人数	全壊等別	原因　状況等
1	舞　場	高野　政治郎			
2		中西　清			
3		阪口　博			
4		中西　敦子			
5		中西　昭雄			
6		中西　繁			
7		北尾　輝幸			
8		中西　美男			
9		泉谷　乙女			
10		中西　桝枝			
11		阪本　清子			小泉　兵治郎
12		上垣内　吉数			
13		大浦　良美			
14					元村長 山本久吉宅跡
15		大浦　行雄			
16		大浦　貞子			
17		福中　キミヱ			
18		大浦　淳平	5	半壊	裏の崩壊
19		大浦　健作	4	全壊	々
20		若年神社			
21	中　坂	呼子覚全			住職
22		金剛寺			
23		千体観音堂			
24		牛頭天王社			
25		自天王神社			
26		御陵			
27	戻　木	鶴谷　正弥			
28		鶴谷　常保			
29		上村　武雄			
30		辻本　道雄			
31		上村　アサヱ			
32		西山　喜久男			
33		亀谷　辰造			
34		下平　裕久			
35		伊藤　靖日			
36		西山　善四郎			
37		東　梶太郎			
38		清谷神社			

中央の上方、桜の大木の周りが金剛寺（昭和32年頃）

金剛寺（昭和32年頃）

舞場の若年神社（昭和30年頃）

柏木より御座橋を望む。舞場の遠望

御座川原の御子石淵

清谷神社

歴史を感じる清谷神社の境内

西の宮付近は平坦で、トロッコ道が整備されていた（昭和30年頃）

⑥北《きた》和《わ》田《だ》

下垣内地区と井屋谷地区で、吉野川に沿った家屋が流失するなどの被害を受けた。井屋谷の増水による氾濫は、想像をはるかに超える規模であった。上多古のうしろ谷とは違って谷の深さも幅もあり、比較的まっすぐでそれなりに傾斜があったので排水面で備えがあるかと思われたが、それをはるかにしのぐ暴風雨であったせいか、溢れた土石流が里道はもとより家々の間にまで押し寄せて被害を大きくした。幸いにも、第三小学校と第三中学校には被害がなく、小学校の校庭に救援米をヘリコプターで降ろすことができた。とはいえ、この救援米も被害を受けた家庭用であり、一般には割り当てがなかった。

白川度への村道も各所で崩壊があったが、すぐに復旧された。また、吊り橋であった大平橋は台風の２か月前に竣工されたばかりだったこともあり、小型のトラックに限られたが、中奥方面から搬出される木材の運送をかなり助けた。昭和37（1962）年４月19日に高岩橋ができるまで、この橋は村に大いに貢献することになった。というのも、台風であれだけ荒れた山や道路事情のなかで、昭和35年度の村税収入約3,400万円のうち、林産物の移出税が約2,400万円もあったのだ。もし、この橋の完成が２か月遅れて昔の古い吊り橋のままであったとしたら、村の経済面における打撃も計り知れないものがあったであろう。

自衛隊機により第三小学校々庭に救援米が降ろされた

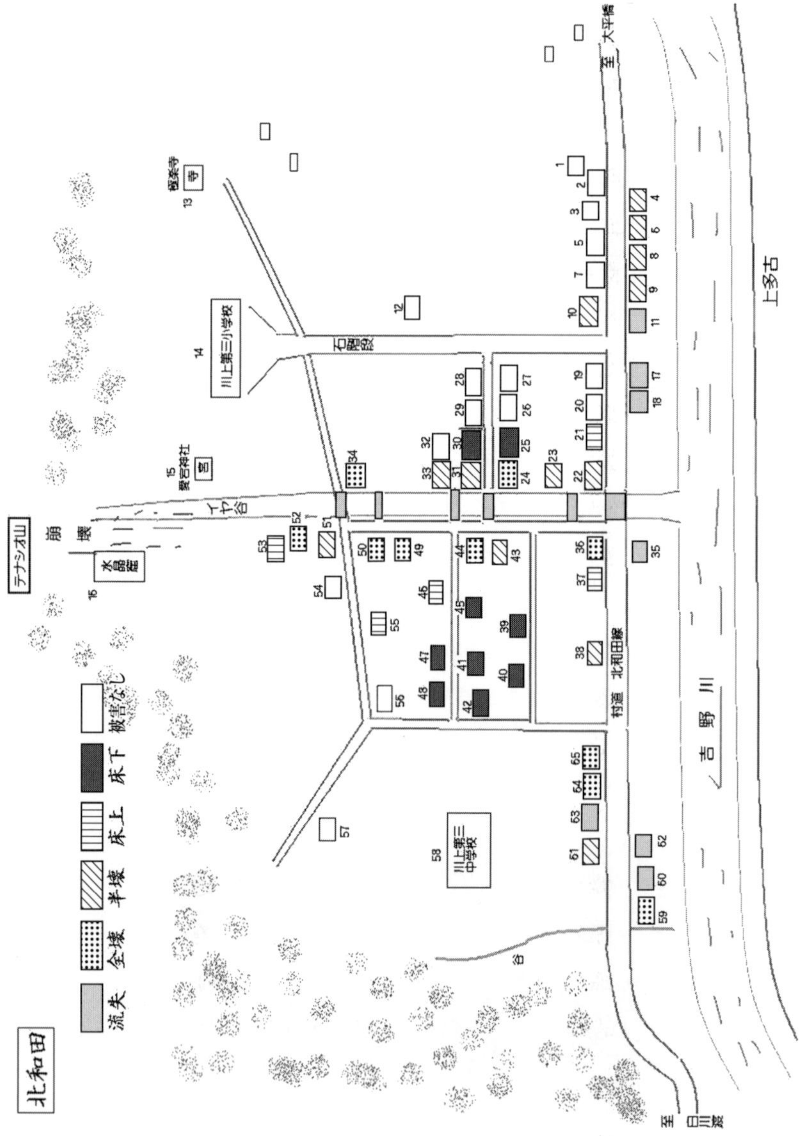
北和田
流失
全壊
半壊
床上
床下
被害なし
テナシオ山
崩壊
水晶窟
イヤ谷
愛宕神社
宮
極楽寺
寺
川上第三小学校
石階段
川上第三中学校
村道　北和田線
吉野川
上多古
至 大平橋
至 白川渡
台

No.	通称地名	世　帯　主	人数	全壊等別	原因　状況等
1	下垣内	川島　万太郎	非		風呂
2		川島　万太郎			
3		墓地			
4		中野　新	4	半壊	吉野川増水
5		上村　利秋			
6		上西　盛一	8	半壊	吉野川増水
7		上嶋　正直			
8		上嶋　環	6	半壊	吉野川増水
9		上西　義史	5	〃	〃
10		上嶌　善視	5	〃	〃
11		〃　店舗	非	流失	〃
12		上嶌　琴			
13		極楽寺・田中ハル			
14		川上第三小学校			
15		愛宕神社			
16		水晶窟			
17		諏訪　三郎	3	流失	吉野川増水
18		消防詰所	非	〃	〃
19		小林　永二			
20		柏崎　文博			
21		川島　太郎	7	床上	吉野川増水とイヤ谷土石流
22		中西　コト	1	半壊	テナシオ山崩壊とイヤ谷土石流
23		上嶋　康治	3	〃	〃
24		中西　富太郎	4	全壊	〃
25		小泉　和成	2	床下	〃
26		前川　実一			
27		柏崎　武一			
28		吉田　久次郎			
29		上嶋　武夫			
30		笹野　峯一	4	床下	テナシオ山崩壊とイヤ谷土石流
31		上西　義夫	4	半壊	〃
32		西本　トキオ			
33	イヤ谷垣内	西本　テルエ	1	半壊	テナシオ山崩壊とイヤ谷土石流
34		榎本　寿男	6	全壊	〃
35		前川勝店舗		流失	吉野川増水とイヤ谷土石流
36		前川　愛三	7	全壊	〃
37		〃　別棟		床上	〃

No.	通称地名	世　帯　主	人数	全壊等別	原因　状況等
38	イヤ谷垣内	下辻　幸雄	6	半壊	吉野川増水とイヤ谷土石流
39		大前　兼一	8	床下	テナシオ山崩壊とイヤ谷土石流
40	学校垣内	福谷　和夫	4	〃	〃
41		上嶋　久男	2	〃	〃
42		上嶌　東洋太郎	4	〃	〃
43	イヤ谷垣内	中西　亀太郎	2	半壊	〃
44		笹野　盛二	4	全壊	〃
45		西本　豊	7	床下	〃
46	学校垣内	板野　伊一郎	7	床上	〃
47		上嶌　馨　別棟		床下	〃
48		上嶌　馨	6	〃	〃
49	イヤ谷垣内	福村　富美恵	3	全壊	〃
50		大本　英一郎別棟		〃	〃
51		西本　タツエ	1	半壊	〃
52		笹野　久吉	2	全壊	〃
53		板野　東洋一	5	床上	〃
54		吉田　稔			
55		大本　英一郎	3	床上	テナシオ山崩壊とイヤ谷土石流
56	学校垣内	村教員住宅			
57		吉田　弘			
58		川上第三中学校			
59	学校垣内	森田　伝七	2	全壊	吉野川増水と谷増水
60		山崎　友美	4	流失	〃
61		森　泰助	4	半壊	吉野川増水
62		松谷　竹夫	5	流失	〃
63		諏訪　金治	3	〃	〃
64		森田　五郎	5	全壊	〃
65		上村　直一	5	〃	〃

井屋谷の上手にある水晶窟

川上第三中学校の下。家屋の流失被害状況

井屋谷もかなりの土砂流失が推測される

川筋の状況。右端に第三小学校への石段が見える

井屋谷の土砂が狭い里道にまでも

村道にも応急の桟道架設が見られる

⑦瀬戸《せと》

かつて「鳥も通わぬ瀬戸、中奥」と言われていたこの地区はかなり奥まった所に位置しており、台風時には被害状況すらつかめず、一刻も早く安否の確認をしたい親戚や関係者が大変心配した。現在は、両サイドに林道が設置されているが、当時は林道から急な細い道を歩いて登った。その林道も延長整備中であったため、工事中の作業小屋や道路が崩壊した。

瀬戸の集落は上・中・下垣内と横に長く、急な斜面となっている。屋敷地を確保するのが大変で、敷地造成費と建築費が同じくらいかかったと言われている。谷底の河原から石を背負い上げて石垣を高く築き、横に長い屋敷を造成した。こうした石垣は一つ間違えば大崩れの心配があるだけでなく、下の家をも巻き込む恐れがあった。

中奥谷は枌尾、中奥、瀬戸の三小字であるが、奥の瀬戸のほうから広がっていったと言われている。紅花長者やヒエやアワをつくったザコクモン長者にまつわる昔話もあり、いつ頃のことかは分からないが、賑わいのあった時代もあったと思われる。

集落から尾を越えれば東吉野村で、かつては宇陀や桜井とも交流が盛んであったと聞く。そのせいだろうか、大塔宮《あおとうのみや》神社の石灯籠に小川郷民の寄進とあったが、それもうなずける話である。この大塔宮神社の祭神は後醍醐天皇の皇子である大塔宮護良親王《もりながしんのう》（1308～1335）であり、神社の前方に御神体と言われる奇岩がある。

瀬戸小学校は昭和50（1975）年４月に第三小学校に統合されたが、それは、村がその年に過疎対策として白川度の地内に集落移転事業を行ったからである。住めば都と、長きにわたって住んできた住民はやはり離れがたく、今日まで住み続けてきたが、さすがに最近は子どもたちのもとへ移るようになり、祭事の時に多少賑わう程度で寂しい集落となった。掲載した世帯表は台風時のものである。

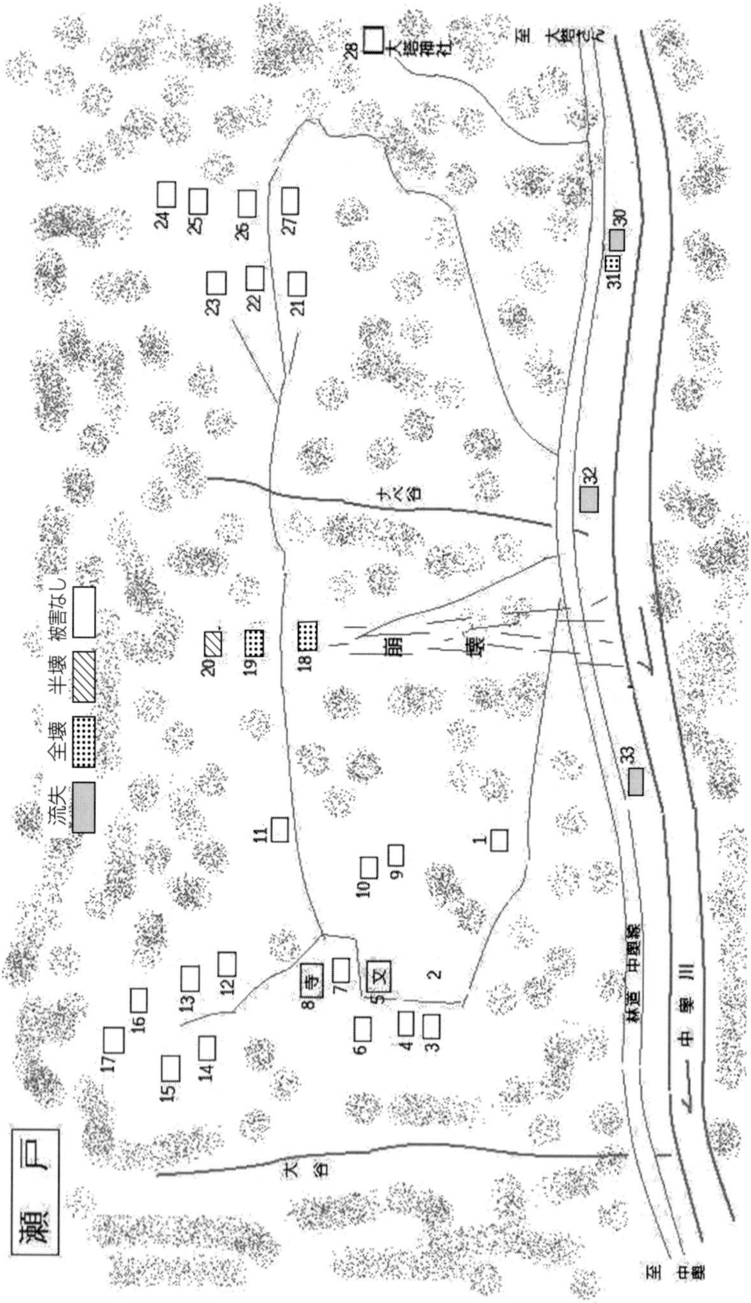
瀬戸
流失
全壊
半壊
被害なし
大谷
ナベ谷
崩壊
寺
文
林道　中奥線
中奥川
至　中奥
1
2
3
4
5
6
7
8
9
10
11
12
13
14
15
16
17
18
19
20
21
22
23
24
25
26
27
28
30
31
32
33

No.	通称地名	世　帯　主	人数	全壊等別	原因　状況等
1	下垣内	紙谷　伊作			
2		鍵　友一			
3		大田　宇三郎			（勇）
4		山本　ひろかず			
5		瀬戸小学校			
6		山本　清二			
7		新子　源二郎			
8		安養寺			
9		森脇			
10		福西　善吉			
11		朝町　啓二			
12		上鍵			
13		上鍵　重三郎			
14		吉野　芳夫			
15		更江　基夫			
16		吉野　菊夫			
17		新子　幸太郎			
18	中垣内	朝町　清一郎	9	全壊	地すべり（丸谷辰一）
19		森脇　卓司		〃	〃
20		上島　元是	2	半壊	〃
21	上垣内	森本　達雄			
22		福本　伝一郎			
23		丸谷　春石			
24		松本　晃一			
25		朝町　弥三郎			
26		福本　おきね			
27		中尾　一雄			
28		大塔神社			
29					
30	林道筋	大谷賢次飯場		流失	中奥川増水
31		岩田　弥三松	2	全壊	〃
32		池田　正男	1	流失	〃
33		吉野製材所		〃	〃

中奥川からかなり登った中腹に
点在する瀬戸集落

集落からさらに上流にある大塔神社

子どもの声で賑わったこともあった
瀬戸小学校

家屋を巻き込んだ崩壊跡

⑧枌尾《そぎお》

中奥川の下流域の地区であるが、比較的急な地勢にある林隙《りんげき》集落と言える。現在では林道が上出《うえで》垣内まで整備されているが、下出《しもで》垣内と上出垣内とでは150メートル位の高低さがあり、下出の人たちは上出垣内を「空《そら》」と呼ぶこともあった。

荷物はすべて肩に背負い、途中にある2、3の休憩所でひと息ついてから上げるという状態であった。上出垣内に登りつめると、山ふところが大きく開けた平地となって明るい環境である。しかし、その上出垣内も豪雨によって山腹が崩壊し、連鎖的な被害を受けている。

枌尾集落の後方には村内最高峰の白髭山が控えており、それが雨や風を呼んで山腹の各所に崩壊が発生した。山崩れの土砂が集落内を流れる大谷谷に一斉に集まったわけだが、険しい山容のためかかなり大きな土石が含まれていたため谷筋や家屋を埋めることになった。これらの土石の撤去には、足場も悪いうえに必要な機材がなかったためにかなりの労力を必要とした。

中奥川沿いのほとんどの家屋が大きな被害を受けている。上流の中奥や瀬戸地区と違って村道沿いに家屋が建ち並び、店舗などもあったが被災し、生活物資や食料の調達に追われることとなった。

かみで地区では中奥川の増水がいつにも増して激しく、早くからお互いに避難を呼びかけ、避難場所となっていた第三小学校枌尾分校にみんなが避難したが、一家3名が犠牲となっている。避難の呼びかけにこたえていたものの、何故か逃げ遅れたということである。

下流の白川渡までの村道は早く通れるようになったが、中奥方面へはかなりの時間がかかった。道のりがあるうえ、落石を除去するだけでも大変であった。大勢の労力奉仕によって仮道路がなんとかでき、翌年の春には小型トラックでの出材もできるようになったが、この時あたりから多少活気が戻ってきた。

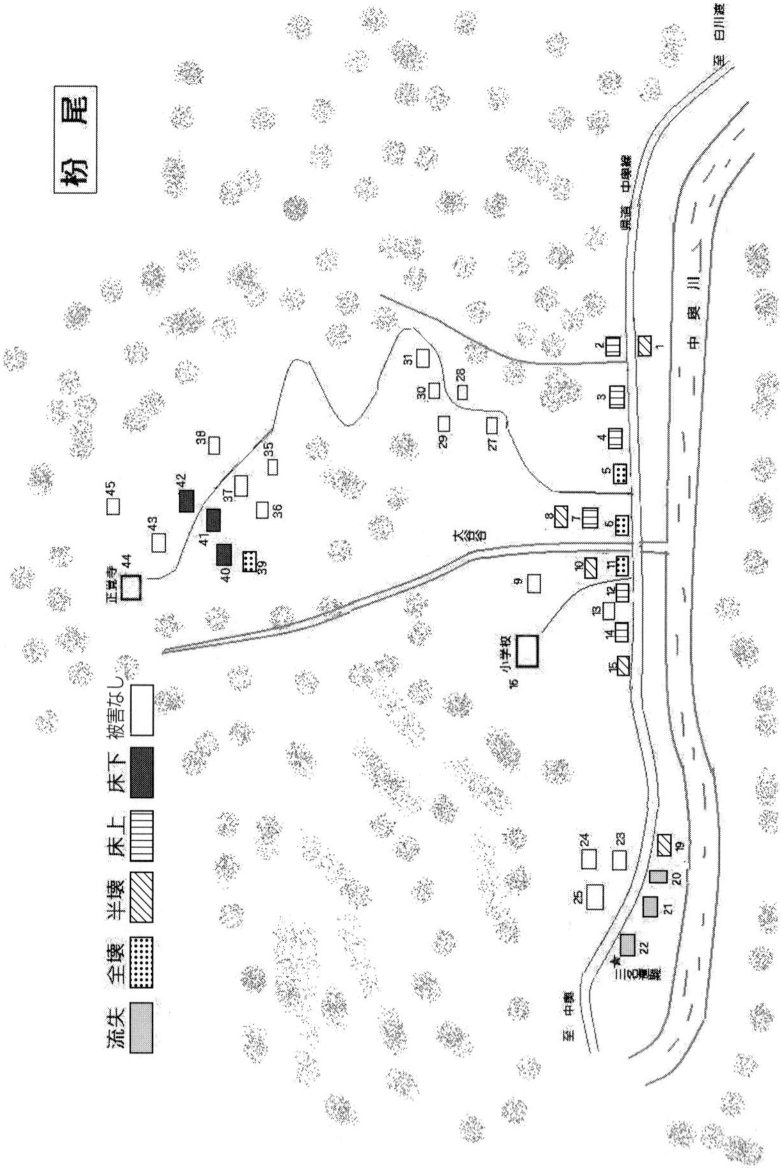

枌尾
流失
全壊
半壊
床上
床下
被害なし
正覚寺
太谷
小学校
中奥川
県道　中奥線
至　白川渡
至　中奥
三名遭難
1
2
3
4
5
6
7
8
9
10
11
12
13
14
15
16
19
20
21
22
23
24
25
27
28
29
30
31
35
36
37
38
39
40
41
42
43
44
45

No.	通称地名	世　帯　主	人数	全壊等別	原因　状況等
1	下出垣内	前平　正直	5	半壊	中奥川増水
2	(五味辻)	小久保昌長倉庫	非	床上	〃
3		伊田　秀吉	2	〃	〃
4		佐藤　増夫	4	〃	〃
5		春増　一郎	6	全壊	〃
6		春増　忠清	3	〃	中奥川と大谷谷の増水
7		亀野　実一	4	床上	大谷谷の増水
8		亀野　正夫	7	半壊	〃
9		辻本　義資	6		
10		中　徳治郎	2	半壊	大谷谷の増水
11		中　彰	4	全壊	中奥川と大谷谷の増水
12		春増平造配給所	非	床上	中奥川増水
13		春増　平造			
14		春増　サト	1	床上	中奥川増水
15		春増平造車庫	非	半壊	〃
16		川三小 桥尾分校			
17					
18					
19	かみで地区	新子貞次郎	7	半壊	中奥川増水
20		春増厳　車庫	非	流失	〃
21		吉野　重太郎	4	〃	〃
22		小久保　弥一郎	3	〃	〃左図の★の所で3名が遭難
23		春増　泰三	5		
24		春増　正秀	2		
25		春増　厳	6		
26					
27	中出垣内	中桥　義男	5		
28		中　清治	5		
29		中　千代松	4		
30		松本　孔一	4		
31		阪本　一郎	4		
32					
33					
34					
35	上出垣内	山口　敏夫	5		
36		岩本　チヨ	3		
37		小久保　昌長	5		

No.	通称地名	世　帯　主	人数	全壊等別	原因　状況等
38	上出垣内	水本　キサノ	1		
39		山口　清一郎	5	全壊	山腹崩壊
40		小久保　隆夫	5	床下	〃
41		辻　儀一	2	〃	〃
42		高田　幸一	6	〃	〃
43		辻本　嘉嗣	4		
44		正覚寺・上野	5		
45		福本　幸雄	3		

大谷谷の氾濫により全壊など大きな被害を受けた家屋

横の谷からまた前の中奥川からと、なすすべなく被災

中奥川流域周辺に大きな災害
をもたらした

家の前の林道がえぐられている

林道中奥線。間断なく削られ、
また山からは土砂が……

片付けも家族だけではとてもはかどらない

家の中もこのような状態。どれをどうすればよいのか……

⑨白川《しらかわ》度《ど》

この地区の在所は比較的地盤が安定しているが、国道筋の左岸は急峻な所もあり脆いようである。国道筋の吉野川本流沿いの家屋が被害を受けたほか、コンクリート製の高岩橋が流失した。水の力によるものと思われるが、大量の流木もその原因であったかと考えられる。

吊り橋の鍬之瀬橋が風に耐えて免れたことは、地元はもちろん中奥谷や武木《たきぎ》、井光《いかり》の人たちにとっても大いに助かった。普段から下多古、井戸は風の強い所であるが、白川度は不思議と風の少ない所であり、当日も比較的風が弱かったのかもしれない。また、中奥川に架かる谷口橋が、コンクリート橋になったばかりとはいえ、水に浸かりながらも助かったことが幸いであった。中奥川の流れを吉野川本流が押し留めたようだ。

わずか３か月前の６月27日に開通式をした八幡トンネルは、前後を土砂の崩壊で塞がれてしまった。ことに下多古側は、昭和33（1958）年１月からトンネルとその関連工事で整備が進められていたが、工事中に何度も崩壊事故があって、川手に自然石を並べてセメントで固めるという張石垣工法でやっと竣工を終えたばかりであった。それが、あまりにも簡単に崩壊してしまったのだ。

高岩橋の復旧は、住吉橋（東川）の事故が影響して予定より少し遅れて昭和37（1962）年４月19日に竣工したが、50年を経た今日、大滝ダムによる周辺整備のために鍬之瀬橋がコンクリートの県道となって高岩橋はなくなり、吉野川の流域変更で八幡山も削られ、元の河原は埋め立てられて現在はオートキャンプ場になっている。すっかり、昔の姿が忘れられようとしている。

八幡トンネルの下多古側

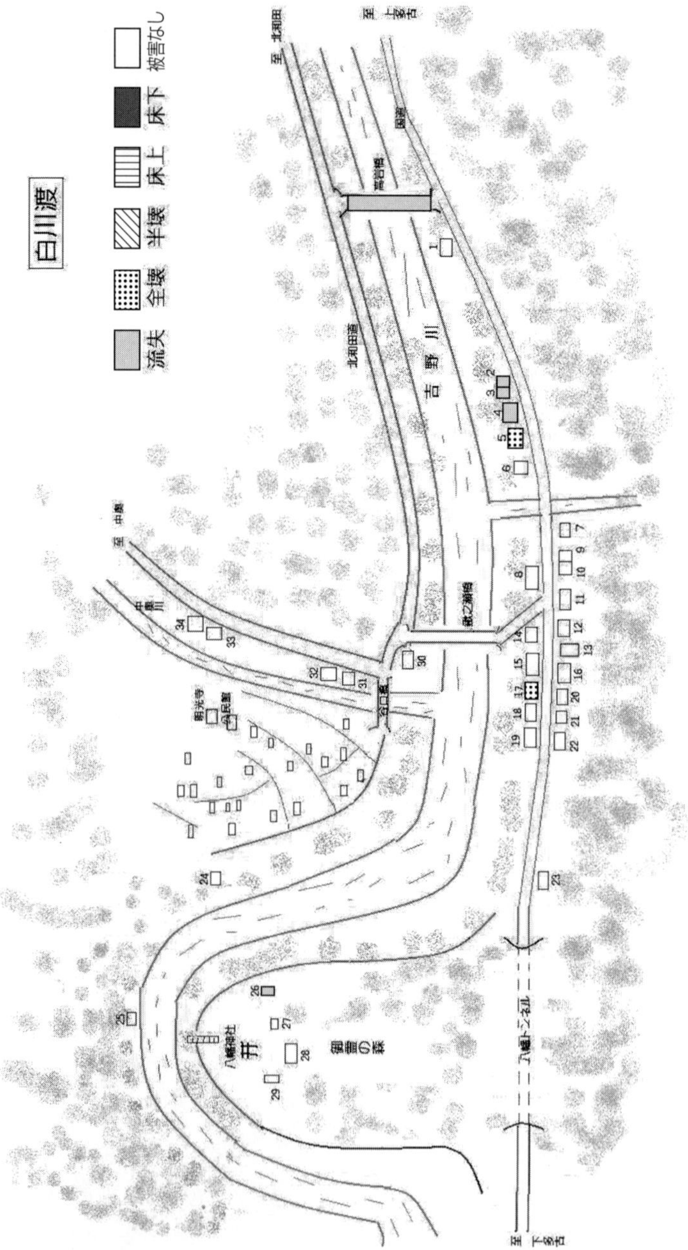
白川渡
流失
全壊
半壊
床上
床下
被害なし
至 北和田
北和田道
高岩橋
至 上多古
国道
吉野川
至 中奥
中奥川
明光寺
公民館
八幡神社
御霊の森
八幡トンネル
至 下多古

No.	通称地名	世　帯　主	人数	全壊等別	原因　状況等
1	1班	北垣内　四郎	非		建設中
2		津村　義明	4	流失	吉野川増水
3		中村　友冶	5	〃	〃
4		新子　恵一	3	〃	〃
5		竹中　リヨ	2	全壊	〃
〃		津村　直	3	〃	〃
6		水本　山二			
7		丸　勘一郎小屋	非		
8		丸　勘一郎			
9		丸　勘一郎離れ			
10		〃　物置	非		
11		春増　包太郎			
12		山口　梅次郎			
13		天人窟		洞窟	
14		丸　勘一郎倉庫	非		
15		山口　一一			
16		〃　別棟			旅館
17		森本　セイ倉庫	非	全壊	風の影響
18		森本　セイ			
19		南　徳治郎			
20		南			借家
21		森本　セイ物置	非		
22		南　風呂物置	非		
23		中村資材倉庫	非		
24		庚申堂			
25		伏し拝み			
26	八幡神社	神社守堂	非	流失	風の影響
27		後南朝戦没将士の碑			
28		八幡神社本社	非		
29		拝殿	非		
30	2班	上村　孝徳			
31		上村　コハル			
32		山本			
33		松本　スエ子			
34		桝谷　三冶			

注：5の家に2世帯が住んでいた。

国道筋の被害。下流の方の家屋は道路も上がっており、水難を免れた

流失した高岩橋

八幡トンネルより下。三か月前に竣工した治山工事も無為に

⑩下《しも》多《た》古《こ》

下多古土場から上垣内まで、Ｖ字渓谷を思わせる下多古川沿いに集落が長く形成されている。また、吉野川沿いには店舗などの家屋もあり、集落の上流から下流、国道筋と広範囲にわたって家屋、道路、畑、山林の崩壊などの被害を受けた地区である。

国道筋の家屋は吉野川の増水で流失したものであり、国道に架かっていた下多古橋を渡っていた消防団員が一瞬のうちに崩れ落ちて吸い込まれた。下多古川の左岸側は地質が脆く、川縁の崩壊に巻き込まれた家屋が大きな被害を受けた。

大量の土石流で谷や道路が埋め尽くされ、水が引いたあとは河原をみんなが往来した。台風の翌日は川水が濁っているため底が見えず、大量の水が流れていると思われていたが、土砂が川底を押し上げていたのである。

「琵琶の滝」、「中の滝」という見事な滝があるが、奥深い大峰山系の山々の至る所で山腹の崩壊があったと考えられ、想像をはるかに超える惨状となった。国道に行き場を失ったバスが３台、すぐ近くまで路肩の崩壊があったが危うく助かった。

下多古川では平素から水が浸み込む所があり、昔、谷に鍬を浸けておいたところ出水で流され、白川渡の岸辺で見つかったという話もあるくらいだから、特別の地質にある地域であると思われる。この地区では、もう１名の犠牲者が出ている。

この地区には、「歴史の証人」と呼ばれている下多古村有林がある。樹齢250年以上のスギやヒノキが数多く残っており、代々守られてきた吉野林業のまさに証人となるエリアである。これらの古木、台風の目撃証人にもなった。

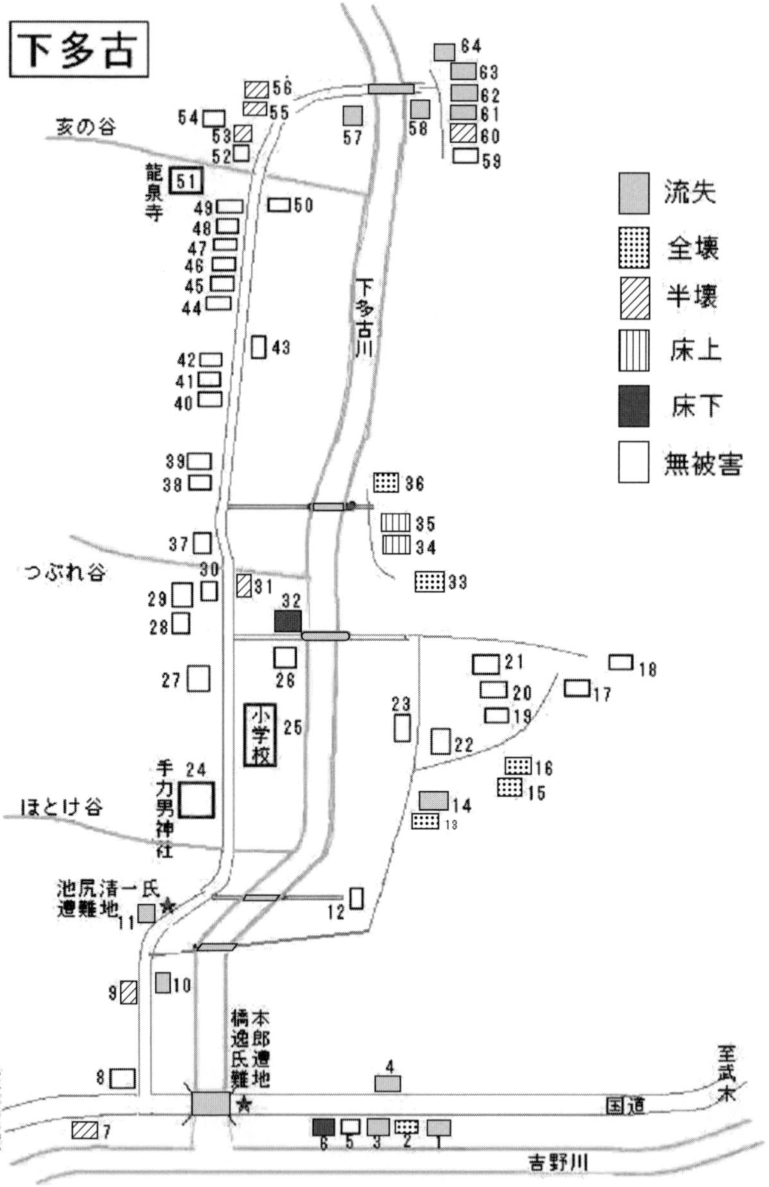
下多古
流失
全壊
半壊
床上
床下
無被害
亥の谷
龍泉寺
下多古川
つぶれ谷
小学校
手力男神社
ほとけ谷
池尻清一氏遭難地
橋本逸郎氏遭難地
至白川渡
至武木
国道
吉野川
1 2 3 4 5 6 7 8 9 10 11 12 13 14 15 16 17 18 19 20 21 22 23 24 25 26 27 28 29 30 31 32 33 34 35 36 37 38 39 40 41 42 43 44 45 46 47 48 49 50 51 52 53 54 55 56 57 58 59 60 61 62 63 64

No.	通称地名	世　帯　主	人数	全壊等別	原因　状況等
1	下多古土場	上田佐一郎倉庫	非	流　失	吉野川の増水
2	〃	田端　武夫	5	全　壊	〃
3	〃	橋本　徹雄	4	流　失	〃
4	〃	橋本　伊之助	2	〃	〃
5	〃	泉岡　昌和			
6	〃	泉岡店倉庫		床　下	吉野建て地下一階部分
7	〃	バス停留所	非	半　壊	吉野川の増水
8	〃	森口　敦夫			
9	大　東	玉井　亀一	11	半　壊	下多古川増水
10	〃	乾　博栄	5	流　失	〃
11	〃	池尻　清一	3	〃	〃 本人遭難
12	〃	板西　康英			
13	向垣内	丸谷　為次	5	全　壊	〃と裏山崩壊
14	〃	橋本　宏二	3	流　失	〃　〃
15	〃	榎木　宗平	3	全　壊	裏山崩壊
16	〃	泉岡　若太郎	6	〃	〃
17	〃	乾　栄子			
18	〃	吉谷　利子			
19	〃	泉岡　秀雄			
20	〃	阪本　憲司			
21	〃	阪本　隆継			
22	〃	井上　元次			
23	〃	泉岡　清和			
24	下垣内	手力男神社			
25	〃	下多古小学校			
26	〃	辻本　一義			
27	〃	前田　利恭			
28	〃	吉野　常雄			
29	〃	井村　宗作			
30	〃	板西　浜子			
31	〃	山本　三輪美	2	半　壊	下多古川増水と谷土石流
32	〃	大西　鍛	5	床　下	〃
33	〃	泉岡　長作	7	全　壊	〃裏山崩壊
34	〃	寺口　富太郎	1	床　上	〃土石流
35	〃	谷野　高栄	2	〃	〃　〃
36	〃	大北　和雄	6	全　壊	〃　〃

No.	通称地名	世　帯　主	人数	全壊等別	原因　状況等
37	下垣内	上田佐一郎			
38	〃	山本　巌	2		
39	〃	小林　稔	3		
40	上垣内	信田　季好			
41	〃	小瀬　浩一			
42	〃	中西　義時			
43	〃	恩地　四郎			
44	〃	中西　義和			
45	〃	中西　伸男			
46	〃	上田　好弘			
47	〃	森口　博美			
48	〃	枡田　誠祐			
49	〃	中西　宗一郎			
50	〃	中西　久和			
51	〃	龍泉寺			
52	〃	中西　幹雄			
53	〃	瀬戸　カル	1	半　壊	土砂の流入
54	〃	中西　利一	3		
55	〃	久保　文治	2	半　壊	下多古川増水と土石流
56	〃	中林　正義	6	〃	〃
57	〃	六辻富一郎（倉庫）	非	流　失	下多古川増水
58	〃	〃	〃	〃	〃
59	〃	枡田　正純	2		
60	〃	六辻　亀三朗	8	半　壊	下多古川増水
61	〃	六辻　倉太郎	4	流　失	〃
62	〃	枡田　繁雄	7	〃	〃
63	〃	六辻　力	5	〃	〃
64	〃	枡田（倉庫）	非	〃	〃

下多古土場の国道筋の様子

八幡トンネルの下、どこまでも荷物を肩に歩くのみ。行き場を失くしたバスが三台

下多古土場の国道筋の様子。
下流に向いて

国道の下多古橋。すでに水が
乗っていたというが、突然崩
れて１名が犠牲となった

手力男神社の下手。下垣内付近の村道が大きく崩壊した

大東付近。村道と谷の見分けが付かない

図33付近。下垣内。この辺りは裏山の崩壊と谷の増水で酷い被害を受けた

図53付近。上垣内。村道もこのとおり、やはり道路の確保が優先か……

図36付近。下垣内。堆砂で河床が上がり大河のようになった

水が引いてくれば一面に砂利敷きが……

図13付近。向垣内

図13付近。向垣内。家屋の流失もあった

上垣内。５軒ほど家屋の流失跡

上の写真から下流へ

⑪井光《いかり》

台風などの災害を受けたあとに、復旧事業などによって整備されるのは一般的なことである。しかし、事前にその策を講じるということは少ない。この地区にある稲荷神社の横の谷は、伊勢湾台風まで問題なく機能してきたとは思うが、台風後に見れば、やはり谷としては少し小さいように思われる。道路事情などもあり、当時においてはやむを得ないことであったと思われるが、この谷の氾濫によって稲荷神社付近だけでなく谷筋に多くの被害をもたらした。また、井光川沿いの榎木土場でも家屋が流失した。

井光川は大量の土石流のために道路がなくなり、一面が河原となった。武木《たきぎ》土場から集落近くの村道に入るまでの間、日によって歩く所が変わるという状況ともなった。雨が降って増水するごとに谷も掘れてそれらしくなっていったが、かなりの日数がかかった。そのうえ、武光橋が流失したために国道に出られず、右岸の山道を探りながら白屋に下る人たちも見かけられた。また、いったん白川渡へ出て鍬乃瀬橋を利用するなど、在所を出てから井光川をさまよい歩き、どの道を歩いて国道に行くのかと思案しながら物資の調達を行っていたようだ。

何とか迂回することなく国道へ出たいと、武木の人たちと協力して仮の橋を架けている状況の写真は、「⑫武木」のところで掲載した。

井光集落より井光川を遡っていった所に「御船の滝」があり、冬季には見事な氷瀑が見られ、写真愛好家に人気の高い所である。その少し手前にも「岩戸の滝」があるが、神武天皇が東征の折、その近くの山中に井戸のなかから尾っぽのある人が現れ、道案内をしたという伝説（井氷鹿伝説）が『古事記』に残されており、その辺りを「古《ふる》皇《つこう》」と呼んでいる。川上村のことが、一番最初に文献で紹介された所と言える。

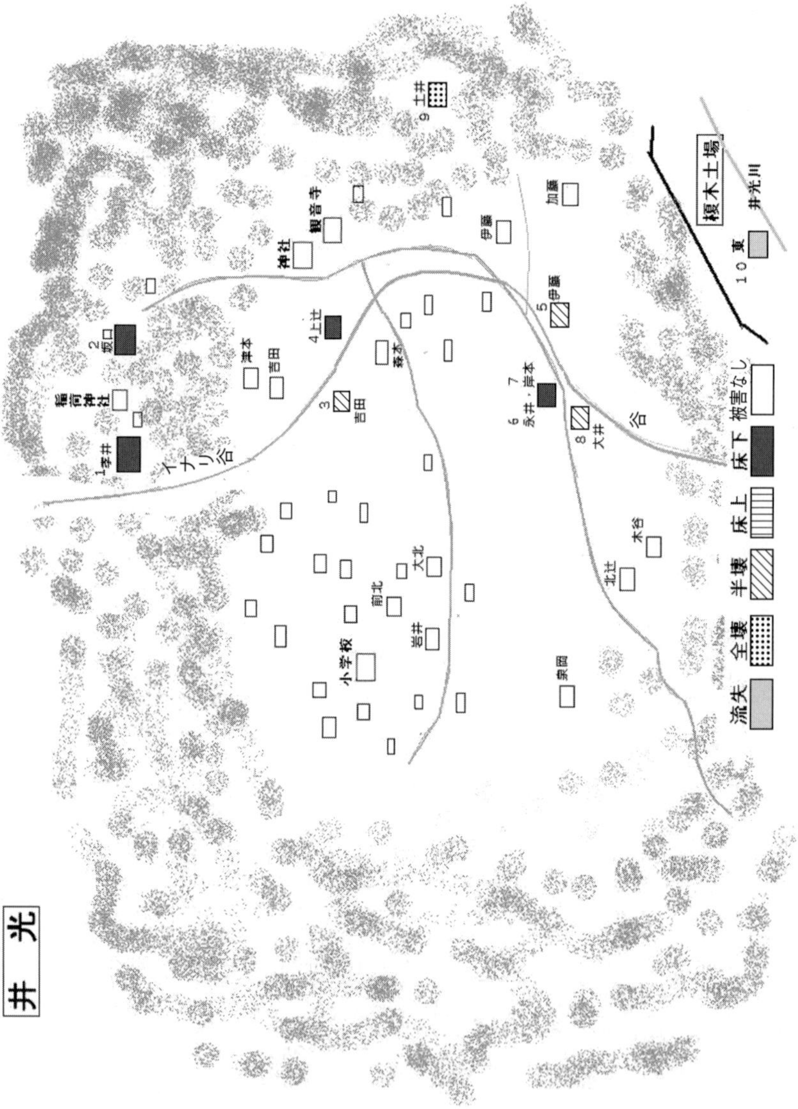
井光
1李井
2 坂口
稲荷神社
イナリ谷
津本
吉田
3 吉田
4上辻
神社
観音寺
森本
9 土井
加藤
伊藤
5 伊藤
6 7 永井，岸本
8 大井
谷
小学校
北辻
木谷
10 東
榎木土場
井光川
流失
全壊
半壊
床上
床下
被害なし

No.	通称地名	世　帯　主	人数	全壊等別	原因　状況等
1	稲荷垣内	孝井　由三郎	7	床下	谷増水
2	〃	坂口　萬冶郎	8	〃	〃
3		吉田　熊太郎	1	半壊	〃
4		上辻　佐太郎	5	床下	〃
5		伊藤　清次	12	半壊	〃
6		永井　長太郎	3	床下	〃
7		岸本　義高	5	〃	〃（永井と同居）
8		大井　友太郎	6	半壊	〃
9		土井　信市	2	全壊	裏山崩壊
10	榎木土場	東　栄一郎	3	流失	井光川増水

稲荷谷の増水により谷沿いが被災

家の基礎部分が洗われて

武木土場よりすぐの神の瀬橋。橋脚が沈み、先の道路が川に変身した

上流より神の瀬橋方向を撮影したものであるが、一面の土砂で埋まった

雨が降り、増水ごとに谷ができるという状況であった

上の写真よりさらに進んだ所

⑫武木《たきぎ》

武木の在所のほうでは風も強く、屋根に被害を受けた家もあったが、とりわけ大きな被害がなく国道沿いに被害が集中した。吉野川の増水と谷水の土石流で家屋に被害が発生し、同時に吉野川に架かる武光橋が流失した。

在所には大きな被害がなかったとはいえ、武光橋が流失したために区内全体が大きな不便を負うことになった。言ってみれば、ここでも全員が被害者だったのである。

井光川が合流する吉野川は川幅もあるため簡単には対岸へ渡れない。通勤、通学や物資の確保のために一日も早く橋が必要であり、同じ思いの井光《いかり》の人たちと協力して、命がけの架橋を昼夜兼行工事で行った。当時は山林従事者も多く、架線の取り扱いにも精通していたが、一つ間違えれば増水した流れが待っているなかでの作業であった。

当時、井光川の出合いに製材所があったが、建物だけで使われていなかったと思う（非家屋ということで、被害リストにも掲載していない）。その製材所は、戦中戦後、水車を利用していた。主に、対岸の国道にワイヤーで材木を運ぶことに使われていたようである（武光橋は昭和26年竣工）。その水車が、一人の有名人を見つけ出す糸口になった。その人物とは、山本七平氏である（57ページ参照）。

昭和35（1960）年2月25日、復旧第1号の橋として武光橋が完成

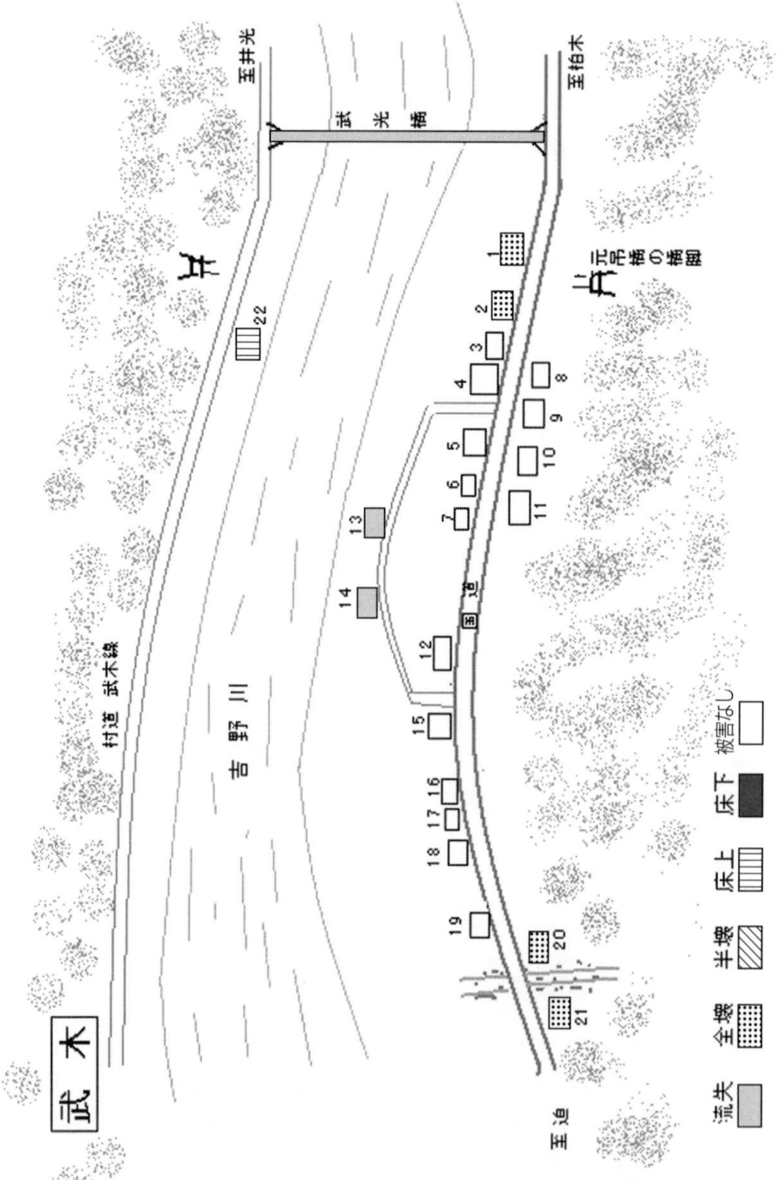
武木
至井光
武光橋
至柏木
元吊橋の橋脚
村道　武木線
吉野川
国道
至迫
流失
全壊
半壊
床上
床下
被害なし

No.	通称地名	世　帯　主	人数	全壊等別	原因　状況等
1	武木土場	今井　忠一	8	半壊	(吉野建 地下被害)
2		新宅　安夫	4	〃	〃
3		水本　稔			
4		川上農協支所			
5		福井　フクエ			
6		木小屋			
7		木小屋			
8		中西　秀一			
9		桜井　英三			
10		下尾　兼治			
11		青柿　巳代蔵			
12		今井　佐一郎			
13		吉田　謙一郎	4	流失	吉野川増水
14		安田　四郎三郎	1	〃	〃 (安田医院)
15		岡橋　又治			福本
16		伊藤　タマエ			
17		伊藤の借家			(吉田勝美)
18		紙谷　源四郎			紙谷商店 (山本七平氏の言う)
19		喜田　作二			
20		堀谷　逸夫	4	半壊	横の谷
21		今井　参治	3	〃	〃
22		山本　淳作	5	床上	吉野川増水

武木土場の国道。写真の説明はいらないほど、多くのことが縮図されている

吉野建てであるために被災の家屋。左端の家はすでに補強がされている。先に、武光橋の橋脚が見える

山側の家も裏山からの土石流で

水の引くのを待ちかねて、危険承知で応急橋の架橋

上の写真に続いて、井光の人たちも参加してこのような橋が完成

⑬井戸《いど》

武木《たきぎ》口から折谷、上井戸、中井戸、下井戸、七つ石、そして次の地区である人知《ひとじ》までの国道は長く、その間、路肩の崩壊や山崩れが間断なく発生した。なかでも、下井戸から七つ石の間の被害はひどかった。

ある時、役場で北塩谷の削り取られた状況は「川上村の東尋坊」だという話題になったが、その時に、井戸の国道は大峰山上の「蟻の戸渡り」だと言った人がいた。「蟻の戸渡り」を知っている人は少ないと思うが、大峰山上本堂の裏に展開する行場であって、岩場を伝ってよじ登っていくのであるが、つかまねばならない石がまた「ガタガタ石」と言って動いて、足のすくむ所である。井戸の国道もたたみ半畳ぐらいが段々に落ちて、それをよじ登らねばならない所があって、桟道を付けるまでは行き来に大変な苦労があった。食料の買い出しや見舞いに訪れる人たちは、人の踏み跡を黙して行き交うのみであった。

それでも何日か経つと道も固まっていき、初めの頃とは違って大分歩きやすくなった。ある日、上多古方面へ行く用事ができたので自転車で行ってみた。平和橋のたもとでは河原へ下り、高原川の丸太橋では肩に担いで渡るという、若さにまかせて現在のマウンテンバイクツーリングよろしく行ったものの、井戸に着くと自転車を何度も頭の上まで持ち上げることになった。この日以後、二度と自転車を使って移動することはなかった。

蟻の戸渡り

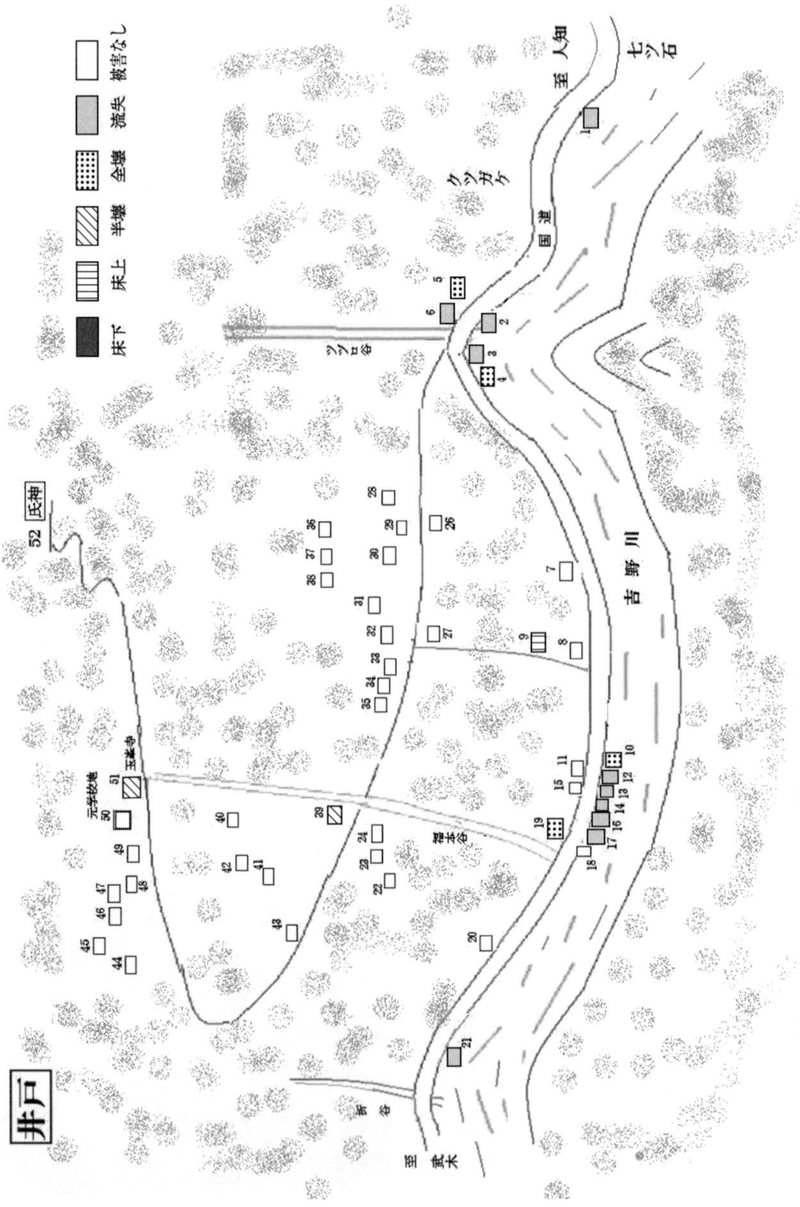

注：多くが水没移転していることから、当時の家屋を図示した。

No.	通称地名	世　帯　主	人数	全壊等別	原因　状況等
1	カヤノキ平	向井　清次郎	1	流失	吉野川増水（人知）
2	鍛治屋淵	上村　喜代若別宅		〃	吉野川とツヅロ谷増水
3	〃	住友金属㈱厚生寮	非	〃	〃　和歌山製鉄所
4	〃	岩城　武義	5	全壊	〃
5	〃	森脇 光三郎製材所	非	〃	〃　川上木工所
6	〃	上村　喜代若	4	流失	〃
7	田戸	加藤　源十郎			
8	〃	元　井戸駐在署			
9	〃	加藤　幸治郎	1	床上	裏山の崩壊
10	〃	松浦　モトエ	2	全壊	吉野川増水
11	〃	上田　馨			
12	大津白	上田　馨　離れ		流失	吉野川増水
13	平岩	空家		〃	〃　桜井商店
14	〃	空家		〃	〃
15	〃	前　桜井商店			
16	〃	大本　猪之吉	3	流失	吉野川増水　賢司
17	〃	福谷　徳治	4	〃	〃
18	〃	井上英昭倉庫			
19	〃	大本　徳一郎	3	全壊	福本谷氾濫
20	牛の掛	上村　喜代若			公夫
21	伊藤	向井　芳夫	6	流失	吉野川増水
22		森脇　トミ子			
23		空家			森脇光義
24		福本　寅三郎			
25					
26	中の平	加藤　康義			
27	〃	津田　実三			(教員住宅)
28	〃	北本　タマエ			
29	〃	空家			
30	ニライシ	加藤　丈太郎			
31	タテゾノ	大本　弘子			
32	〃	大本　猪之吉			勝資
33	〃	大本　高千代			又三郎
34	〃	戌亥　キク子			
35	〃	戌亥　勘次			戌亥一二三
36	ウエ山	岩城　弘			

No.	通称地名	世　帯　主	人数	全壊等別	原因　状況等
37	ウエ山	中田　収圭			
38	〃	富沢　稔			
39	中垣内	吉川　実	5	半壊	福本谷氾濫
40	〃	井上　清			
41	〃	井上　春子			英昭
42	〃	井上　正剛			
43	中垣内	福井　孝行			
44	上垣内	岩城　和男			
45	〃	大本　隆			
46	〃	岩城　清治			
47	〃	福谷　龍馬			
48	〃	福谷　可宗			繁
49	〃	上村　増太郎			
50	〃	元　小学校地			
51	庵の下	玉峯寺・岩田 花江	2	半壊	裏山の崩壊
52	マツバ	氏神神社			
53					
54					

玉峰寺の裏が崩壊し、表にまで土砂が……

ツヅロ谷を渡るには丸太を支えて

下井戸。通称クツガケ付近。この辺りから下七ツ石にかけての国道は足元が削られ相当すごい状態であった。下の写真も同じ

上井戸の国道

下井戸の国道

上井戸。家屋の流失跡

図19付近。上井戸。谷の氾濫でこのような状況に

中井戸。前方ツヅロ谷。５軒ほどの家屋が流失しているが、住友金属和歌山製鉄所の鉄筋でモダンな社員厚生寮があったが、残骸の一部を川べりに残して流失した

中井戸。正月前には応急の道路もでき、家屋も再建されようとしている。右下の残骸は厚生寮の一部

⑭人知《ひとじ》

高原川の道俊橋より上流に向けて川側に多く家屋が並んでいた。比較的川に近いことと道路も低い位置にあったために多くの家屋が被害を受け、１名が逃げ遅れて犠牲となった。

白屋に渡る吊り橋が架かっていたが、右岸白屋側の橋台周辺が崩壊したため非常に危険な状態となり、取り壊された。新しい橋が竣工したのは昭和36（1961）年２月である。

なお、白屋地区については、集落内では大きな被害がなく、川上第二小学校の下流にある殉国塔近くの一戸が吉野川の影響で被災したことから迫１（176ページ）の図に示した。台風による被害がなかったとはいえ、大滝ダムの試験堪水による地殻変動というか、地すべり現象が発生し、平成15（2003）年突然、全戸移転という事態に見舞われたことは周知のとおりである。

上垣内では大きな被害がなく、第二中学校が避難所に使われたりして流失などの被害家庭の受け入れに尽力された。この第二中学校付近の国道は、家屋が建て込んでいるうえに道路幅も狭かった。のちに大台ヶ原への観光を目的とした車が増えて交通渋滞がひどくなり、狭いなか交互交通を実施してきたが、ダム工事が始まった途端大型車も増加してさらに渋滞がひどくなったため、対岸の河床に迂回道路を設置して対応した。

水害を免れた上垣内であるが、過去には大きな災害を受けている。明治34（1901）年５月20日、米田家、松田家の２戸を残すのみの大火に見舞われている。風水害、火災、地震は、その災禍が大きいほど村全体に大きな影響を及ぼすものである。

次ページでは、水没地区をかかえ、移転・再建や川上中学校の設置ということもあり、台風当時の家屋を図示した。

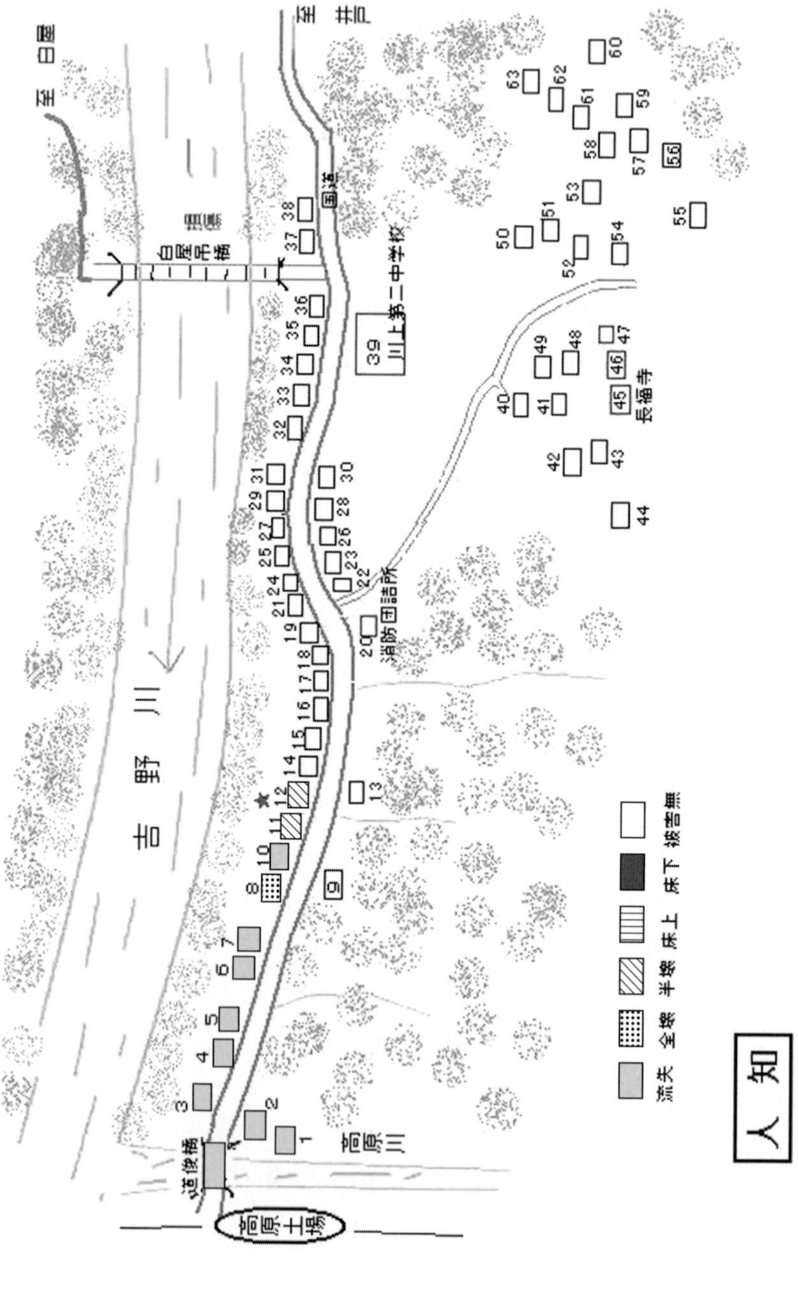
至 白屋
至 井戸
白屋吊橋
国道
吉野川
39 川上第二中学校
消防団詰所
長福寺
高原川
高原土場
流失
全壊
半壊
床上
床下
被害無
人知

No.	通称地名	世　帯　主	人数	全壊等別	原因　状況等
1	下垣内	大垣　文雄	6	流失	高原川の増水
2	〃	松下　三郎		〃	〃
3	〃	菊谷　鶴蔵		〃	吉野川の増水
4	〃	大垣　良太郎	4	〃	〃
5	〃	上村　キ　ト	1	〃	〃
6	〃	下井　喜一郎	7	〃	〃
7	〃	大倉　幸一	4	〃	〃
8	〃	尾畑　竹三郎	6	全壊	〃
9	〃	〃　倉庫			
10	〃	南　留一	6	流失	吉野川の増水
11	〃	西本　鶴男	7	半壊	谷の土砂崩壊
12	〃	梅沢　八一	5	〃	〃　★の所で亀一氏受難
13	〃	風呂場			
14	〃	坂本　八千代	4		
15	〃	上村　幸子	2		
16	〃	尾崎　安太郎	5		
17	〃	大沢　大二郎	4		（正楽一男宅）
18	〃	中川　覚治	1		
19	〃	北本　実夫	1		
20	〃	消防団詰所			
21	〃	松下倉庫			
22	〃	〃			
23	〃	大西　進一	5		
24	〃	〃　倉庫			
25	〃	森本　平治	3		
26	〃	松尾倉庫			
27	〃	〃			
28	〃	松村　直義	7		
29	〃	木吉　辰夫	4		
30	〃	吉田　保夫	7		
31	〃	吉田商店			
32	〃	富沢　キミヱ	2		
33	〃	米田　ヒサ子	5		（松下利一宅）
34	〃	松下倉庫			
35	〃	上田　清治	6		
36	〃	福嶋　従明	4		
37	〃	西本　昌和	6		

No.	通称地名	世　帯　主	人数	全壊等別	原因　状況等
38	下垣内	水本　治雄	7		
39	〃	川上第二中学校			
40	上垣内	板谷　経義	2		
41	〃	福嶋　加代	3		
42	〃	米田　英一	6		
43	〃	松田　正信	4		
44	〃	西本　与冶	3		
45	〃	長 福 寺・與語義雄			
46	〃	十二社神社			
47	〃	山の神社			
48	〃	松岡　一郎	7		
49	〃	山本　幸弘	4		
50	〃	松田　亀太郎	4		
51	〃	松村　輝夫	5		
52	〃	阪口　正治			
53	〃	尾畑　忠男	3		
54	〃	堀岡　幸太郎	6		
55	〃	木吉　芳太郎	5		
56	〃	木吉　秀明	5		
57	〃	上村　つえよ	2		
58	〃	松下　利一	9		
59	〃	教職員住宅			
60	〃	新下　実雄	5		
61	〃	福嶋　正治	7		
62	〃	松尾　冶良	4		
63	〃	松尾　順一	8		

高原川の出合付近に復旧工事用の建物が建てられている。この後、この河原が復旧工事の作業広場に展開する。出合より上流が人知地区で家屋が流失した跡

七つ石―人知間の国道でこのような所もある。右上に白屋地区が望まれる

ぬかるみを避けて擁壁際を歩く人

上掲の所を下流側から撮った写真。ただ歩くだけでも相当に疲れる

右岸が崩壊している白屋橋。明治42年に架橋され、以来何度も補修されたと思われる。平和橋ができる（昭和元年）までは貴重な橋であったが、白屋集落へは直に上がるかなりきつい坂道であった

右岸、白屋側崩壊の状況。橋は危険な状態なので撤去された

川上第二中学校付近は岩盤で、川より高い位置にあったが、下流に向かってはかなりの勾配で下がっていた。この辺りは交通渋滞の難所であった

⑮高原《たかはら》

古くから皇室や木地師の歴史があるこの地区は、集落も広範囲で地形的にも安定した土地と思われていた。それが当日、午後９時頃に堂前谷の舟の山付近から高さ200メートル、幅150メートルにわたる山津波が発生し、一瞬にして想像を絶する事態となり、11世帯46名と消防団員や救助隊員12名の合計58名もの命を奪った。村内はもちろんのこと、吉野町をはじめ近隣町村からも多くの支援を受け、自衛隊の協力の下捜索活動が続けられた。

第１章でも紹介した福源寺のご住職である山田久光さんは、「翌日の夕方、亡くなられた５人の方の遺体を板の上に載せて、河原で火葬にして弔いました」と、まるで昨日のことのように話されていたが、それだけこの台風の痛ましさを忘れることができないのであろう。私もまったく同じである。あまりの惨禍に、いくら紙面があっても筆舌に尽くしがたく、私には難しいので写真で判断をしていただきたい。

台風が来る前年、高原地区は村民の陸上競技大会で総合優勝をなし、この年もさらにと盛り上がっていた矢先の出来事であった。静かな山里で、これまでに大きな災害に見舞われなかったこの地区だけに、台風の襲来が明るい時間帯であったら状況の把握や情報の伝達が図られて、ここまでの犠牲者を出すことはなかったのではないかと悔やまれる。

犠牲者の一人に、将来を期待され、スポーツも万能だった大学生がいた。彼はこの年も村民の陸上競技大会に参加するべく帰省していたが、運悪くこの災害に巻き込まれてしまった。このような不運としか言いようのない状況のなかで、家もろとも流されたが、下半身が埋まった状態で奇跡的に助かった高校生もいる。しかし、家族を失った悲しみを思うと、とても喜べることではない。

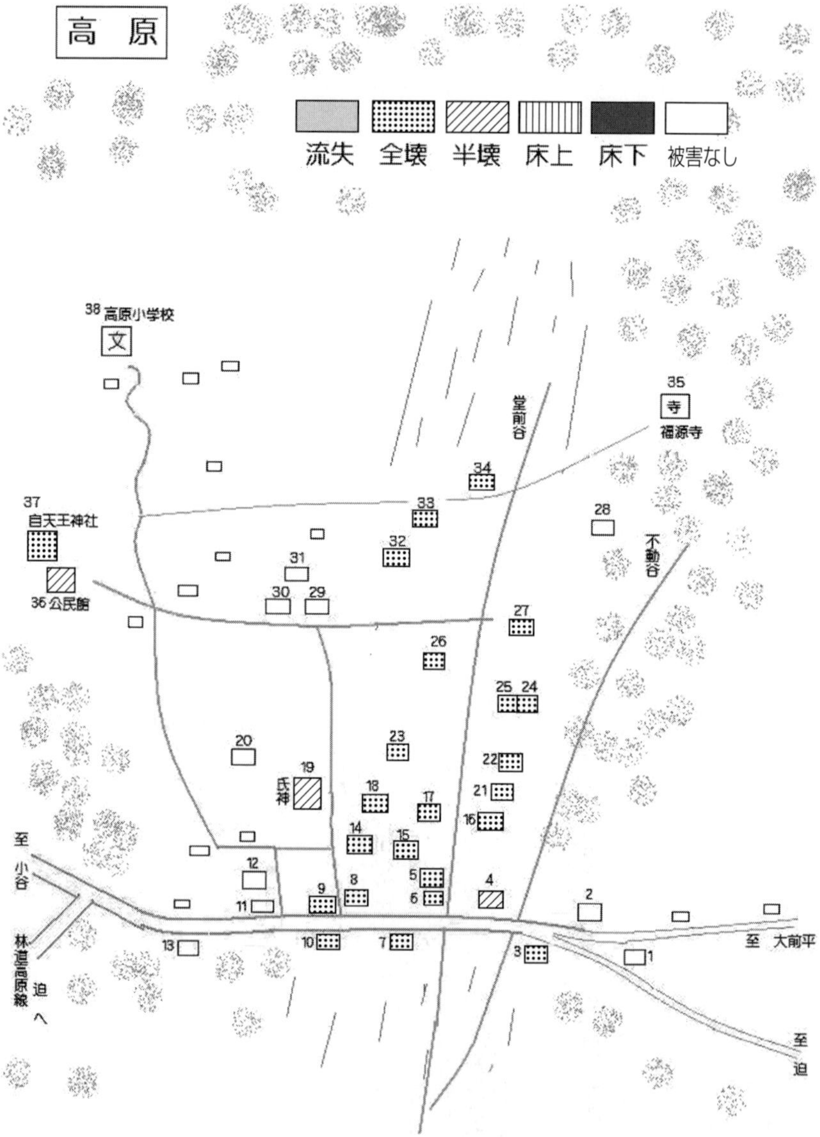
高　原
流失
全壊
半壊
床上
床下
被害なし
38 高原小学校
文
35
寺
福源寺
堂前谷
不動谷
37
自天王神社
36 公民館
19
氏神
至 小谷
林道高原線
迫へ
至 大前平
至 迫

No.	通称地名	世　帯　主	人数	全壊等別	原因　状況等
1		大辻　健治			
2		大辻　義隆			
3		田岡　鶴吉	3	全壊	堂前谷周辺地すべりによる
4		大辻　義宏	7	半壊	〃
5		貝谷　ウサヱ	3	全壊	〃
6		〃　倉庫		〃	〃
7		前田　貞次	7	〃	〃
8		笹井　陽一	6	〃	〃
9		増田　佐助	5	〃	〃
10		〃　倉庫		〃	〃
11		消防団詰所			
12		大辻冶作			
13		伊藤ヒサノ店			
14		貝辻　清次	4	全壊	堂前谷周辺地すべりによる
15		貝谷　清三郎	7	〃	〃
16		山谷　利夫	3	〃	〃
17		貝谷　トシノ	4	〃	〃
18		小林　鉄造	3	〃	〃
19		氏神神社	非	半壊	〃
20		吉田　藤七			〃
21		貝辻　義正	5	全壊	〃
22		今田　信治	5	〃	〃
23		藤井　清道	2	〃	〃
24		山本　保	3	〃	〃
25		東　悦治	2	〃	〃
26		井筒宇之作家屋		〃	〃
27		山谷　公男	5	〃	〃
28		南　荒一			
29		坪岡　甚作			
30		梶本　在造			
31		井本　兵吉			
32		小阪　益一	7	全壊	堂前谷周辺地すべりによる
33		阪本　利三郎	7	〃	〃
34		阪本　花子	4	〃	〃
35		福源寺			
36		高原公民館	非	半壊	強風雨による
37		自天王神社	非	全壊	〃
38		高原小学校			

No.	通称地名	世　帯　主	人数	全壊等別	原因　状況等
	木地ガ森	下岡　喜代市	5	流失	高原川増水
		榎本　高治	2	〃	〃
		今西　正和	4	〃	〃
		民辻製材工場	非	〃	〃
		民辻　善三良	5	床下	〃
	上　出	上田　ウノ	3	半壊	床下
		山川　タケ	4		
	下　出	岩本　一郎	2	全壊	屋敷崩壊
		丸谷　儀作	2	〃	〃
		亀井　利弘	4	〃	〃
		吉岡　俊宣	1	〃	〃
		岩井　博	7	〃	〃
		伊藤　清左衛門	2	床下	
		井筒　宇七郎	7	〃	

災害前の佇まい。中央の森が氏神神社

捜索の作業も終わり、１か月後の崩壊地

崩壊地の上流箇所

人が小さく見えるが、下のほうから
横一列になっての捜索作業の様子

被災間もない日。近所の婦人たちも参加して

村内はもちろん村外からも大勢の応援が駆けつけた

吉野町消防団の団旗が見えるが、その日も遺体が発見された

遺体の収容。左から２人目のあじろ笠が山田和尚

小学校の校庭に自衛隊連絡用ヘリが飛来

自衛隊の通信隊。他に緊急連絡の方法がなく、重宝であった

自衛隊員による捜索活動。60名が10月２日から４日間の応援

高原公民館。強風で屋根瓦が捲れるなどの被害。前の角材は近くの自天王神社の用材であり、風も相当強かったことが分かる

高原村道の仮設工事。用材は現地調達で生木のままで

昭和40（1965）年９月、現地で７周忌が営まれた

⑯迫《さこ》１――佐本《さもと》・宮の平《みやのだいら》

村の行政の中心地であるこの辺りには、役場をはじめとして警察、郵便局、法務局（登記所）、銀行、関西電力などがある。幸いにもこれらの機関に被害はなかったが、いずれも停電や電話の不通といった事態となった。また、関西労災病院も無事ではあったが同じく停電のため、大勢の急患が運び込まれても満足な治療ができなかった。

被害は、西谷、東谷、亥の道谷の氾濫であった。丹生川上神社が吉野川沿いに神域を広げていることで、周辺の保護につながったのではないかと思われる。そして、対岸の川上第二小学校が無事であったことも幸いした。講堂は、長い間にわたって救援物資の集配に利用されることになった。

かつて誰もが経験したことがない有史以来の災禍を受けたわけだが、村と関係するそれぞれの機関が復旧や救難に大きく貢献してくれた。電気にしても、地域によってばらつきはあるが半月ほどで通電された。また、警察や県の出先機関土木出張所、福祉事務所、県税事務所などの人たちには大いに助けられた。

佐本は、大正15（1926）年10月と昭和４（1929）年７月に大火に見舞われており、役場や小学校が全焼したという災害史もある。

あまりにも変わり果てた場景にただ茫然とする

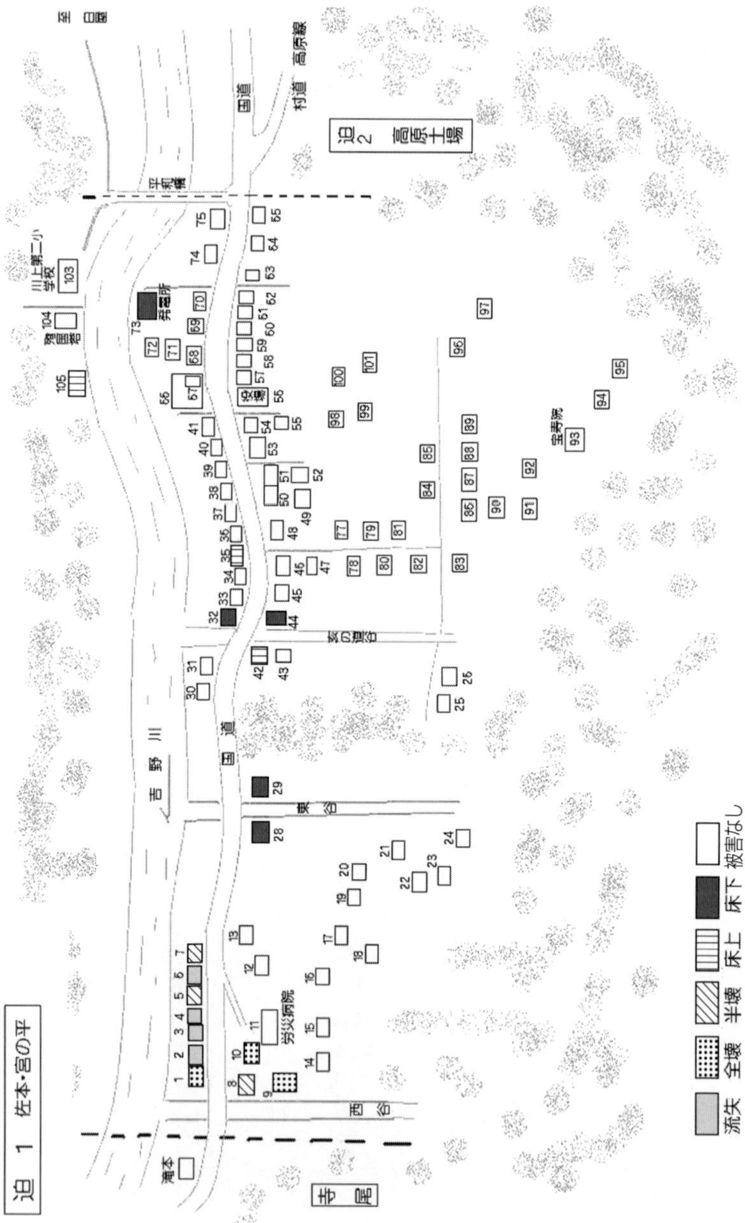
迫　1　佐本・宮の平
迫2　高原土場
吉野川
国道
村道　高原線
平和橋
西谷
東谷
労災病院
役場
発電所
川上第二小学校
寺尾
滝本
流失　全壊　半壊　床上　床下　被害なし

No.	通称地名	世　帯　主	人数	全壊等別	原因　状況等
1	下迫　佐本	大西　桂子	2	全壊	吉野川増水と西谷　岩藤（大西）
2		森下　房枝	1	流失	〃
3		村営住宅		〃	吉野川増水 医師 和田
4		々		〃	〃　　松浦
5		大西　佐之助	7	半壊	〃
6		古西　つる子	4	流失	〃（天理教）
7		阪田　重太郎	6	半壊	〃
8		天理教　分教会		〃	西谷増水
9		杉本米吉鶏舎		全壊	〃
10		関西労災病院車庫		〃	〃
11		関西労災病院			川上診療所
12		津本　義郎			
13		紙谷　先契			
14		植松　チク			
15		杉本　隆二郎			
16		津本　昇一			
17		熊野　利治			
18		辻内　重一郎			
19		竹田　一男			
20		上田　和男			
21	ババ出	熊野　若治郎			
22		紙谷　小雪			
23		中川　欣司			
24		奥田　惣一			
25	宮の平	村井　福松			
26		中村　高久			
27					
28	佐　本	津本　治		床下	東谷氾濫
29	宮の平	杉本　佐一郎		〃	〃
30		中平　慶宏			
31		大西　キミ			
32		消防団詰所		床下	吉野川増水
33		南都銀行川上支店			
34		福本　五郎			
35		上西　喜一郎		地下床上	吉野川増水
36		上垣　博			

No.	通称地名	世　帯　主	人数	全壊等別	原因　状況等
37	宮の平	杉本　益夫			
38		中平　鼎			
39		中平　勝			
40		森脇　猛			
41		畑山　淑子			
42		津本　一男	4	床上	亥の道谷増水（大西キミ）
43		大西倉庫			
44		山本　達雄	3	床下	亥の道谷増水
45		川上山林労働組合			
46		中村　喜一			
47		新井司法書士事務所			
48		迫タクシー車庫			（津本一男）
49		法務局川上出張所			
50		川上村森林組合			
51		川上郷木材林産協同組合			
52		迫　巡査駐在署			
53		大西　義美			
54		畑山別館			
55		川上村役場会議室			
56		川上村役場			
57		関電迫営業所			
58		役場　倉庫			
59		倉向　清屯			
60		岩城　常子			
61		岩城　ミツエ			
62		岩城　治郎			
63	平和垣内	森脇　まつえ			
64		前田　末次			
65		大辻　利雄			
66	宮の平	丹生川上神社			
67		梅本　寛明			（宮司）
68		横谷　純策			
69		松葉　礼一作業場			
70		奥田　四郎			
71		上平　庄一郎			
72		上平　尚司			
73		関電迫発電所		床下	吉野川増水
74	平和垣内	枡田　行正			

No.	通称地名	世　帯　主	人数	全壊等別	原因　状況等
75	平和垣内	迫　郵便局			井阪正之
76					
77	宮の平	上北　良蔵			
78		紙谷　秀二郎			
79		中平　荒蔵			
80		上平　盛一			
81		渡辺　文治			
82		迫　公民館			
83		津本　武志			
84		上垣　衛門			
85		福川　徳			
86		楠本　喜久男			
87		福嶋　卯一郎			
88		福住　明			
89		中北　清三郎			
90		植松　まさ子			
91		中居　源三			
92		松中　孝男			
93	上　出	宝寿院　重森栄信			
94		上田　実			
95		北西　徳松			
96	宮の平	広田　信夫			
97		上平　ユウ子			
98		山家　利雄			
99		奥田　寅冶			
100		寺町　佐太郎			
101		光野　繁			
102					
103	白　屋	川上第二小学校			
104		殉国塔			
105		桝谷　五郎	4	床上	吉野川増水

吉野川の増水と西谷の氾濫による被害が中心である。杉本鶏舎が全壊で思わぬご馳走の一幕もあったようだ。前方は関西労災病院迫診療所

平和垣内。農協迫本部が被災した付近

右岸、川上第二小学校講堂と殉国塔。その下、白屋地区の1戸床上被害

昭和4（1929）年7月の佐本の大火の様子。学校、登記所等57戸が焼失している

⑰迫《さこ》2――高原《たかはら》土《ど》場《ば》（迫地区は東西に長いため二つに分けた）

高原土場は全滅に等しい被害を受けた。容赦なく降り注ぐ風雨のなか、吉野川の増水で次々と家屋が流されていった。高原川の出合で流れが変わり、頭の上では村道の高原線が崩壊し、実家へ救援に行った人が濁流に飲み込まれていったという、この世の地獄とも言える事態となった。また、農協本部も被害を受け、特に倉庫が流失したことが悔やまれた。

道俊橋がこの台風のわずか3か月前に竣工したが、高原川の激流が直進して流域を変え、元の河川地が応急仮設住宅用地となってしまった。その後、国道が復旧したことで新旧の道俊橋が二つ並ぶことになった。また、応急の桟道ができるまでは平和橋の横から川へ下って河原を歩いたが、高原川は水量も多く、雨が降るとよく仮設橋が流されて通行ができなくなることがあって、特に冬の日が短い時期には荷物を持っての道中は並大抵のことではなかった。正月までにはバスを何とか通して欲しい、というのがみんなの願いであった。

この高原土場においても、山手の村道高原線の工事とも重なって難工事となった。なんとか12月5日に待望のマイクロバスが柏木に向けて走ることになったが、そのすべてが仮道であるため建築資材を運ぶわけにはいかず、袋入りのセメントだけを持ち込み、現地の河原で砂や砂利を調達してコンクリートを生成し、高原の工事現場などには高原土場から架線で搬送するという状況であった。

高原土場のこんな状況のなかで、12月5日待望のバスが運行した

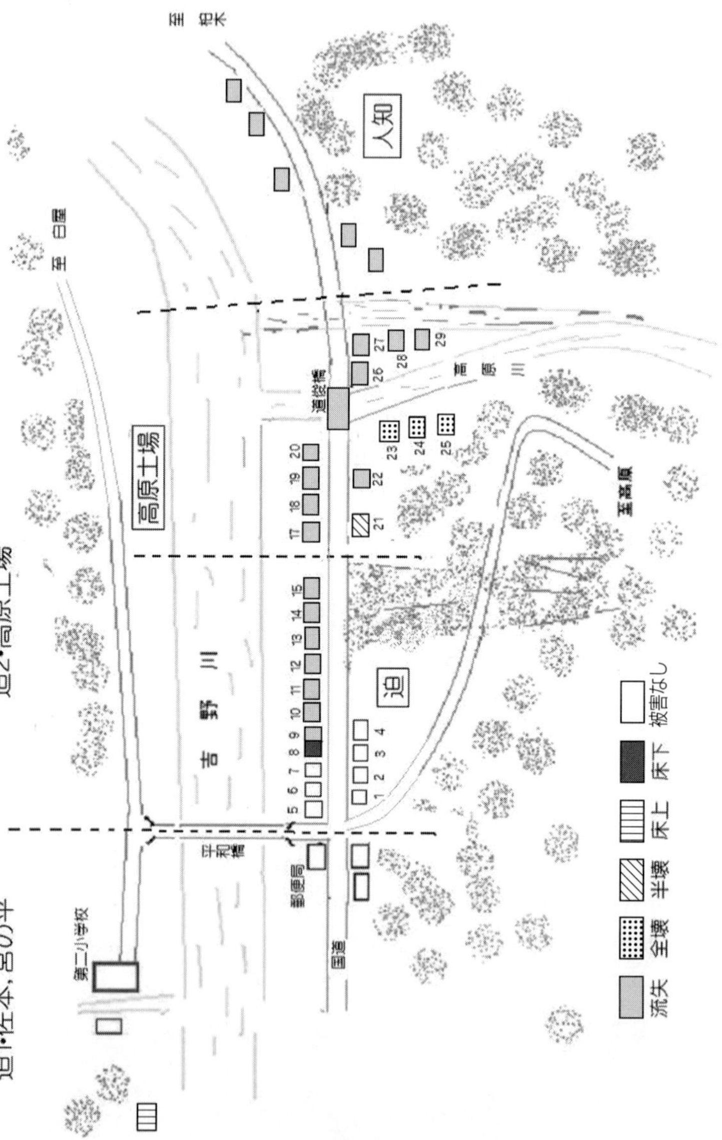
迫1・佐本，宮の平
迫2・高原土場
第二小学校
至　白屋
至　柏木
高原土場
吉野川
平和橋
郵便局
国道
5 6 7 8 9 10 11 12 13 14 15
17 18 19 20
道俊橋
1 2 3 4
迫
21 22 23 24 25 26 27 28 29
高原川
人知
至高原
流失
全壊
半壊
床上
床下
被害なし

No.	通称地名	世　帯　主	人数	全壊等別	原因　状況等
1	平和垣内	奈良　武治車庫			
2		山本　泰史			
3		岩本　吉包			
4		栗山　友一			
5		笹井　隼敬			
6		川上合同運送			
7		奈良　昭三			
8		川上農協本部事務所		床下	吉野川増水
9		々　倉庫		流失	〃
10		栗山　政次郎	3	〃	〃
11		山谷　雄造	5	〃	〃　と山腹崩壊
12		森本　隆祉	2	〃	〃
13		林　フジ	1	〃	〃（上西栄子受難）
14		松中　善一郎	6	〃	〃
15		井阪　盛蔵	6	〃	〃
16					
17	高原土場	金沢　文吉	3	流失	吉野川増水
18		栗山　義直	7	〃	〃
19		南　ハルノ	1	〃	〃
20		空家		〃	〃（南ハルノ）
21		山西　為一	8	半壊	〃
22		空家		流失	〃（南ハルノ）
23		〃		全壊	高原川増水（南　音松）
24		横山　久則	4	〃	〃
25		今田　福松	5	〃	〃
26		吉田　規一	5	流失	吉野川と高原川増水
27		栗山　寅三	4	〃	〃
28		中平製材所		〃	〃
29		石田　長人	2	〃	〃

注：迫地区の平和垣内の地域を高原土場と一緒に扱った。

迫。平和垣内より上流の高原土場を撮影したもの。前方に高原川の流れが見えるが、この川筋には家屋が軒を連ねていた。復旧工事も村道高原線と重なり難工事であった

上流側から撮影したもので、村道高原線の痕跡はまったく分からない

高原川の出合。川の流れが変わり、3か月前に竣工した道俊橋が砂利で埋まっている

急ピッチで仮設道路の建設が進められた。下は国道、上に高原村道

雨が降ると高原川に架けられた桟道が流され、よく通行止めとなった

冬の渇水期を見込んで、本流一帯が復旧のための工事作業場となった。左前方に平和橋が見ることができる。袋入りセメントだけが持ち込まれ、ここでコンクリートが煉られて、高原方面には架線で運ばれた

以前河川であった所に仮設住宅が建てられた。きしくも、道俊橋の欄干がガードレールになった。不自由であったが、みんなの表情は明るかった

⑱北塩谷《きたしおだに》（概略図は「⑲寺尾」と共用）

逆巻く激流を押しのけて、川向こうから人を運んできた巨大な山崩れ、そして急激な水位の変化によって家の足元がどんどん削り取られていった。橋は流失し、夜が明けるのを待ちかねて、山道を伝って怪我人を搬送した。この地区の人たちは、大きな台風がやって来ると覚悟はしていても、まさかこんな災害に遭うとは夢にも思っていなかったであろう。

毎年、全国のどこかで災害が発生している。最近では、「都市型の水害」と呼ばれる人災とも思える災害も多い。しかし、この北塩谷地区が受けた被害は、天災のなかでも極めて特異なケースであろうと思われる。激流に向けて山が崩れ、それがいっきに土石ダムを形成して水位を瞬く間に上げ、続いてそれが崩壊する。それにつれて足元の屋敷が削り取られていく。長い恐怖のなかでの、短い時間の出来事であったのかもしれない。まざまざと、水の力、巨大な自然の威力を見せつけられたことになる。

ここも、総動員で仮橋の架橋、物資の確保に野猿《やえん》の設置と、かなり長きにわたって不自由な生活を強いられた所である。小型車の通行が可能となった新しい橋は、昭和37（1962）年５月に再建復旧した。

災害前の集落。川側には大きな樹木や竹が茂り、十分な護岸がうかがえる中央の森周辺が宝泉寺と天武天皇神社

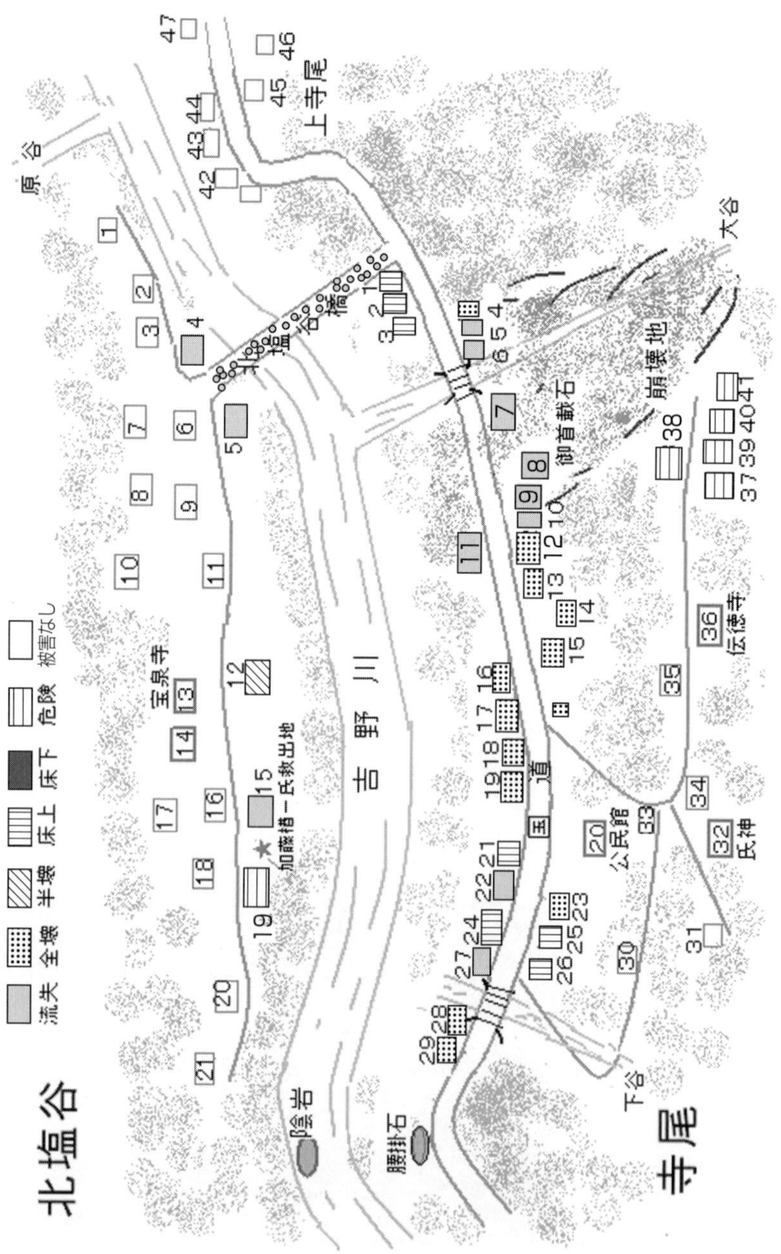

北塩谷
寺尾
吉野川
上寺尾
原谷
大谷
下谷
北塩谷橋
崩壊地
御首載石
伝徳寺
氏神
公民館
宝泉寺
加藤猪一氏救出地
陰岩
腰掛石
道
流失
全壊
半壊
床上
床下
危険
被害なし

北 塩 谷

No.	通称地名	世　帯　主	人数	全壊等別	原因　状況等
1	原　出	上田　雄一	4		
2	〃	上田　三郎	5		
3	〃	上田　九一郎	7		
4	〃	大西　智一	7	流失	吉野川本流増水
5	〃	植田　宗男	6	〃	〃
6	〃	上西　康公	4		
7	〃	大西　英彦	7		
8	〃	大西　章中	4		
9	〃	上村　喜信	3		
10	〃	山家　和男	6		
11	〃	上西　規雄	4		
12	西　出	寺口　誠一郎	5	半壊	吉野川本流増水
13	〃	宝 泉 寺			
14	〃	天武天皇神社			(大西助五郎ノ碑)
15	〃	中西　道明	5	流失	吉野川本流増水
16	〃	福本　定郎	5		
17	〃	上村　員弘	5		
18	〃	福本虎之祐	5		
19	〃	上村　喜八郎		危険	解体移転
20	〃	上西　伊之祐	5		
21	〃	山家　康	4		

「川上村の東尋坊」と呼ばれていた所の崩壊地。左下の建物の上手付近に寺尾地区在住の加藤楢一氏が川を越えてやって来た。建物右手が宝泉寺

寺尾から見た北塩谷西出地区

北塩谷橋と付近の家屋が流失。流木を使っての応急橋を人が渡っている

まもなく、みんなの手で立派な吊橋が完成。ひとまず安心して通勤通学

復旧資材や生活物資の搬入輸送にと野猿が設けられたが、増水の時にはやむを得ず児童・生徒たちも運んだ

⑲寺《てら》尾《お》（概略図は「⑱北塩谷」と共用）

地すべりなのか、山津波というのか、大谷の大崩壊が寺尾地区のみならず対岸の北塩谷にも大きな被害をもたらした。直接的な災害は免れたものの、二次災害の恐れがあるということで移転・退去の家屋も発生した。

北塩谷橋付近の家屋が一番危ないということで、北塩谷からも応援があるなど、いつになく厳戒態勢で台風の接近に備えたようである。

谷の際にある加藤さん宅も山手の親戚宅に避難し、早くから対応していた。午後7時前後、暴風雨が少し和らいだように思って、着替えのための衣類を取りに家に戻った。2階に上がってすぐに地すべりに巻き込まれ、家もろとも対岸の畑に放り出された。大声で助けを呼び、北塩谷の人に助けられたが（189ページの写真参照）、夜が明けるのを待って山越えで病院に行くという状況であった。片足をなくしたものの奇跡的に一命は取り留めたが、一緒に付き合ってくれた親戚の加藤さんが1階にいて、帰らぬ人となった。

国道筋は全壊という惨状で、老人も一名が犠牲となり、さらに山手のほうでも地すべりの拡大が予想されることから数軒に対して退去の措置がとられた。第1章で述べた後南朝の悲しい物語もあるが、また悲劇が起こったのである。

崩壊地より上流で流失した吊橋付近。土砂ダムができた時は相当な水位であったと思われる。ここから上寺尾へは、かなり国道が上がっていた

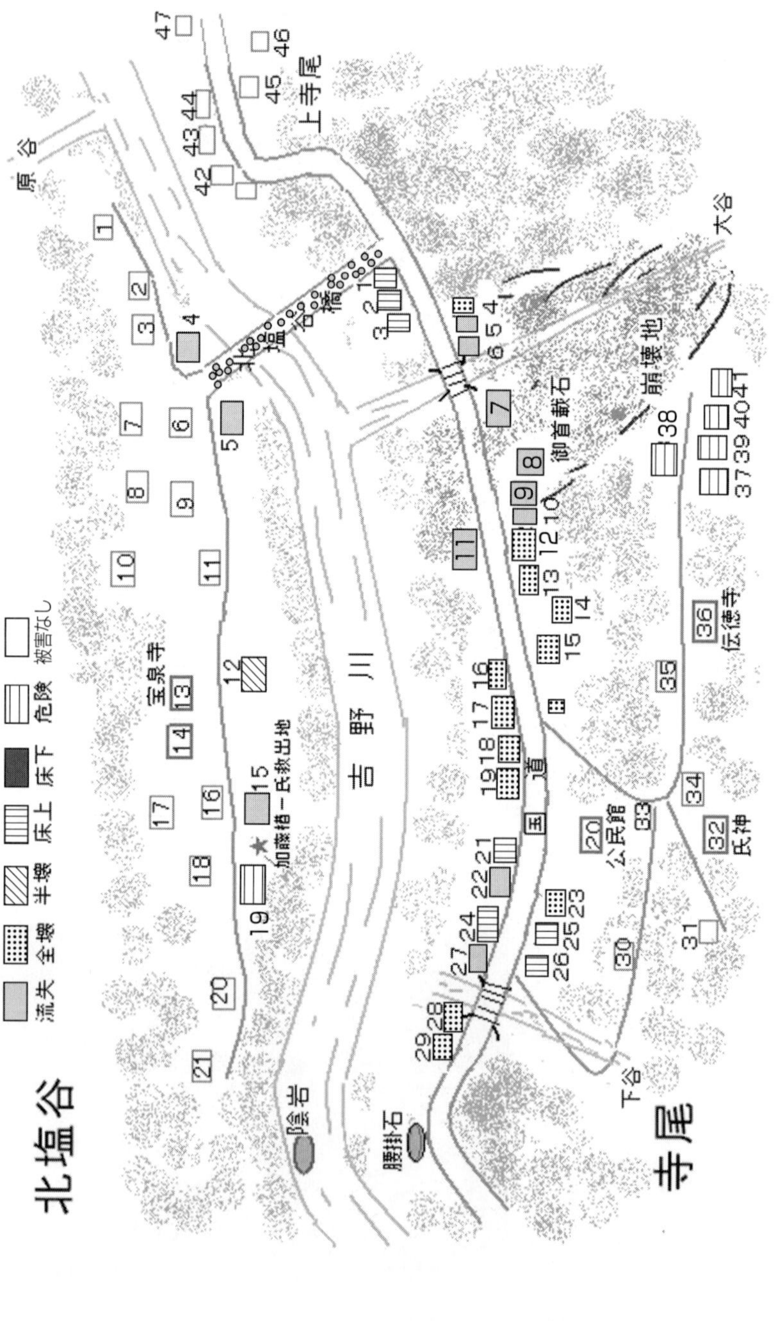
北塩谷
寺尾
流失
全壊
半壊
床上
床下
危険
被害なし
原谷
上寺尾
北塩谷橋
吉野川
道
宝泉寺
加藤措一氏救出地
陰岩
腰掛石
御首載石
崩壊地
大谷
伝徳寺
公民館
氏神
下谷

寺　　尾

No.	通称地名	世　帯　主	人数	全壊等別	原因　状況等
1	橋戸道の下	大西醤油工場		床上	吉野川本流の増水
2	〃	塚田　マスヱ	3	〃	〃
3	〃	西村　洋五郎	1	〃	〃　労災病院技師（大西増治郎）
4	〃	中平コツル倉庫		全壊	山崩れ
5	〃	中平　楢義	2	流失	〃
6	〃	大辻　延二郎	5	〃	〃　（石橋達太郎）
7	茶　出	加藤　楢一	5	〃	〃　（楢一氏対岸で救出）
8	〃	御首載石		〃	〃
9	〃	梅本　助三郎	4	〃	〃
10	〃	地蔵尊		〃	〃
11	〃	加藤　信夫	3	〃	〃　本流の増水
12	茶垣内	米田　守男	3	全壊	〃　（加藤義明）
13	〃	加藤　尚正	6	〃	〃　（加藤信夫）
14	〃	井上　喜久治	4	〃	〃
15	〃	藤田　裕子	2	〃	〃
16	〃	中井　源吉	4	〃	〃
17	〃	伊藤　丑松	3	〃	吉野川本流の増水　（丑松氏受難）
18	〃	伊藤　製材所		〃	〃　（伊藤丑松）
19	〃	岩本　輝夫	4	〃	吉野川本流の増水
20	〃	公民館			
21	カケイワ	伊藤愛造　倉庫	非	床上	吉野川本流の増水
22	〃	伊藤　愛造	4	流失	〃
23		小林　平二	2	全壊	〃　（伊藤愛造）
24	〃	伊藤　力松	7	床上	〃
25	〃	風呂場倉庫		〃	〃　（伊藤力松）
26	〃	風呂場		〃	〃　（梅本美代松）
27	〃	梅本　美代松	6	流失	〃
28	〃	阪本　憲司	5	全壊	〃
29	〃	栗山　光男	5	〃	〃　（辻本作造）
30	薬師垣内	向井　文三郎	7		
31	〃	向井　福松	6		
32	〃	氏神神社			
33	〃	加藤　利治	1		
34	〃	加藤　茂	3		
35	〃	加藤　信夫			（11の別宅）
36	〃	伝徳寺			
37	〃	伊藤　テイ	3	危険地	崩壊地の上

No.	通称地名	世　帯　主	人数	全壊等別	原因　状況等
38	薬師垣内	伊藤　良久	6	危険地	崩壊地の上
39	〃	中平　楢義	4	〃	〃
40	〃	加藤　良三	3	〃	〃　（良三氏加藤楢一宅で遭難）
41	〃	岩本　末子	4	〃	〃
42	上寺尾	小林　忠夫	5		
43	〃	梅本　宗次	5		（伊藤良久）
44	〃	上村　喜八郎	3		（石橋儀一郎）
45	〃	皿江　義之助	5		
46	〃	岩田　静男	3		
47	〃	滝本　喜代治	4		

台風前の寺尾の家並み。全滅の事態となった中央の２階建ての家は図17の家屋

上の写真より下流の所。
左の白壁の建物は公民館

大谷の地すべりの跡

地すべりの上部

堆積土砂の上を越えて

ぬかるみに手近かの材木を寄せて道にした

図15、17付近。いずれも国道を挟んでの状況

家の裏は川が迫っていたが、土砂で埋まっている

⑳大滝《おおたき》

私が住む大滝地区は、吉野川の流れをいったん抱きかかえるように受け、右に大きく抜けていくといった地形をしているため、水位の上昇が顕著な所である。そのため、流木が滞留したため被害を増大させた。また、すぐ下流に音無川が流れ込んでいることも影響したと考えられる。

本章の冒頭でも述べたように、当日の夕方6時頃から国道に水があふれ出し、川筋の家屋をワイヤーで縛って固定しても、10メートル以上もある根っこのついた流木が容赦なく柱を折り、潰すことで吉野建ての地階の部分から壊れ流されていった。寺尾の山崩れは午後7時前後だと聞いているが、特にその影響があったとは思われない。

真っ暗ななか、風雨と川の音、そして「メリメリ」とか「バリバリ」といった建物が壊れる音を聞きながら事態の確認をするしかなかった。夜中の12時頃には雨も風も止んだので外に出てみたが、地上に放り出された古株が放つ青白い光が不気味であった。

土倉邸も、半壊というものの全壊と言えるほどの被害を受け、後日、解体された。郵便局は床下浸水程度で免れたが、巡査駐在所が流失し、仮事務所を設けていたが、翌年、いち早く土倉家敷の一部を譲り受けて再建された。コースが変更された国道は、以後も冠水の恐れがあるということで路面はコンクリートで施工された。

西河の滝の上。国道に大量の流木や家財用具類も積み上げがっている

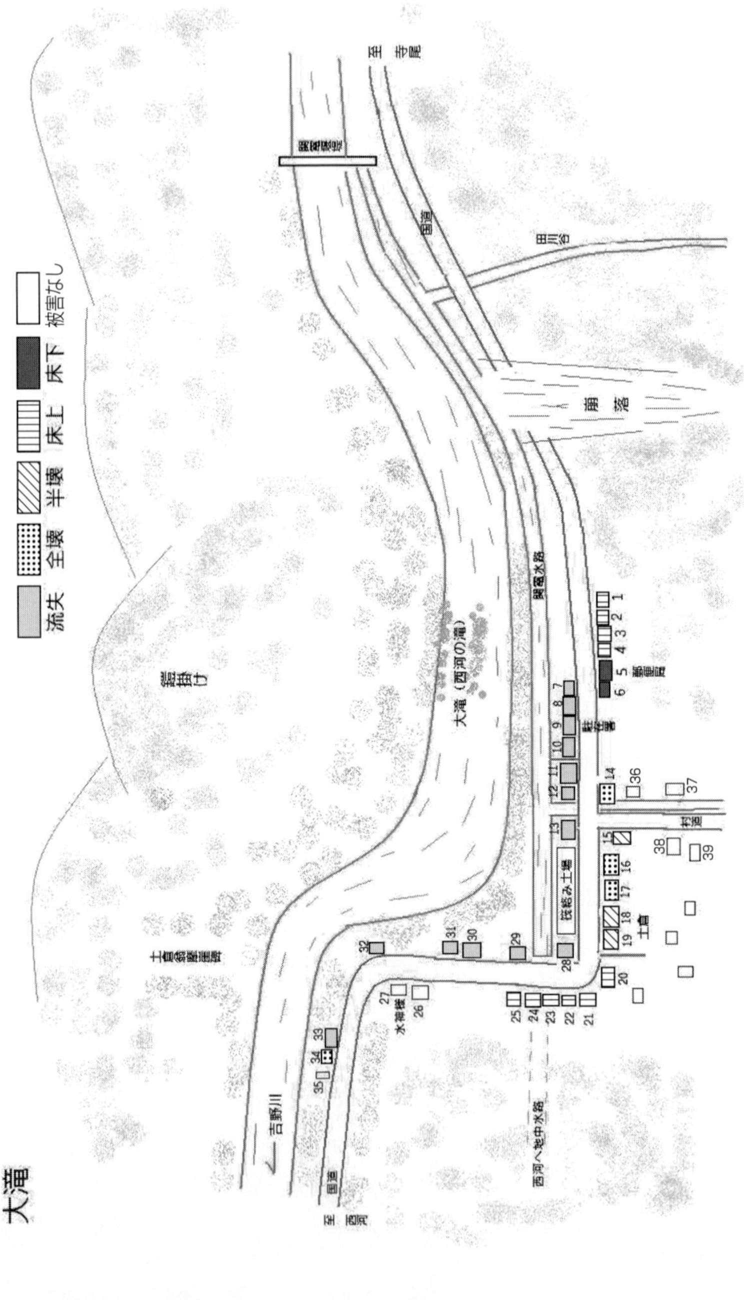
大滝
流失
全壊
半壊
床上
床下
被害なし
至 寺尾
国道
田川谷
崩落
発電水路
大滝（西河の滝）
筏組み土場
土倉
村道
水神様
吉野川
国道
至 西河
西河へ地中水路
1
2
3
4
5
6
7
8
9
10
11
12
13
14
15
16
17
18
19
20
21
22
23
24
25
26
27
28
29
30
31
32
33
34
35
36
37
38
39

No.	通称地名	世　帯　主	人数	全壊等別	原因　状況等
1	滝の上	竹田　昌司	7	床上	吉野川本流増水
2	〃	新子駒太郎	3	〃	〃
3	〃	松本　寿吉	4	〃	〃
4	〃	上北　大典	4	〃	〃
5	〃	大滝郵便局		床下	
6	〃	松本善三作業所		〃	
7	〃	消防団詰所		流失	吉野川本流増水
8	〃	松本　善三	8	〃	〃
9	〃	大滝駐在署	5	〃	〃　(森田三郎)
10	〃	山本　裕三	5	〃	〃
11	〃	辻井　マスエ	1	〃	〃
12	〃	辻井　利知	2	〃	〃
13	〃	松本善作作業所		〃	〃
14	〃	辻井　義治	7	全壊	〃　横の谷共
15	茶　出	辻井利成倉庫		半壊	〃　(　〃　)
16	〃	橋本弘雄倉庫		全壊	〃
17	〃	桝谷　マサエ	1	〃	〃
18	〃	植田　順子	1	半壊	〃　土倉邸
19	〃	星子　末雄		〃	〃　(　〃　)
20	〃	森口　株治	3	床上	〃　(冨谷利次)
21	〃	冨谷利次倉庫		〃	〃
22	〃	冨谷利次事務所		〃	〃　(台風後駐在所　森田三郎仮居)
23	〃	阪口　　(非住)		〃	〃
24	〃	阪口　藤作	5	〃	〃
25	〃	松本八十吉作業所		〃	〃
26	〃	上東　タマノ			
27	〃	水神社			
28	〃	松本　長次郎	4	流失	〃　(関西電力社宅)
29	〃	松本　八十吉	11	〃	〃
30	〃	辻井　英夫	1	〃	〃　(上北二三夫)
31	〃	上東　タマノ倉庫		〃	〃
32	まんじ端	杉浦　清司		〃	〃　(橋本弘雄)
33	〃	西岡　キイ	1	〃	〃
34	〃	上平　七蔵	2	全壊	〃
35	〃	句　碑			
36	下垣内	辻井商店倉庫			
37	〃	辻井　紀元			
38	〃	川上農協大滝支所			
39	〃	山本　勝			

大津古。米と思われるものを肩に乗せて帰る一団。手前は西河徳蔵寺住職夫妻。高原からお見舞の帰りだろうか

翌日のことで丸太も架けられていない所を通る親娘か。上の写真の電柱が倒れている所

大滝の上。山の崩壊現場

下流側から。応急の道路も完成近し

川筋の家は影も形もなくなった

流失前の国道筋。郵便局、駐在所もここにあった

改良復旧された国道

増水すると流れは真っ直ぐ突き当たり、国道側の上流に向けて逆流する。水位も上がり、流木が折り重なって滞留する

水が引く少し前頃に壊れたのか、
瓦が散らからずに残っている

国道、関西電力の水路にもぴっしりゴミが

水は鋭角で西河へ抜けていく通称「まんじ端」。その後、大滝地区がダムに反対するなか、当時の建設省が突き出た岩場を割り、流れをよくするようにした

災害前のまんじ端の姿で、左の家屋が私の住宅で、真ん中に大きな欅の木があってワイヤで縛ってもらったが、駄目だった

片付けられた国道を買い出しに行く人たち。
「五社越えで行く」と言っていた

離れの２階だけが無傷であった実家。
横の谷も詰まり、村道に水が溢れている

自転車が使えるとなってこんな風景も。
大滝からは、やはり歩いて帰ることに

実家の残骸。上流に向けて流された

土倉邸付近の状況

土倉邸に入った材木の片付け。こんな太い大木が根付きで暴れてはたまらない

12月5日、待望のバスが運行された。大滝まで大型バスで来て2台のマイクロバスに乗り換えた

昭和36（1961）年、国道の改良復旧工事。また水害の恐れがあると、路面はコンクリートで固められている。すべて現地で生成した。駐在所が土倉邸の隣に再建されている

㉑西河《にしかわ》

吉野川の本流に音無川の流れが阻まれて水位が上昇し、鳥屋平では多くの家屋が被害にあい、音無川の上流に位置する上出地区では濁流が堤防を決壊し、家屋が流出するほか、音無川を横切っていた関電の発電用の水路が災いして、川上高校の職員宿舎をはじめ付近の家屋一体が浸水の被害にあった。

当日、大滝で水門を閉じて水路を空の状態にして、水が入り込めば樫尾に流れ出る計算をしていたが、無惨にも台風はそれを上回った。現在、筏の用もなくなった水路はサイフォン式で河床に埋められた。

明治22(1889)年8月19日、世に言う「十津川大水害」の時、西河も水害にあい、全壊や避難家屋9戸という記録が残されている。その時に、一部川の流れを変更するために巨大な石をもって堤防を築いたと言われていたが、この台風でその堤防が崩れ、昔の川の跡に濁流が流れ込んだ。

台風当時、村には車が入れなかったため、物資の調達は人の肩に頼るしか方法がなく、国栖を回って上市方面へ行くにしても相当の時間を要したので、意外に早くて楽な五社峠を越える人たちが多かった。この山道が、一気に明治時代に戻って賑わいを見せたわけである。確かに、矢治の橋が流されており、さらに菜摘を回らねばならないことから考えると、五社からだとすぐに宮滝に着く。ちなみに、現在村に入る主要道路となっている五社バイパスの開通は昭和48（1973）年11月であり、台風直撃から14年後のことである。

鳥屋平地区。左手川上第一小学校、奥に吉野林業学校。右に白倉山から五社峠、仏ガ峰、王峠から吉野山へ。また左は、小倉山八幡さんと山並みが西河集落を包みこんでいるのである。神武天皇の大昔から、どれだけの、またどのような人たちがこの山を越えたのだろうか。台風後しばらくは、生活物資を求める人たちで賑わっていた

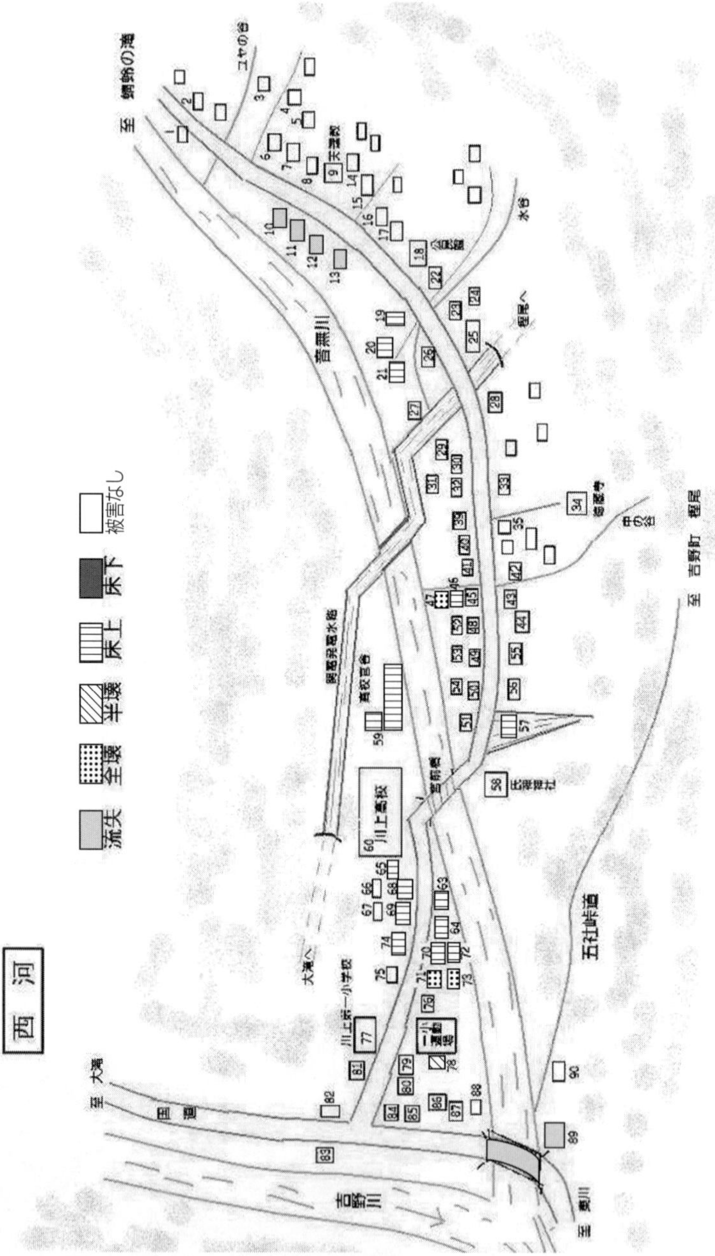
西　河
流失
全壊
半壊
床上
床下
被害なし
川上高校
音無川
吉野川
国道
五社峠道

No.	通称地名	世　帯　主	人数	全壊等別	原因　状況等
1	上　出	松葉　弥一郎	2		
2		大前　実男	5		
3		川岸			
4		森口　賢			
5		新井　健道			
6		中野　晴人	5		
7		高貝　健	5		
8		杉本　菊太郎	1		
9		山口	6		天理教上勢分教会
10		杉本　栄一	5	流失	音無川堤防決壊
11		坂口　文一	4	〃	〃
12		大前　安男	4	〃	〃
13		藤田　徳次	5	〃	〃
14		福井　昭二	5		
15		松井工場			松井宏儀
16	中　出	上平　清吉	2		
17		上平　隆造	5		
18		西河公民館			
19		土倉　源太郎	7	床上	音無川堤防決壊
20		伊藤　正照	4	〃	〃
21		杉本　嘉男	4	〃	〃
22		梅本　秀男	5		
23		橋戸　源次郎	3		
24		坂本　義一			
25		徳田旭由製材所			
26		坂本　欣也	3		
27		大谷　安直			
28		坂口　金一	8		
29		阪東　卯三郎	4		
30		竹田　恒義			
31		林産物検査所			
32		新田　コノ	3		
33		城内　義雄	5		
34		徳蔵寺　辰巳	5		
35		消防団詰所			
36					
37					
38					

No.	通称地名	世　帯　主	人数	全壊等別	原因　状況等
39	下　出	伊藤　敏行	5		
40		岡本　吉央	4		
41		徳田　旭由	4		
42		藤田　政行			
43		橋戸　元丈	5		
44		岡本　仁利	5		
45		下西　弥太郎	5		
46		福田　キミエ	2	床上	関電水路が流水を遮断氾濫
47		兼元　宗幸	2	全壊	関電水路が流水を遮断氾濫
48		寅本　實雄	5		
49		上西　伝太郎			
50		上田　角兵衛			
51		伊東　一雄			伊東幸夫
52		森脇　市太郎			
53		牧山　昭太郎			
54		高貝　浩司			
55		大前　庄市	6		
56		大前　芳博	5		
57		阪本　ウノ	2	床上	裏山の噴き水
58		氏神　十二社神社			
59		川上高校教員官舎	12	床上	関電水路が流水を遮断氾濫
60		県立川上高校	戸		
61					
62					
63	鳥屋平	徳田　嘉一郎	5	床上	音無川増水と吉野川の逆流
64		西川　藤一郎	6	〃	〃
65		山田　満	5	〃	〃
66		河西　ミツエ			
67		岡本　守男			
68		前川　君子	2	床上	音無川増水と吉野川の逆流
69		寅本實雄倉庫		〃	〃
70		中澤　忠造	8	〃	〃
71		紺谷　安太郎	3	全壊	〃
72		菊谷義一倉庫		床上	〃
73		中家　基雄	6	全壊	〃
74		紺谷　安治	5	床上	〃
75		井谷　守一			
76		高貝　兼吉	3		
77		川上第一小学校			

No.	通称地名	世　帯　主	人数	全壊等別	原因　状況等
78	鳥屋平	第一小学校教員住宅		半壊	暴風による
79		山本　徹	5		
80		杉本　哲太郎	3		
81		山本　春一	6		
82		大前　次男	6		
83		井口　義信	6		
84		枡田　留八	4		
85		中西　重男	4		
86		杉本養鶏場			
87		中西　正一	4		
88		岡　　タミ子			
89		松本　綱太郎	2	流失	吉野川の増水
90		宮澤　正信	3		

国道が吉野川の増水でえぐり取られている

国道に架かる西河橋。国道の石積みとともに崩落

第一小学校の職員住宅の屋根が校庭に飛ばされていた。結構、風も強かった

鳥屋平地区。音無川の水が本流に押し戻され水位が上昇し、多くの家屋が浸水した

徳蔵寺横の中の谷が増水し、村道にオーバフロー。急遽の応急処置

音無川を横切っている関電の水路のために
流木が引っ掛かり、周辺に被害が発生した

上の写真と同じ。ぎっしりと流木が詰まり、前方に見える高校の職員官舎にも被害を及ぼした

音無川を横切る関電水路。人が立って歩けない高さであった。現在、水路は川の底に埋められている

流木で詰まったうえ大量の土砂も流れ込んで氾濫。床上などの被害が多く出た

畑なども含めて広範囲に冠水した

このように床下にも浸水

㉒東川《うのがわ》——依引《えびき》

青木の川上第一中学校の運動場は国道の下にあるため、昭和28（1953）年の台風13号の際にも冠水したことがある。上流からまともに水を受けるような位置にあり、付近の住宅とともに流失した。平成2（1990）年9月の台風の時も、木工センターの機材が冠水被害を受けている。

依引地区の少し上流に遊水池の機能を有している「布本《ぬのもと》」という比較的広い土地があるが、伊勢湾台風には通用しなかった。下流にある住吉橋の辺りは両岸が迫り、狭くなっていることから水位が上昇しやすく、石垣で一段高い所にある2戸の家屋以外被害を受けた。この地区も、国道が狭く見通しが悪かったことから、現在のように改良復旧がなされた。

「依引」という地名であるが、「衣引」とよく表示されており、私にはどちらを選択すればよいか分からなかった。戦中、小学校で郷土史を習ったとき、神武天皇がこの地を通った際に衣を引っかけたことから「エビキ」と呼ぶようになったと教わったのだが、漢字がどうだったのかは覚えていない。奈良交通のバス停の表示が以前から「依引」だったし、地元の人に尋ねると「依引」と答えられたので、私も「依引」と記すことにした。

川幅の狭まっている図27、28付近より上流の様子。家の姿があるものの一地区壊滅の状態であった

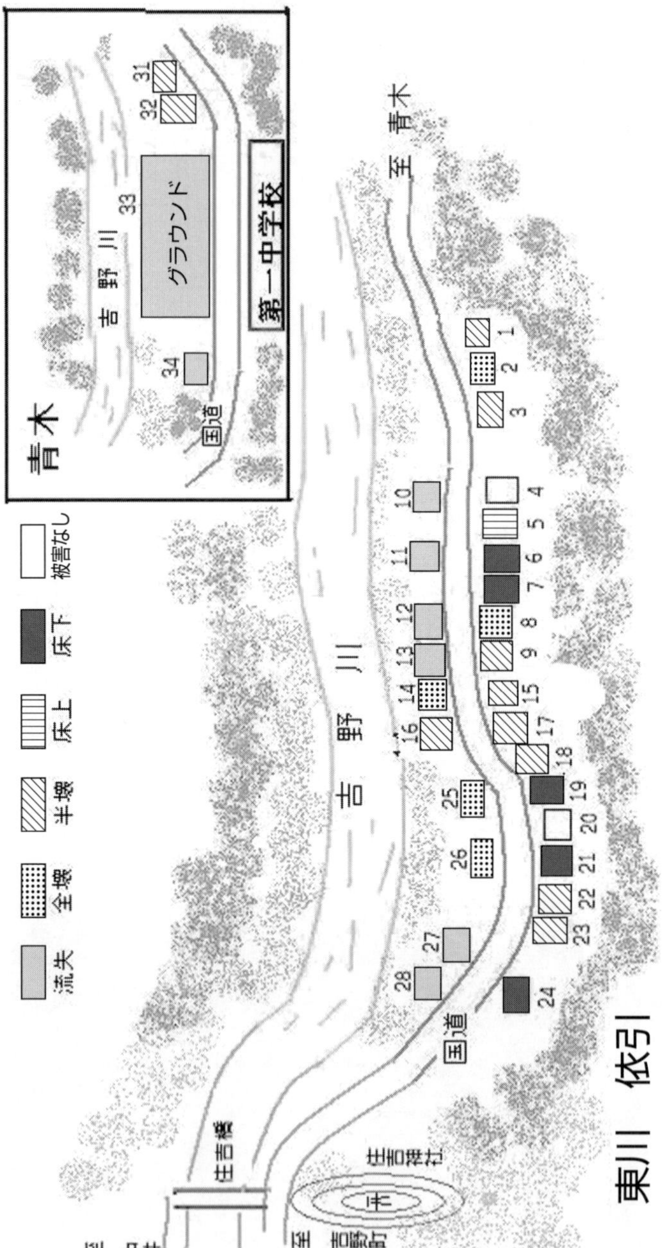
流失
全壊
半壊
床上
床下
被害なし
青木
吉野川
グラウンド
第一中学校
国道
31
32
33
34
至 青木
吉野川
1
2
3
4
5
6
7
8
9
10
11
12
13
14
15
16
17
18
19
20
21
22
23
24
25
26
27
28
国道
東川　依引
住吉橋
住吉神社
至 中井
至 吉野町

No.	通称地名	世　帯　主	人数	全壊等別	原因　状況等
1	依　引	枡　源助倉庫		半壊	吉野川本流の増水
2	〃	山本　善男	4	全壊	〃
3	〃	枡　　源助	5	半壊	
4	〃	阪口　文男	4	無被害	吉野川本流の増水
5	〃	寺尾　信恵	1	床上	〃
6	〃	梅本　昌男	5	床下	〃
7	〃	辻本　文輔	3	〃	〃
8	〃	金谷七郎倉庫	非	全壊	〃
9	〃	金谷　七郎	6	半壊	〃
10	〃	松谷　栄吉	5	流失	〃
11	〃	加藤　松治郎	6	〃	〃
12	〃	金谷七郎倉庫		〃	〃
13	〃	今西　楠太郎	非6	〃	〃
14	〃	岡本　博之	5	全壊	〃
15	〃	岩井　大治郎		半壊	〃　（離れ）
16	〃	岩井　大治郎	9	〃	〃
17	〃	辻本　猛	8	〃	〃
18	〃	岩本　方一	4	〃	〃
19	〃	新子　政隆	6	床下	〃
20	〃	仲西　照実	6	無被害	
21	〃	松本　勇	6	床下	吉野川本流の増水
22	〃	鍵　武雄	6	半壊	〃
23	〃	近藤　俊充	2	〃	〃
24	〃	大西　昇治	3	床下	〃
25	〃	周木　正二	5	全壊	〃
26	〃	小西　又十郎	5	〃	〃
27	〃	山本　末治郎	7	流失	〃
28	〃	山本　五郎	5	〃	〃
29					
30					
31	青　木	菊谷　勇　木工所		半壊	吉野川本流の増水
32	〃	菊谷　勇	9	〃	〃
33	〃	川上一中グラウンド		流失	〃
34	〃	沼田　與勝	6	〃	〃

上流から下に向かって、川側の家は流失した

国道に散乱する流木

少し片付けられた国道であるが、これから家屋をどうするのだろうか……

㉓東川《うのがわ》——中井《なかい》

　集落の上流にある中井川に架かる林道の橋が流れを阻止したのか、濁流と流木が一気に村道に流れ込んだようである。村道沿いの家屋は、突然の洪水のために、家財を運び出すこともできないまま恐ろしい夜を迎えたようである。

　中井川の両岸に家屋が建ち並び、この地区だけでも、他の区に負けない人たちが住んでいる。この中井谷は、東吉野村との村境である足ノ郷越えをひかえ、かなりの流域を抱えており、平素はこの山々は雨を吸収し、自然のダムの役目を果たしてきた。しかし、この時の大雨には耐えられなかったようである。

　立木が流木となり、土砂を伴って下流域一体に流れ込み、道も畑も河原と化したのである。中井川の出合では流れが吉野川に阻止され、河床が上がって被害個所が増大したほか、裏山が抜けて土石が直撃した家屋があったが、これは村内でよく心配されるところの災害である。

　普段は静かな佇まいを見せる寺谷も氾濫した。そんななか、高所に位置し、隣り合って立つ長い歴史のある烏川神社と運川寺が風の被害を受けることもなく無事であった。この神社とお寺を舞台に毎年行われている行事である「弓祝式」は、904（延喜４）年、東《ひがし》弥《や》惣《そう》という弓の名人が悪魔を退治したことに由来すると言われており、御朝拝式より前のことであることに驚いている。

村道を挟んで建て込む家屋の軒先まで流木が積み上がっている

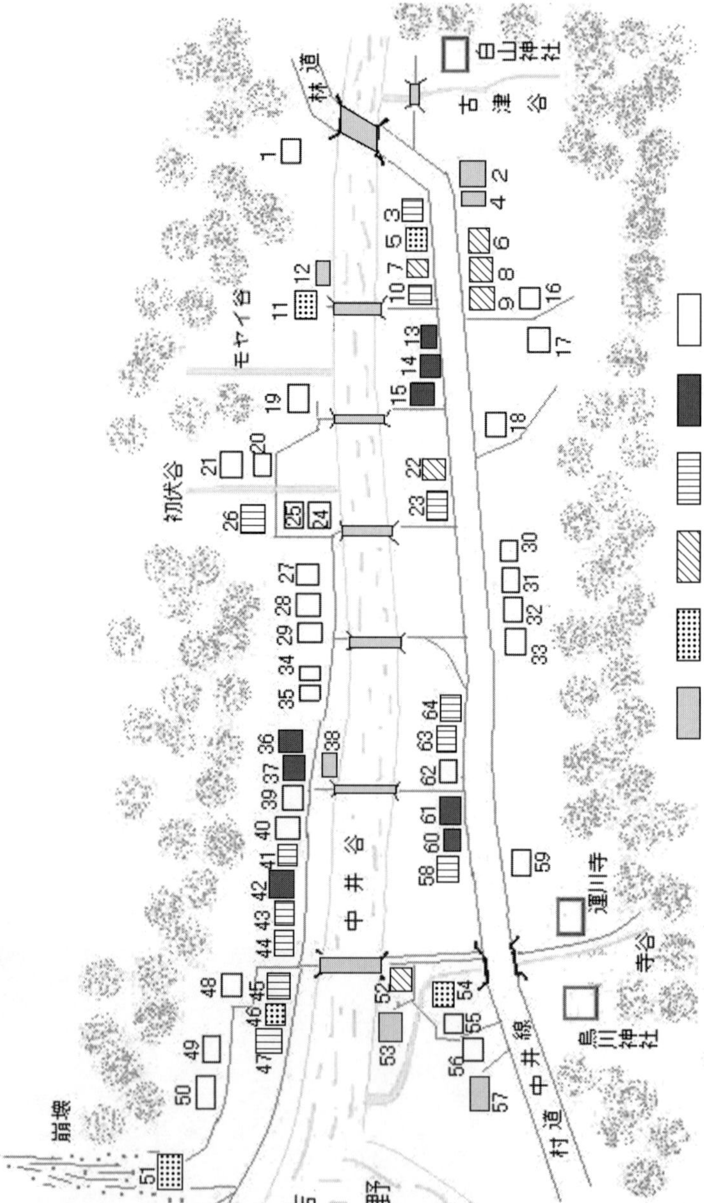
白山神社
古津谷
林道
モヤイ谷
初伏谷
中井谷
運川寺
寺谷
烏川神社
村道中井線
崩壊
吉野川
東川中井
流失
全壊
半壊
床上
床下
被害無

No.	通称地名	世　帯　主	人数	全壊等別	原因　状況等
1	上中井	桝井　磯義			
2	〃	桝井　善信	4	流失	中井谷増水　土石流
3	〃	仲平　健一	7	床上	〃
4	〃	同　上（離家屋）		流失	〃
5	〃	福田　伊三郎	4	全壊	〃
6	〃	鉄崎　武司	4	半壊	〃　（全壊）
7	〃	辻本　安太郎	6	〃	〃　（〃）
8	〃	小向　豊四郎	5	〃	〃　（〃）
9	〃	仲平　慶雄	7	〃	〃　（〃）
10	〃	大前　四郎	4	床上	〃
11	〃	徳田　康	7	全壊	〃　屋敷前庭崩壊
12	〃	同　上（離家屋）		流失	〃
13	〃	坂田初男	8	床下	〃
14	〃	出口　辰夫	6	〃	〃
15	〃	大前　重司	6	〃	〃
16	〃	西本　章			
17	〃	上木　一郎			
18	〃	大前　一雄			
19	〃	小林　善清			
20	〃	辻本　福			
21	〃	福井　ヤスノ			
22	〃	萩本　月子	1	半壊	中井谷増水　土石流　（床上）
23	〃	福田　次郎	6	床上	〃
24	〃	梅本　圭造			
25	〃	桝井　弘			
26	下中井	上西　久義	6	床上	初伏谷増水　土石流　（半壊）
27	上中井	森口　元実			
28	〃	徳田　繁太郎			
29	〃	鉄崎　竹平			
30	〃	乾　春石			
31	下中井	上西　富雄			
32	〃	新子　岩太郎			
33	〃	中平　一二三			
34	〃	川上村教員住宅			
35	〃	新子　鹿之助			
36	〃	新子　利雄		床下	中井谷増水　土石流
37	〃	新子　秀次	2	〃	〃

No.	通称地名	世　帯　主	人数	全壊等別	原因　状況等
38	下中井	新子　秀次(離屋)		流失	中井谷増水　土石流
39	〃	東谷　俊作	4		
40	〃	東谷　信司			
41	〃	東谷　俊巳	6	床上	中井谷と吉野川の合流増水
42	〃	中川　喜文	6	床下	〃　(半壊)
43	〃	大西　宇之助	4	床上	〃　(　〃　)
44	〃	大西　長次	7	〃	〃　(　〃　)
45	〃	上井　正夫	4	〃	〃　(　〃　)
46	〃	出口　庄太郎	4	全壊	〃
47	〃	阪口　忠一	6	床上	〃　(半壊)
48	〃	上枡　亀市			
49	〃	梅本　純司			
50	〃	大西　繁一			
51	〃	丸井　清一	2	全壊	裏山崩壊
52	〃	久保　寅松	6	半壊	中井谷　寺谷　吉野川増水　(全壊)
53	〃	亀井　安三郎	7	流失	中井谷　吉野川増水
54	〃	出口　庄三郎	4	全壊	寺谷　吉野川増水
55	〃	新井　万太郎			
56	〃	新子　千代枝			
57	〃	蛭本　清子	2	流失	吉野川増水
58	〃	春増　要次郎	5	床上	中井谷　吉野川増水
59	〃	福田　重雄			
60	〃	桝井　友明		床下	中井谷　吉野川増水
61	〃	亀井　正彦		〃	〃
62	〃	上西　斌夫			
63	〃	阪口　一夫	2	床上	中井谷増水
64	〃	大西　修	6	〃	〃

中井川の出合付近だが、土砂で埋め尽くされている

中井集落の上手。この上付近から一気に濁流が村道に流れ込み、一面の河原となった。元来、川はこの家の裏手なのである

近所もこんな状態で、手伝いに行くことも、来てもらうこともできない。何日もかけて、家族・親戚だけでの片付けを行った

歩くこともできない。何から手をつけたらよいのか、やはり早く助けが必要と思われる場面である

転覆寸前であった住吉橋。危険で撤去されたが、再建途中に川に落下する事故が発生し、竣工が昭和37（1962）年８月と遅れることになった

寺谷と中井川に攻められた図52の付近。前方の山は住吉さん

中井川出合。右岸の状態、軒並みに床上浸水

かなり高い所からの崩壊が家屋（図51）を直撃した

㉔東川《うのがわ》——深山《みやま》

村内のほとんどの橋が流されるなかで、ここの小倉橋が持ち堪えたことは村にとっては不幸中の幸いであった。村には当時２級国道のこの道しかなく、この橋が流出したとなれば、村民の日常生活は言うに及ばず、災害復旧から木材の搬出に至るまで非常に大きな影響があったであろう。

国道沿いの地質は、昔、地すべりを起こしたのではないかと思われるような地層で、ずいぶん水にえぐられたようである。国道の狭くなった所は、付近にあった建物を提供していただくなど多くの協力を得られたことで道路の拡幅ができ通行の確保が図られた。

『吉野郡資料』によると、小倉橋は木鉄混合トラスト式で、「明治40年６月起工、翌年10月落成」とあり、千石橋以東の大橋であった。それが、「大正２年５月に橋梁破壊のために墜落し、同６年に木橋として改めて造られた」と『川上村風俗史編』に書かれている。今回助かった小倉橋の銘板には「昭和11年３月竣工」とあり、一本の橋においても様々な秘められた歴史があり、昭和48（1973）年11月に五社バイパスが開通するまで、この橋の一路が村民の喜びも悲しみも、そして出会いも別れも支えてきたのである。

小倉橋の上流側の地階部分の状態

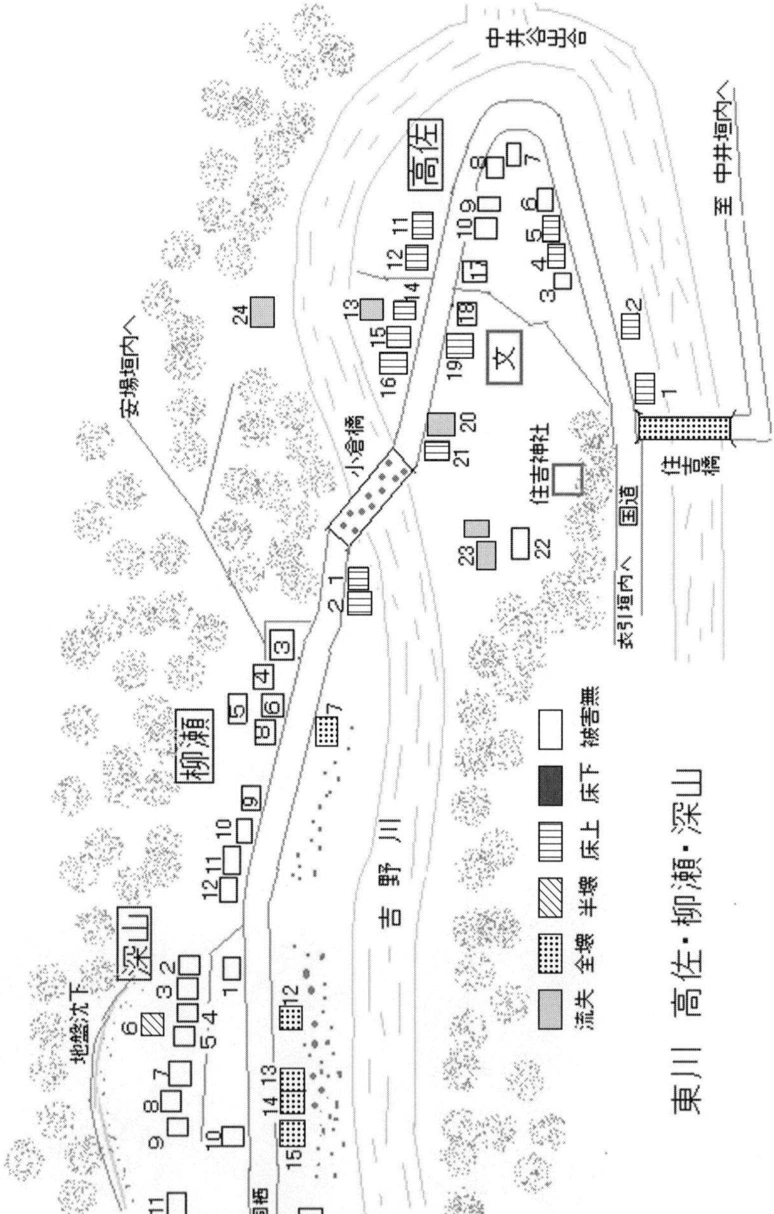
中井谷出合
至 中井垣内へ
高佐
文
住吉神社
住吉橋
国道
小倉橋
安場垣内へ
柳瀬
深山
地盤沈下
吉 野 川
至 国栖
流失
全壊
半壊
床上
床下
被害無
東川　高佐・柳瀬・深山

No.	通称地名	世　帯　主	人数	全壊等別	原因　状況等
1	高　佐	枡田　正男	4	床上	吉野川増水　(半壊)
2	〃	前坂　昇一	2	〃	〃
3	〃	植出製箸工場			
4	〃	梅本　力夫		床上	吉野川増水
5	〃	大西　勇	4	〃	〃
6	〃	梅本　浅次郎			
7	〃	松本弥四郎			
8	〃	丸井　馨			
9	〃	東川消防団詰所			
10	〃	福井　好武	非		
11	〃	鈴木　安一	4	床上	吉野川増水　(吉野建)
12	〃	鍵　茂一	5	〃	〃　〃　(半壊)
13	〃	森田　市松	7	流失	〃　(全壊)
14	〃	上垣　安司	5	床上	〃　〃　(半壊)
15	〃	梅本　清治	4	〃	〃　〃　(半壊)
16	〃	阪口　善男	5	〃	〃　〃　(〃)
17	〃	丸井　次郎			
18	〃	福田　寿			
19	〃	鶴井　音義	3	床上	吉野川増水
20	〃	阪本　丑蔵	2	流失	〃
21	〃	川上農協東川支所	非	床上	〃
22	〃	前川　寿美造			
23	〃	同上　倉庫　鶏舎	非	流失	吉野川増水
24	安　場	森脇　数男	7	〃	〃
25		小倉橋		冠水	

流木が堆積している小倉橋から上流に向かって

No.	通称地名	世　帯　主	人数	全壊等別	原因　状況等
1	柳　瀬	山崎実蔵（倉庫）	非	床上	吉野川増水
2	〃	山崎　実蔵	7	〃	〃
3	〃	山崎　秀雄			
4	〃	久保　敏夫			
5	〃	辻内　鉄治			
6	〃	森岡　正治			
7	〃	植本　庄之助	3	全壊	吉野川増水
8	〃	仲平　一二三			
9	〃	森口　訓造			
10	〃	梶井　鈴子			
11	〃	西本　新一郎			
12	〃	上桝　利夫			

No.	通称地名	世　帯　主	人数	全壊等別	原因　状況等
1	深　山	東辻　甚一　（倉庫）	非		「地域一帯地盤変動」
2	〃	桝井　煕	7		〃
3	〃	森口　音吉	1		〃
4	〃	福田　幸義	6		〃
5	〃	森口　マサノ	5		〃
6	〃	仲西　正次	4	半壊	（亀裂沈下）〃
7	〃	東辻　甚一	6		〃
8	〃	仲西　小糸	1		〃
9	〃	福西　チエノ	4		〃
10	〃	久保　末子	1		〃
11	〃	久保　伊之助			〃
12	〃	辰巳　秀一	6	全壊	吉野川増水地盤崩壊
13	〃	川上木協木材検問所	非	〃	〃
14	〃	川上村林産物検査所	〃	〃	〃
15	〃	福西　宗三郎	3	〃	〃
16	〃	上平養鶏場			

注：深山は一帯が地盤沈下として被害報告がなされたが、家屋は特に大きな変化はなかった。その後、周辺の水抜き工事などの地すべり対策が行われた。

深山地区は昔に地すべりしたものか、小倉橋付近から吉野町側の間は高くなっており、土質も赤土状である。相当量の土が流されたようである。前方の白い洋館風の建物は木材検査所

小倉橋上に残された大量の材木。よくこの橋が残ったことである

国道で狭くなった所は、土地や倉庫の協力を得て拡幅。トラックは、鮎の放流用稚魚の輸送車（昭和35年４月）

川から国道までかなりの高さがあり、復旧にお金も時間もかったであろう

㉕吉野町《よしのちょう》

ここまで入之波《しおのは》から東川へと下ってきたが、多くの家屋や財産、山とともに大勢の人々が吉野町へと流されていったわけである。その吉野町の様子がどうであったのか、少しだけ取り上げてみた。

当時のことを村の古老たちに聞くと、「吉野町まで米などの買い出しに歩いていった。それを肩に担いで帰ってくるのに一日がかりであった」と大抵の人が答えてくれる。こう聞くと吉野町の被害は大したことがなかったように思えるが、その吉野町も大変な状況となっていた。

特に、川筋は川上と変わらぬぐらいの被害を受けていた。南大野地区は流れを受けるような地形となっているため、高見川とも合流した濁水が国道を越えて一帯を荒らしまくったようである。上市橋、桜橋といった大きな橋も被害を受けたほか、立野地区の川側に付け替えられたばかりの国道が流失するといった状況であった。

近鉄電車は下市口駅発であり、バスも大淀の芦原峠（トンネルはなかった）が不通であるため県庁まで行くのが大変で、情報を得ることも難儀であった。

南国栖の鈴の音橋。橋脚はほとんど残っているが上部は流失した

上市橋。半分が橋脚ごと流されている。右は上市中学校。前方上流に流失した桜橋も見える

矢治・樫尾間の五社大橋。前方の畑の上のほうに現在国道の五社バイパスが通っている

飯貝のほうから見た上市橋の修理中の光景。前方は尾仁山の商店街

河原屋。前方は妹山樹叢

南大野付近の様子

丹冶製材所。貯木場などは製品や機材に多大の被害を受けた模様

第3章

村にある二つのダム

試験湛水時の武木土場。新しい武光橋の下に古い橋脚が残り、右に新しく住宅が再建されているが、仮設の国道が現在も残されている（平成15年５月撮影）

1 大迫ダム

所在地　奈良県吉野郡川上村大字大迫(左岸)・同北和田(右岸)

位置　北緯34度16分26秒・東経136度00分45秒

河川　紀の川水系紀の川

ダム湖　大迫貯水池

ダム形式　アーチ式コンクリートダム

堤高　70.5メートル

堤頂長　222.3メートル

堤体積　158,000立方メートル

流域面積　114.8平方キロメートル

湛水面積　107.1ヘクタール

総貯水容量　27,750,000立方メートル

有効貯水容量　26,700,000立方メートル

利用目的　灌漑・上下水道・発電

事業主体　農林水産省近畿農政局

電気事業者　関西電力

発電所名　大迫発電所(認可出力：7,400キロワット)

施工業者　大成建設

着工年　昭和29年（1954）

竣工年　昭和48年（1973）

1門で放水しているダム

左に示したのが、「大迫ダム」の基本データである。着工年を見れば分かるように、このダムは第２章で取り上げた「伊勢湾台風」が直撃（昭和34年）する前に計画されたものである。当初は、洪水調節という目的も含まれていたが、後述する「大滝ダム」の建設計画が昭和35（1960）年に発表されたためにそれは外されることになった。では、大迫ダムは、いったいどのような背景のもとに計画され、造られたのであろうか。その沿革を、私自身も編集員として加わって著した『大迫ダム誌』や、南近畿土地改良調査管理事務所がホームページで発表している「水土里の近畿を次世代に」を参照しながら簡単に記していきたい。

実は、大迫ダム建設の発端となると、300年ほど遡る必要がある。かつて大和平野は、少雨地帯のうえに大きな河川にも恵まれないため、水源のほとんどをため池に頼っていた。しかし、山を一つ隔てた所には日本有数の河川である吉野川（和歌山県では紀の川）があり、その上流には日本で最も雨が多いとされている地域の大台ヶ原もある。ただ、その地域に降った雨は、奈良県を通過するだけでそのほとんどが和歌山県に流れていってしまう。

この吉野川の水を何とか大和平野へ引けないものかと最初に考えたのが、葛城郡名柄（現在の御所市）の庄屋であった高橋佐助（？～1736）であった。江戸初期の元禄年間（1688～1703）のことであるが、佐助は、「山を越せば吉野川に豊かな水がある。あの水を奈良盆地に引けたら、水不足に悩むことなく米づくりができる」と考えて、吉野川の分水を大和平野に引水《いんすい》する計画を考えた。今に言う「吉野川分水計画」の起源である。

奇想天外なプランを考え出した佐助の計画は、言うまでもなく「計画倒れ」に終わっている。その後、寛政年間（1700年代後半）、幕末、明治、昭和に至る300年の間に様々な人や時の政府が現地調査を行う

下渕頭首工（大淀町）ここから吉野川の水が大和平野へ

などして、分水計画は浮かんでは消え、消えては浮かぶという歴史を繰り返してきた。なぜ、この分水計画は実行に移されなかったのであろうか。それは、下流域に位置する和歌山県の大反対があったからである。

江戸時代、徳川御三家の一つである紀州の殿さまが、「この川は俺のものだ」という一声で支配してきたという歴史があり、吉野川の水利権が慣習的に和歌山県に独占され、上流域に位置する奈良県が大きな制約を受けてきた。特に、大正4（1915）年に奈良県が発表した「第一次分水計画」に対しては、和歌山県は強い反対の意向を示した。和歌山県側からすると、確かに降る雨は奈良県かもしれないが、大雨が降るたびに洪水を被るのは我々であり、日照れば大渇水という、両方の災害に長らく耐えてきたという歴史があるからだ。

現に、1年に2回という割合で大洪水が和歌山城下を襲い、何万人という人が亡くなっていたし、文政6（1823）年に10万人とも言われる農民が鐘を打ち鳴らして庄屋を襲撃したという百姓一揆も、旱魃《かんばつ》に苦しめられてきた農民の怨嗟《えんさ》が爆発したものであった。

そんな歴史的背景からすると、和歌山県が簡単に「はい、了承しました」と言うわけにはいかないのもよく分かる。「第２次分水計画」が発表された昭和４（1929）年４月18日付の〈大阪毎日新聞〉には、「『奈良縣へは一滴の水もやれぬ』吉野川分水地を視察した和歌山縣参事會員の話」という過激な見出しの記事まで掲載されており、和歌山県側の意向がよく伝えられている。もちろん、分水計画が実行に移れなかった背景には、両県の衝突だけでなく、ニューヨーク株式暴落に端を発する世界金融恐慌などによる財政危機という事情もあったわけだが、それ以上に、「悲願」とする奈良県と「苦闘」を繰り返してきた和歌山県が歩み寄ることは永遠にないのではないかとまで思われていた。

しかし、戦時下の食糧増産を目的とする内務省の「吉野川河川統制計画」を契機に、昭和16（1941）年、またしても奈良県が「第３次分水計画」を立ち上げた。当然のごとく和歌山県側の大反対にあい、その阻止運動はかえって広がりを見せることになってしまった。幸いにも（？）、太平洋戦争の拡大が理由でこの計画は立ち消えとなっている。

それでも諦めきれない奈良県が次に取った行動は、和歌山県の水需給の調査であった。つまり、反対を唱える紀伊平野の農民の実情を知ろうとしたわけである。水量が豊富な紀の川を水源としている和歌山県に水不足などあろうはずがないと考えていた奈良県であったが、調査の結果、紀伊平野も大和平野と同じように慢性的な水不足に悩んでいることが分かった。

ちなみに、渇水時における両県の水不足の量は、奈良県が5,000万立方メートル、和歌山県は7,000万立方メートルである。この実態調査から、吉野川分水は紀伊平野の用水不足の抜本的解決を盛り込んだ総合利用計画でなければ実現が困難であるとなり、国家レベルの問題として扱われることになった。

昭和21（1946）年の「復興国土計画要項」で吉野川（紀の川）は総合開発計画として全国12の水系の一つに選ばれて、両県をはじめとして内務省や農林省、建設省の関係者で調査が進められたほか、昭和22（1947）年より農林省が戦後の深刻な食糧事情を解決するために「国営農業水利事業」を展開し始めた。これによると、有力な穀倉地帯である奈良盆地・紀伊平野の食糧増産を図るには紀の川の開発が重要である、となっている。

この当時、「乱伐によって山林の保水力が低下して、紀ノ川の渇水期の自然流量は記録的な現象を示していたし、一方では洪水禍がふえていた」（『大迫ダム誌』26ページ）。このような実情をふまえたうえ、農林省の担当者が「十津川・吉野川の水利事業によって、大和平野を干害から守り、時局の要請にこたえて発電事業を行っても、紀ノ川の水を減らすようなことはなく、むしろ紀ノ川の絶対水量が増加し、紀伊平野の農業用水の不足を解消することを目標としている」（前掲書、26〜27ページ）』と繰り返し言明したこともあって、開発事業に対する和歌山県の姿勢は次第に絶対反対から協力へと変わっていき、昭和24（1949）年２月28日、「十津川・紀の川総合開発調査協議会」の最終提案が決定した。

しかし、事はスムーズには進まなかった。一日も早く工事を始めようとする奈良県に対して、和歌山県はまた反対の立場をとったのである。推進しようとする奈良県、阻止しようとする和歌山県のそれぞれが、上京陳情を繰り返し続けたわけである。

このような情勢のなかで、同年10月20日、京都・祇園のレストラン「プルニエ」で３回目となる「十津川・紀の川総合開発調査協議会」が開かれた。主な議題は、「総合開発の利水方式と、広瀬、津風呂、大迫（以上奈良県）、山田（和歌山県）の各ダムや、大淀町下渕の頭首工および大和平野導水路の工事順位など吉野川分水のすべてを決める重大な会議」（前掲書、27〜28ページ）であった。

両県の激論は８か月にもわたって続き、翌昭和25（1950）年６月11日、ようやく両知事が事業実施の協定書に調印をした。世に言う「プルニエ協定」で、「十津川・紀の川総合開発事業」の大筋がこの日に決まった。

この事業を簡単に説明すると、紀の川の水を奈良盆地に分水し、分水によって減少した水量を熊野川から分水して補給することで灌漑用水を効果的に供給するものである。このため、建設省が熊野川に計画した猿谷ダムも利用した河川総合開発事業として計画は進められたほか、紀の川水系では津風呂川に津風呂ダムを、貴志川に山田ダムを建設して用水を確保し、12か所あった井堰を４井堰に統合して合理化を図った。そして、この水系における根幹施設として、紀の川の最上流部に計画されたのが「大迫ダム」なのである。

この「十津川・紀の川総合開発事業」の膨大な記録をまとめたのが、昭和52（1977）年３月に奈良県から刊行された『吉野川分水史』である。そして、その記述をふまえて川上村が刊行したのが、先に挙げた『大迫ダム誌』である。以下では、その『大迫ダム誌』を引用しながら大迫ダムが完成するまでの軌跡を追っていきたい。

完成まで迷走が続いた

プルニエ協定が成立し、現地点にダムを建設して水源とすることで調整が図られたわけだが、実施計画調査におけるダム堤高・貯水容量は様々な思惑もあって迷走を続けた。当初、昭和28（1953）年の計画では89メートルであった堤高が翌年には58メートルに低減され、その後昭和33（1958）年には10メートル高くなったかと思うと、翌年、多大なる被害を被った伊勢湾台風のために洪水調節機能が付加されて87メートルとさらに高くなり、貯水容量も前年計画の4倍となった。

昭和35（1960）年、建設省は下流域の川上村大滝に特定多目的ダムである大滝ダムの建設計画を発表した。これによって、大迫ダムは洪水調節という目的がはずれることになった。このように計画が二転三転した背景には、治水・利水目的の加除に対する農林省と建設省の連携が完全でなかったことや伊勢湾台風によって緊急的な治水対策が必要になったこと、また当時政府が行っていた減反政策によって農地の灌漑面積の変更などといった要因があったと言える。

結果的には現在の規模となった大迫ダムだが、ダム建設に伴う「水没および関連地区は、入之波・伯母谷・大迫・北和田・神之谷の五大字にひろがっていたが、その中心はなんといっても一四三世帯が水没する入之波地区であった。だが、これまでの生計の立て方、離村の考えを持つグループ、あくまでも村に留まろうという人たちの間で、補償交渉に応じる態度が違ってくるのは、当然であった」（『大迫ダム誌』112ページ）。

この当時に立ち上げられた住民団体を、『大迫ダム誌』の記述を要約する形で紹介しておこう。

まず、昭和39（1964）年4月16日に「大迫ダム対策入之波組合」（第1組合）が結成され、同年6月7日に「入之波地区ダム対策組合」（第2組合）、そして同年6月20日に「入之波水没対策組合」（第3組合）ができた。この三つの組合は山林労働者がほとんどだったが、第2組合には中間層とも言える他の職業の人達も含まれていたし、第3組合には山林を管理する、いわゆる「山守り」が加わった。

その後、補償交渉が進むに従ってこの三つの組合は、村内に残留したい希望者や転出希望者、そして公共補償も合わせて早期に解決を望む者など、それぞれの思惑によってさらに新しい組合や同志会に分離・合体していき、多くの組織・グループができるという複雑な状況になっていった。

このように、同じく補償を受け取る人々にもそれぞれの思惑があったため、農林省は補償交渉に腐心することとなった。詳しい補償内容は『大迫ダム誌』を参照していただきたいが、単に宅地や畑、山林といった不動産に対する補償だけでなく、立ち木（太さにより異なる）や果樹、庭木、墓地などに至るまでかなり細かく補償金額が示されている。

大迫ダムによって水没する世帯数は151となった。それぞれの世帯がその後どうなったかについて、『大迫ダム誌』には次のような記述がある。

「川上村内再建者19世帯、村外移住者132世帯で、そのほとんどが今後の生活を村外での再建にかけたことがわかる。その内訳は、奈良県橿原市へ43世帯をはじめ、桜井市、奈良市、大和郡山市、大和高田市などに31世帯、大阪市など県外へ58世帯となっている」（209ページ）

つまり、村に残ったのは約13％の世帯でしかない。長らく入之波・大迫地区に住んでいた人で村外に出ていった113世帯を対象に村がアンケートを行ったところ（回答は60世帯）、約70％が「その後の生活はよくなった」と回答しているが、その一方で、今後の大滝ダムによ

昭和42年当時の入之波の集落

釣り堀公園附近の湖底に左の集落があった

る水没者に対する「補償交渉の教訓」として次のような所見を寄せている。

①ダムのために犠牲者を出さないように十分配慮してほしい。村外転出者は、金銭補償しかもらえないが、わずかの補償金に多くの税金がとられる。また新規の諸税が課せられる。移転先に定着し、安定した生活収入が得られるまでに、少なくとも５年はかかる。こうした事情を十分勘案した補償があるべきで、脱落者を出さないため、村でも力を添えられるよう希望する。

②補償交渉は、団体の強い力が必要である。補償交渉は、最終的には個人交渉になるが、最初は、なるべく強い力で交渉をはじめ、水没者がお互いに胸を開いて語り合うこと。起業者側の切り崩し作戦に乗らず、補償金はいくらというところまで交渉し、税金など負担の面も慎重に考えたうえで、後悔することのないように、念には念を入れて、最後に調印すること。

③補償交渉で必要な取り決めは、文書で確約させることが大切である。

④村外へ移転するときは、将来の生活の道をはっきりさせてから決断すること。あいまいな考えでは、移転後に大変苦労する。徒労費の補償はないから、就職などの見込みのない場合は、むしろ川上村に残る方がよい。

⑤起業者はプロ、われわれはアマチュアである。村民のなかには無知なものもいる。よく面倒をみてくれる立場の人が必要であるし、起業者の担当責任者は、どのように生活再建を図るか、村民と十分相談してやらないと、気の毒な人が出る。

⑥補償交渉で、おだてられないこと。ダム補償交渉で、話が大きくなり、お祭り騒ぎのような気持ちにならないこと。村外に出る人も、残る人も、その人その人の考えで、じっくり見極めを

つけ、早く生業につけるようにつとめること。

⑦個人交渉になると、物件の補償額がソロバンではじかれ、計算づくめの交渉になる。他の人と比較した説明が繰り返されるが、正直者がバカを見ることがある。誠意と相互理解で、生活再建に必要な補償理論をもって、起業者側を動かす原動力を培うこと。

⑧起業者に、水没者の生活再建がダム建設の大前提だという理解があってほしい。水没者の補償は、ともすれば事業の従であるという考え方から、なるべく安く、少なくて済ませようとする意識が強い。この誤りをあらためて補償を考えてもらいたい。

⑨日々の諸物価の変動は想像以上のものである。

⑩村外移住者が、土地や建物を買うとき、業者にだまされないように注意すること。例えば、土地売買契約に当たっては、登記関係についても、念のため法務局で権利の確認をし、後日、抵当権などで、不測の事件に巻き込まれないよう万全の措置を講じること。（前掲書、211～212ページ）

夏ともなれば、川は大変な賑わいを見せた

以上が、大迫ダム建設に伴って生活が一変した人々の意見である。もちろん、これらの他にもいろいろな意見が寄せられたわけだが、そのすべてが、長くて厳しい交渉から感じ取り、知り得た生々しい体験談であった。

本書を執筆することになって改めて『大迫ダム誌』を読み、その一部分を紹介しているわけだが、昨今全国的に報道されているダム問題（その多くが建設費や環境保全に関する論争）を考えるうえでも、どうしても紹介したい部分がある。少し長くなるが、引用しておきたい。

> **人心の荒廃**
> 「ダムができて、残った人も、村外に出た人も生活面ではプラスだったと思う。しかし人間の気持ちには別なものがあった」「ダムができなければ平和な村だったのに……」という思いを多くの人がもっている。
> 「人間というものが、大変あさましいものであることがよくわかりました。表面では別に何もなかったのですが、お互いに他の組合のことに気をもんでいました。私も他組合との連絡が大切なので、他組合に出入りしましたが、とても気苦労でした」と、入之波の組合長だった人はいう。また「昭和39年から42年にかけて、個人補償交渉がクライマックスで、仕事など手につかなかった。そのころの入之波区内の人間関係は悪化の一途をたどり、各組合の間はもとより、兄弟でも相反目するような状況だった」と、告白する人もあった。「むかし戦時中に、飛行機を二機も献納したうるわしい気持ちはどこへやら。お互いに心のさぐり合いをしなければならない羽目に追い込まれたと思う。足を引っぱり合うような情勢では、今後の村政も非常に苦しくなるのではないか」と、人心の荒廃を心配する声もあった。「ダムによって村民の道義心、

良心がなくなって行くのは、まことに悲しいことだ。川上村で生涯を終わる人間として、この美しい川が失われることは残念だ」という人。「過疎に拍車がかかり、利害関係が出てきて、次第に人心が悪くなったように思う。道路が立派になったという見返りだけには代えられないものがある。牛を売って、ネズミをもらったようなものだ。村民として、村内で互いに争い、反目することをやめ、村の将来のために、この辺で真剣に考えなければならない」と、村の将来を憂える人が多い。

また村外に出た人のなかには「持ちつけない大金を手にして、これをむやみに使うことがないように」「補償の大金を手にしたときは危険で、いずれ困る人が出るに違いない」と、村外移住者の行く末を心配する人もあった。

こうして、住みなれた土地や、家を売り、調印するときに、ほとんどの人は泣き、村外に出てゆくとき、また泣いた。「家内は村を離れるまで涙を流していた。私も自動車のハンドルを握りながら、せめて残る故郷の一部がますます栄えてほしいという気持ちで胸が一杯だった」「ここを離れたら、失敗したとしても二度とここへもどれないというつらい気持ちだった」――いま、村内に残る人びとは、これらの人びとの心を思いやることが大切なのではなかろうか。

今後の村のあり方

これからの村はどうして行くべきか。どうなるか――この問題についても示唆に富んだ発言が多くあった。

「村の開発計画構想がつくられているが、あれはコンサルタントによって作られた作文としか受けとれない。あれはゴマカシだ。もっと村民一人一人がまじめに村の将来を考えなければならない」と、手きびしい意見がある。「大迫ダムを利用して観光宣伝につとめ、村の収益を考えるべきであろう」「温泉の開発に力を入れてはどうか」と、観光立村を説く人もあった。しかし、それで十分だろうか。「村の生きていく道――林業経営上のいちばんの打撃は、山林労働者の転出による労働力不足だ。労働者を村内に引き止めるような方策、努力をしなければいけない」「ダムによって、人口、土地、資源など自治経営に必要なものが失われてしまった。このため財源の恒久的な損失を来たし、その分が残った住民に過重な負担となってくるのではないか」「新入之波集落をみて、故郷がよくなったことはうれしい。発展を祈るが、これ以上に拡大発展することはむつかしいと思われる」と、村の将来について悲観的な見方をする人もいた。

川上村には、これから大滝ダムがつくられ、入之波ダムの計画もある。このことについても「大迫ダムだけでもう、ダムは十分だ。これだけに留めてほしい。村も大変だ。環境破壊の点からもつくってもらいたくない」「いま大滝ダム建設が進められているが、見方によっては、農林省と建設省のナワ張り争いが続いているように思う。大滝ダムができるのだったら、大迫ダムは無用の存在となり、国費の浪費とも考えられる。大迫ダムで発電事業でもはじめるなら別だが……」「入之波ダムはつくらすべきでない。環境庁が大杉ダム（三重県）の中止を決めた今日、昔と現在では時代も変わっている。自然環境を守るうえからも、固定資産税がはいる、はいらないの問題ではない。この美しい渓谷はいつまでも残すのが本当である」と、環境保全の立場から反対する人が多い。

村外に出た人びとは、いまでも川上村に限りない愛着をおぼえている。夢にみる人もいるという。美しい山林と谷を愛して、村を訪ねる人もある。都会に出ても、生まれ故郷は忘れることので

> きないものだった。
>
> 　長年にわたってダム建設、補償交渉にかかわってきた関係者の発言は、あるいはきびしく、あるいは村の将来、人心の荒廃を案じて、真剣である。村に残り、村の再建を願う人たちは、得がたい意見として受けとめなければなるまい。（前掲書、222～224ページ）

　これを読めば分かるように、ダム建設は「税金の無駄遣い」や「環境破壊」といったことだけでなく、「コミュニティの破壊」といったことまでが生じるリスクを背負っていることになる。昨日まで「ちょっと醤油を貸してんか」と言っていた隣人同士にしこりをつくり、何百年という歴史によって培われてきた文化や伝統といったものまでが壊されてしまうことになる。もちろん、ダムができることによって得られるメリットもあるだろうが、それがデメリットを上回るだけのものであるのかと考えてしまう。

　しかし現実には、大迫ダムは住民などに対する補償交渉も妥結し、本体工事は昭和48（1973）年10月に完了し、翌年より本格運用に入った。とはいえ、造成が順調に進んだわけではない。昭和42（1967）年５月11日、ダムサイト左岸200メートル地点で幅40センチのクラック、長さ150メートルに及ぶ大規模な地すべりが発生し、ダムサイトの地盤が脆弱で、地すべりの危険性があることが指摘された。すぐにダム型式の対応を含めて地すべり対策について「大迫ダム対策審議会」で議論が始まったが、その最中であるにもかかわらず、昭和44（1969）年３月17日に農林省がダムの転流工事を強行した。そのため、水没住民が反発し、約100名が実力行使に出るという事件もあった。

　このように住民が不安感を抱くなか、最終的にアーチ式コンクリートダムに決定したわけだが、地質問題は未解決のままとなっている。

昭和43年10月当時のダムサイト。前年の５月に地すべりが発生

昭和46年、ダム本体工事が60％ほど進んだ

幸い、その後ダム湖岸では地すべりは起こっていないが、この後に造られる大滝ダムの経緯を暗示しているとも言える。

そして、事故もあった

昭和57（1982）年7月31日から翌日にかけて、紀の川流域を台風10号が襲った。日本最大の降雨地帯である大台ヶ原では、午後11時からの2時間に153ミリというバケツをひっくり返すような雨が降り、大迫貯水池は急激に増水し、ダムの天端より越流寸前の危機的な状況となった。冒頭に記したとおり、大迫ダムには洪水調節の機能がない。次節で紹介する大滝ダムで治水を行うということになっていたので、大迫ダムには治水目的が外されていたため、洪水時には流入量がそのまま放流されることになる。

この時も事前にサイレンを鳴らして緊急放流を行ったわけだが、増水があまりにも急激であったため対応が遅れ、宮滝地区あたりの河川敷でキャンプや釣りをしていた28人が孤立し、そのうちの7人が死亡した。この事故は、当然のように新聞にも大きく取り上げられ、8月中旬、衆議院の「災害対策特別審議会」でも取り上げられた。その際、ゲート操作の不備とサイレン警報が遅かったのではないかという指摘があった。その後の調査で、ゲート操作は指針どおり実施され、サイレンも鳴らされていたということがはっきりしたわけだが、被災者は「サイレンが聞こえなかった」と証言していることから河川管理のあり方が改めて問われることになった。

管理者である農林水産省近畿農政局は「近畿ダム管理検討委員会」を設置し、専門家により迅速かつ確実な管理・緊急時の対策を検討させ、これまで以上に早めに警戒サイレンを発動させることや、そのための装置の充実を図ることになった。

現在、大迫ダム付近には入《しお》之《の》波《は》温泉があり、大迫貯水池ではコイやヘラブナなどが釣れ、川上村が「大迫ダムつり公園」として整備している。ダムよりさらに南下すると大台ヶ原方面に至ることもあって、週末などには京阪神方面から多くの観光客が訪れており、ダムのある風景が当たり前となっているような状況である。しかし、ここまでに記したように、造成にあたっては様々な出来事があった。特に、水没者を中心とした村民には言葉では言い尽くせないほどの想いがあったことを忘れてはいけない。

大きな洗濯物はみんな川で洗った。川は日常生活の延長線上にあった

そんな村民の想いを代弁するかのように、元村長である住川逸郎氏（昭和43年６月18日退職）が『大迫ダム誌』の巻末で語っているので紹介しておきたい。

> 「吉野川分水史」が昭和52年３月に奈良県から刊行されました。これは「十津川・紀の川総合開発事業」のぼう大な記録です。
>
> 当時の奥田奈良県知事は、序文で「事業完成を記念して、この大事業が完成するまでの先人の労苦や、事業の経過などを、長く後世に伝えるため」と書かれています。当然、そうあるべきで、結構なことです。しかし、川上村は、この事業の被害者の立場にありました。ですから、この分水史を、どうも素直に読むことが

できませんでした。いわば意地悪く読むことになります。550ページにおよぶ、この記録を、克明に読む必要もありません。川上村、大迫ダムに関するところを、これはできるだけていねいに拾い読みました。

率直に申しますと、この分水史は、事業の大きさと、事業の実施者の苦労を語るに急なあまり、本当に苦しみ、迷惑を受けたのは一体だれなのか、そういうことに対する配慮に欠けているように思われます。この分水史に限らず、多く書かれた歴史というものは、その当時の支配者のためのものだという考え方がありますが、ここでも、それが確認できると思います。

一言でいいんです。水没した人びとには、とくに迷惑をかけたというねぎらいと感謝の言葉があれば、この記録はもう少し読む人の心を打つはずです。全戸水没した入之波集落の記録が、わずかに2ページで片付けられているのを読んで、ちょっと暗然とした気持ちになりました。

水没した人びとのうちには、補償金を何百万、何千万と取ることを「千載一遇」の好機として迎えた向きもあったことは事実で

昭和47年3月に廃校となった入之波小学校

昭和48（1973）年４月、新しい造成地に青少年研修施設として「自然の家」が開所した。大勢の隣人や学校もなくなったが、環境に恵まれた施設に多くの児童達が訪れ、賑わいを見せていた。平成７（1995）年７月、温泉宿泊施設「五色湯」に改築されたが、平成21（2009）年５月に閉ざされた。

す。ある朝、バスのなかで「千載一遇」という言葉を聞いたとき、私の胸に太い釘が突きさされる思いでした。土地らしいものは、なに一つ持たないで、山主の支配を受けている山林労働者の身分から、自らを解放できるチャンスとして大迫ダムをとらえる、いわば悲願成就のとき、そういった重さを、この言葉が秘めていたからです。

宿命的な山林労働者の立場から解放されたけれども、夢に描いていた生活再建が、それぞれできただろうかどうか。入之波残留16世帯の新しい集落を訪れるたびに、そんな思いに取りつかれます。川上の人は「人が悪い」と、よくいわれました。それはそうでしょう。生死浮沈をかけた一生でただ一度の取引きです。水没する人びとの補償交渉戦術は複雑で、巧妙でした。補償項目などもよく研究していました。ですが、役場も、お役人に組みするものとして、水没する人びとから敵視されたのには、面くらいました。公共補償が優先するそうだ。そのため、個人補償では役場が敵側にまわるんじゃないかという憶測があったようです。

公共補償といえば、ダムサイト直上流で起きた大規模な崖錐すべりを抜きにしては語れません。もともと大迫ダムの建設地帯は、地質的に不適当であると、私は信じていた一人です。この地質の問題について、県庁舎内で名古屋大学の志井田教授の解説を聞いたことがあります。農林省も県の史員も同席した席上で、教授は、ダムサイトの適不適について断定的には言及されませんでした。言及されなかったことによって、私はなにかしら救われた思いをしたことを忘れることができません。

今から思えば、この崖錐すべりをダム反対の最後のよりどころとして、後世に残るような公共補償を要求するべきでした。昭和44年の春、ダム本体工事につながる仮締め切り工事を阻止しようとして、二度にわたって反対住民は現地に座り込みました。しかし、本質的な問題に触れることもなく、村内の治安上の不安とか、資材運搬に伴う交通障害対策といった次元の異なる補償に置きかえられてしまったのは、残念というほかありません。農林省も、奈良県も、この問題には直接答えていません。最終的には河川管理者である建設省の判断にゆだねられる形になり、行政上の措置によって解決したのを見ても、私はいまだに割り切れない思いを抱き続けています。

私は、最後の最後まで、わが川上村が軽視されたという思いをぬぐい去ることができないのです。同時に、真実を伝えることがいかにむずかしいものか､また重要かという反省に迫られています。

当時の川上村の人びとが、いかに大迫ダムと取組んだか、もっと中身の豊かな人間を描いた記録を後世に残してほしいと思いますが、役所の仕事では、できない相談でしょうか。

（昭和56.1.30記）

2 大滝ダム

所在地　奈良県吉野郡川上村大字大滝（左岸・右岸とも）

位置　北緯34度21分12秒・東経135度56分06秒

河川　紀の川水系紀の川

ダム湖　名称未定

ダム形式　重力式コンクリートダム

堤高　100.0メートル

堤頂長　315.0メートル

堤体積　1,034,000立方メートル

平成15年5月のダム堤体、（下流側より）
左岸側の地下に発電施設が設置されている

流域面積　258.0平方キロメートル

湛水面積　244.0ヘクタール

総貯水容量　84,000,000立方メートル

有効貯水容量　76,000,000立方メートル

利用目的　洪水調節・不特定利水・上水道・工業用水・発電

事業主体　国土交通省近畿地方整備局

電気事業者　関西電力

発電所名　大滝発電所（認可出力：10,500キロワット）

施工業者　熊谷組・日本国土開発・大豊建設

着工年／竣工年　昭和37年（1962）／？年

備考　平成16（2004）年より暫定運用中

左に示したのが、「大滝ダム」の基本データである。先にも述べたように、大迫ダム建設中の昭和34（1959）年９月26日、伊勢湾台風が紀の川流域を襲ったために多大なる被害が出た（第２章参照）。

実は、この前年にも台風17号による被害を受けていた奈良県は、度重なる災害復旧のために歳入を大幅に上回る被害額となり、財政危機に見舞われた。当時の知事である奥田良三氏は、国会災害地対策特別委員会（昭和34年11月５日）において、「紀の川に多目的ダムを建設してほしい」と訴えた。これによって紀の川の治水が根本的に見直されることになり、当初は治水目的ももっていた大迫ダムからその目的が外され、昭和37（1962）年、川上村大滝に特定多目的ダム、つまり「大滝ダム」が建設されることになった。

先に挙げた『大迫ダム誌』にも大滝ダムの建設についての記述があるので紹介しておこう。

> 大滝ダムの建設は、前に述べたようないきさつで、建設省によって開始された。河床ボーリングがはじまったのは、昭和39年２月29日である。その後、大迫ダム建設と平行して、調査や、関連事業の施工が進み、昭和57年11月現在、国道169号の付け替え工事などが行われている。
>
> ダムサイトの位置も決定、工事は仮締め切りのトンネル掘削の段階にさしかかっているが、まだダム本体の着工には至っていない。
>
> 補償問題も、村の中心部が水没するので、大迫

建設省は昭和39年２月、６台の架台で一斉にボーリングを実施した。長い付き合いとなる大滝ダムはここから始まった

> ダム以上の影響を受け、難航したが、すでに475世帯のうち、約300世帯が個人補償交渉を終わり、その多くは村外に移住した。村内に留まった人びとは、入之波方式の新しい宅地造成を待っている段階にある。
>
> （中略）
>
> 建設に要する費用の概算額は775億円の巨費になり、工期は昭和59（1984）年度中を目標にしているが、いまのところ工期はかなり遅れるのではないかと見られる。
>
> このダムの完成、また入之波ダムの建設が実現すれば、吉野川の本流に上流から三つのダムが数珠のようにつながることになる。同じ川の水を、互いに違った目的に使うことがうまくいくか、どうか。
>
> この調整に手間取って、川上村がまた犠牲になることはないか。それが、川上村民のいまの最大関心事である。

この記述は、まるで予言したごとく現実のものとなったわけだが、その時点ですでに村の中心部にダムを造ることを選択したこと、また地質の問題や環境アセスメント、水需要の見通しなどを軽視したことが原因であったと言える。

官僚は大きな仕事を手がけることによって箔をつけ、地位を高める材料にする。そして政治家は、これまた本質を問わずに好機と立ち回って顔を広げ、御身の安泰や拡大を図ることに専念する。どう考えても、「国をはじめとする行政、政治家が無責任である」と言えるのではないだろうか。これからさらに大きな難題に発展すると思われる諫早湾の干拓問題に、それをまた見てしまうような気がする。

反対に気勢を上げる

昭和30年代の後半と言えば、全国で激しいダム建設に関する反対運動が巻き起こっていた時である。福島県では田子倉ダム（只見川）で補償金額をめぐり、九州では松原ダム（筑後川）・下筌ダム（津江川）建設をめぐる反対運動の「蜂の巣城紛争」が起こり、流血沙汰にまで発展していた。そして、群馬県では利根川水系吾妻川に計画されている八《やん》ッ場《ば》ダムをめぐって官民一体となった反対運動が展開され、大滝ダムと同じような状況が展開されていた。このことから、一向に事態が進展しないダム事業の代名詞として「東の八ッ場、西の大滝」という言葉がダム関係者の間に広まっていった。

八ッ場ダムに関しては、「中止か」、「中止撤回か」と、ここ数年にわたって新聞報道をにぎわしているので改めて説明するまでもないだろう。たった一つのダム計画が出されることによって様々なところに問題を発生させ、何十年にもわたってその解決を見ることなく時を過ごすことになる。もちろん、大滝ダムも同じ状況となったわけだが、前節で記したように、大迫ダムによって151世帯が水没し、多くの人々が村外に移住したことを考えると、これ以上のダム建設は村の存亡にかかわるとして、計画発表と同時に村を挙げての猛烈な反対運動が起こった。まずは、反対行動の一例を紹介したい。

水没を予想される人たちは、情報交換や団体交渉の必要性から、昭和44（1969）年4月、水没者対策組合連合会を結成した。写真は、役場会議室での結成総会の模様

建設省が大滝地区内の大津古で（現在のダム地点）河床の地質調査を始めるというこ

糞尿を撒く大滝地区の住民

調査拒否の幟を立てる
大滝地区の住民たち

機動隊までが動員された

奥田知事に直訴に行く

とに対して、大滝地区の住民たちが「糞尿作戦」という戦術で反対行動を起こしたのが昭和39年２月21日のことである。調査機材を運び入れる辺りに、各家庭から汲み上げた糞尿を朝早くから一斉に撒き散らした。このような抵抗が想像以上に激しかったことから、建設省は県警の機動隊を導入した。また、県の河川部の幹部がヘルメットを着用して視察していることに納得のいかない村民が彼らを「やり玉に上げる」などしたため事態は険悪化した。

結局、この日は機動隊も早々に引き揚げ、「地質が悪ければこれ以上迷惑をかけることがないから、調査だけはさせてほしい」という説得に負け、機材が関電水路に下ろされて調査に入ることになった。

翌日、大滝地区の住民はバス２台で県庁へ赴き、奥田良三知事に反対の意向を直訴した。迫地区をはじめとする水没予定者の人たちが、すでに昭和37年10月に「大滝ダム反対期成同盟」を結成していたが、そんな彼らもこの時には県庁へ同行し、事態を見守っていた。ただ、この迫地区の人たちが大滝地区の反対行動に直接関与するということはなかった。今振り返ると、この頃からダムに対する村民の意識がエスカレートしていったと思われる。

この当時の、ダム対策組織について少し説明をしておこう。私が知る限りのダム対策組織としては、大滝ダム反対期成同盟、大滝ダム寺尾対策組合、大滝ダム迫対策組合、大滝ダム水没者対策組合連合会、大滝ダム村を守る会、大滝ダム村外生活再建者組合、井戸対策組合、大滝・大迫ダム対策東部総連合などが挙げられる。これら以外にも、大滝のように地区単位で交渉するという団体や山林関係の各種団体、狩猟・漁業団体などの公的機関のものから数戸の取り水組織などに至るまで、非常に複雑な状態となっていた。

しかし、大滝地区は地質に問題がないということで反対運動が条件闘争に移行していくなかで、村内に残留する者と転出者のそれぞれの

村議会議員の選挙に隣近所で３人が立候補した

思惑によって新たに組織が結成されたり、分離、吸収、合併、解散などが行われて各組織の形態が変わっていった。ことに、水没者にとっては、組織への加入から最終補償の決断を下すまで、苦悩の続く期間であったと思われる。

それを証明するかのように、昭和42（1967）年４月に行われた村議会議員の選挙は熾烈なものとなった。それぞれの思惑があって立候補をしたのであろうが、定員20名に対して23名が立候補という激しい選挙となった。上の写真をご覧いただきたい。選挙事務所の看板が３本写っているが、隣近所に住む３人が立候補しているのだ。結果は、このうち１人が落選し、地元に大きなしこりを残すこととなった。

条件闘争

条件闘争となると、村としては、誰もが安心して補償交渉にのぞめる「公正」と言える基準が必要となった。先行した大迫ダムがその近《きん》傍《ぼう》例とは言えず、昭和45（1970）年４月、村の指導のもと「大滝ダム水没者対策組合連合会」が結成され、補償基準の作成作業が始まった。しかし、４年間にわたる話し合いも、国の提示する案を承認すること

ダム協力要請に来村した下位副知事を、役場玄関前で阻止するダム反対期成同盟の人たち（昭和38年9月6日）

ができない連合会とは物別れ状態となり、昭和49（1974）年7月、国は個別交渉を進めることになった。

この年に上流の大迫ダムが完成しているわけだが、この前後に地すべり問題や漁業補償など二つのダムが輻輳《ふくそう》する問題もあり、水没者のみならずすべての村民が落ち着かない時期であったと思われる。

さらに同年7月20日には水源地対策特別措置法（水特法）の対象ダムとなり、水没世帯数が多いことから、補償金額の算定や移転時の金利優遇措置のある「水特法9条等指定ダム」に指定された。このようななか、村外に生活再建を望む人が次第に補償交渉に応じていった。一方、村内に残留を希望していた人に対しての宅地造成は、国道や周辺整備とも関連して遅々として進展しないという状況であった。村内における宅地造成の基本的な方針が国および村で確認されたのは昭和52（1977）年11月のことである。

村のデザインが変わる

前述したように、伊勢湾台風が川上村に大きな災禍をもたらし、村民の心身がまだ癒えないときに大滝ダム建設の話が持ち込まれた。洪水調節ダムということであったことを考えると、行政側としては、安心して住める地域づくりにすばやく対応する必要があった。

すでに建設省は、対岸への通行の確保が必要なことから昭和43（1968）年7月、西河地区に鎧掛橋を完成させている。これでダムサイトへの右岸道路もでき、測量や調査などの便宜が一段とよくなった。と同時に、各移転地の考慮をしながら付け替え国道の整備が進められていった。しかし、大滝ダムの造成地は、村役場をはじめとする行政の中心地である迫地区のほか、大滝から吉野川に沿って上多古、柏木に至る多くの地区にわたる家屋399戸が完全に水没するほか、小・中学校の統合なども含めて475世帯が移転を余儀なくされた。さらに、平安時代中期に創建された由緒ある丹生川上神社上社が水没することもあり、高台に遷座する作業が行われることになった。

平成10（1998）年、神社の跡地から遺跡が発見され、3年間にわたる発掘調査が行われた。「宮の平遺跡」と呼ばれるこの辺りは縄文時代早期の大規模な集落跡であり、古代から人の住んでいた土地であったことが判明している。つまり、長い歴史を経て形成されてきた村の配置が大滝ダムの建設によって変わってしまったわけである。

平成3年1月29日に転流式が行われ、川の流れが切り替えられた

昭和59年１月、右岸に仮排水トンネルが完成。左岸中腹に工事中の新国道が望まれる

平成６年４月、両岸上部より表土の切り取り工程作業が。前年の５月には堤体のデザインも決定している

平成６年９月、台風26号により仮締切堤体が壊れる事故もあり、また度々オーバーフローがあり、関係者を悩ませた

平成８年４月、学べる建設ステーションや骨材プラント施設、その上に熊谷組などの共同企業体事務所や宿舎が展開している

平成11年12月、夜間照明に浮かび上がる堤体がきれい。夜明け前に撮影

昭和54（1979）年、水特法による村内における整備事業が告示されたことから、それぞれの集落内に道路の開設や水道整備、公民館の建設、全戸に浄化槽や焼却炉の設置が公共事業として行われ、ある意味、村が活況を呈した時期となった。

そして、昭和56（1981）年10月24日、それまでは川上村地域開発協議会で検討協議され、覚書で確認されてきた20項目（昭和41年３月31日の覚書）の再確認がされ、さらに平成10（1998）年４月には59項目にわたる事項が村、国、県によって再確認され、村の青写真が示されたと言える。新しい村の形を早く整えることによって、村民も落ち着いて生活再建に取り組めることになった。

昭和56（1981）年４月には三つの中学校を統合して「川上中学校」を人知に開校し、２年後の昭和58年４月には、水没する川上第二小学校の統合を見て、「川上東小学校」と「川上西小学校」の２校が発足した。そして、昭和63（1988）年４月、迫地区で進められていた宅地造成が完成すると、村営ホテルである「杉の湯」を開業し、７月１日

一般住宅の再建より一足早く、役場が移転開庁した（昭和63年７月１日）。左の建物は農協川上本部、迫にあった各機関団体が続いて引っ越しを行い、村の再建の先導役を果たすことになった。その後、２年位で一般住宅が整備された

人知地区の全景。写真の中央に昭和60年宅地造成が完成し、左のほうには昭和56年に統合の中学校がすでに開校している。この写真は平成７年に撮ったものだが、新国道の開通は平成10年３月である。その間、河中道路を迂回するなど、いかに住民が犠牲を強いられたのかが分かる

には国道169号が迫地区まで整備されると同時に役場の新庁舎が開庁するといった具合に次々と各公共機関なども移転し、村のレイアウトが決まっていった。

このような状況のなか、私には忘れることのできない思い出がある。中学校の開校を目前に控えた３月、学校への進入路が完成しておらず、それぞれの旧校からの備品の搬入も運動場からレッカーで吊り上げるといった状況であった。そして、開校してからも生徒たちは、道とは言えない畑の畔道を歩いて登下校をせざるを得なかった。このように大勢の人々が迷惑を被った原因は、国と地権者との補償交渉が円滑に進まなかったためである。

大滝ダム本体の工事に向けての転流式を、国は平成３（1991）年１月に行い、平成５（1993）年５月にはアンケートに基づくダムのデザインも決定して基礎部分の掘削などを進めていった。そして、ダム本体のコンクリート打設が平成８（1996）年11月18日に始まったのだが、

白川渡国道筋に造成された宅地。当初収容予定計画戸数で工事を進めたが、造成工事が遅れたために再建者は1戸のみとなり、現在でもこのような空き地の状態である

ダム着工に同意してから15年、村議会がダム反対決議をしてからは34年という年月がすでに過ぎていた。

また、丹生川上神社の移転が平成10（1998）年とあるように、各地区の生活再建は決して順調とは言えない状況であった。ダムの基盤整備が遅れて長引くことにより、留村の思いのあった人たちも転出に変わっていったという事実もある。

それに、先に述べた覚書や確認事項が現在に至ってもいまだ処理、解決されていない項目が数多く残されたままとなっている。これについては紙幅《しふく》の関係でここでは説明できないが、もし関心のある人がいれば村に来て調べていただきたい。ただ、一例だけ挙げれば、対岸道路の建設には手をつけられていない部分もあり、またかなりの延長が施工されているにもかかわらずなぜかバリケードが施され、使用できない状況に置かれている。つまり、道路の認定がされないままで閉鎖され、そのうえ落石などで歩くことさえ困難な所があるということだ。これでは、林業の振興どころか衰退に拍車をかけていると言える。

以下に、各地区別の水没世帯数表とともに、この間の経緯を年表にまとめておいたので参考にしていただきたい。

大滝ダム、生活再建関連年表

昭和37（1962）年	4月	大滝ダム調査事務所設置（実施計画調査着手）。
昭和39（1964）年	1月	川上村地域開発協議会が発足（村と県で）。
昭和43（1968）年	2月	山林補償基準協定締結。
	5月	土地立入調査の大字説明会（建設省）。
	7月	鎧掛橋が竣工。
昭和44（1969）年	1月	土地立入調査の実施へ（了承地区より）。
	4月	大滝ダム水没者対策組合連合会が結成される（6日）。
昭和45（1970）年	1月	個人補償調査実施（6日）。
昭和47（1972）年	4月	国、大滝ダムの建設に関する基本計画を告示。
	7月	国、第一次一般補償基準額を提示（3日）。
昭和48（1973）年	11月	五社バイパス供用開始（10日）。
昭和51（1976）年	6月	村外宅造（曲川町）橿原町と協定なる。
昭和52（1977）年	11月	村内宅地造成基本方針で覚書調印する。
昭和54（1979）年	12月	佐本宅地造成工事着手。
昭和55（1980）年	1月	上多古宅地（本川）造成工事着手。
	12月	北塩谷橋に着手。
昭和56（1981）年	2月	人知宅地造成工事着手。
	11月	北和田宅地造成工事着手。
昭和59（1984）年	1月	仮排水トンネル工事概成。
昭和60（1985）年	3月	寺尾宅地造成工事着手。人知宅造完成。北塩谷橋竣工。
昭和61（1986）年	5月	井戸宅地造成工事着手。
	10月	白屋橋に着手。
	11月	上多古（本川）宅地造成完成。
昭和62（1987）年	3月	北塩谷宅地造成工事着手。
	11月	北和田橋に着手。
	12月	井戸橋に着手。
昭和63（1988）年	3月	佐本宅地造成概成。
	7月	役場新庁舎開庁（1日）。国道169号線「大滝～迫」新区間開通する（1日）。
	12月	大滝ダム本体工事着手。
平成元（1989）年	3月	井戸宅地造成完成。
	6月	寺尾宅地造成完成。
平成2（1990）年	3月	北塩谷宅地造成完成。
	4月	ダム本体工事安全祈願祭並びに着工記念式典（27日）。

平成3（1991）年	1月	転流開始（29日）。
	6月	白屋橋、井戸橋、北和田橋が竣工（11日）。
平成4（1992）年	3月	宮の平宅地造成工事着手。上多古川改修（上多古支川宅造）工事着手。
平成5（1993）年	10月	武木宅地造成工事着手。
平成7（1995）年	3月	武光橋、鍬之瀬橋工事に着手。
平成8（1996）年	3月	白川渡宅地造成工事着手。白屋宅地造成工事着手。北和田宅地造成完成。
	11月	ダム本体コンクリート打設開始（18日）。
平成9（1997）年	3月	下多古宅地造成工事着手。
平成10（1998）年	1月	武木宅地造成完成。
	3月	鍬之瀬橋竣工（4日）。丹生川上神社御遷宮（14～15日）。宮の平宅地造成概成（17日）。武光橋竣工（20日）。白屋宅地造成完成（20日）。国道169号迫～下多古供用開始（23日）。
	4月	国道169号伯母谷地内供用開始（13日）。 ダム定礎式（25日）。
	6月	下多古宅地造成完成。
平成12（2000）年	8月	国道169号下多古～白川渡供用開始（10日）。
	8月	白川度宅地造成概成。
平成14（2002）年	10月	大滝ダム堤体完成。
平成15（2003）年	3月	ダム試験堪水開始（17日）。
	4月	白屋地区地盤変動発生。
	7月	白屋地区、元川上東小学校跡地（北和田）へ仮移転（20～22日）。
平成18（2006）年	12月	白屋地区村内残留者、大滝地内へ移転。

注：平成13（2001）年1月6日、機構改革により建設省から国土交通省に変わる。

大字別水没世帯（開発関連世帯含む）

大字	大滝	寺尾	北塩谷	迫	高原	白屋	人知	井戸	武木	下多古	白川渡	北和田	上多古	柏木	計	地すべり白屋
水没世帯	2	55	24	131	16	7	52	33	43	9	20	48	47	6	493	37
留村世帯	1	16	7	42	2	1	9	6	8	2	11	8	24	1	138	12
村外転居	1	39	17	89	14	6	43	27	35	7	9	40	23	5	355	25
留村率	0.5	0.29	0.29	0.32	0.13	0.14	0.17	0.18	0.19	0.22	0.55	0.17	0.51	0.17	0.28	

◆戻らぬ風景１◆

北塩谷集落（昭和59年８月撮影）

宮の平地区の全景（昭和39年撮影）公共機関が集まり村の中心地であった。左下の森が丹生川上神社で、この上方に移転した（平成10年３月14～15日）この地に宮の平地区の宅地が造成された

迫の国道沿い。南都銀行から上流に向け、官公庁や商店、旅館が並んでいた

丹生川上神社の例大祭（10月８日）には奉納柔剣道大会が行われていた（昭和41年撮影）

◆戻らぬ風景2◆

人知地内の交通緩和と安全などから、仮国道が対岸へ設置された（高原土場）

武木土場の水没前（昭和42年2月撮影）

鮎漁の解禁日は、家族総出の楽しい夏祭りであった（迫）

白川渡の鍬之瀬橋。この辺りの面影がすっかり消えてしまった

暗示されていた地すべり

ダムの目的は、基本データに記したように、紀の川の洪水調節と正常な流量を維持する不特定利水、大迫ダムとともに奈良県北部の11市15町村への上水道供給に加えて和歌山市を含む和歌山県北部地域・橋本市への上水道供給、和歌山市沿岸工業地域への工業用水供給、そして認可出力10,500キロワットの水力発電である。なお、洪水調節については、昭和49（1974）年に改訂された「紀の川水系工事実施基本計画」に基づいて、流域の宅地化進展による治水安全度を高めるために150年に１度の確率で起こる水害に備える計画に合わせている。

ダム本体は平成14（2002）年に完成し、その後試験湛水を行って平成15年に完成する予定であったが、４月25日、試験湛水中に白屋地区の斜面で亀裂が発見された。これは住民からの通報により分かったもので、直ちに国土交通省は監視を行い、５月11日に試験湛水を中断した。しかし、亀裂はさらに拡大し、この地区の家屋にも亀裂が入るなどした。

平成15年５月、試験堪水の際の丹生川上神社境内跡。浮き桟橋と右の方に龍のモニュメントがある

試験湛水の平成15年４月の白屋地区。地殻変動が生じていた

当然のことながら、村役場や村議会は国土交通省に対して抜本的な対策を要望したわけだが、早急なる解決には至らず、２か月後の７月には深刻な亀裂が入った６戸について仮設住宅への移転を開始している。

このあたりの事情を調べようと思って古い資料を探していると、〈週間金曜日〉（平成16年６月25日号）が目に留まった。「ダムが災害を引き起こす――30年前に警告されていた大滝ダムの地すべり」という見出しで内山卓郎氏が書かれたものである。長野県の「浅川ダムとウリ二つ」と記したうえ、「2000年10月に当選した田中康夫・長野県知事は就任の約１ヶ月後の現地初視察で、『このダム計画をつづけることは将来に禍根をのこす』と一時中止を表明」と伝えている。そして、白屋地区については以下のように記している。

> （前略）白屋地区の住民によってダム計画の当初から地すべり発生の不安が指摘され、反対運動へむすびつき、78年［昭和53年］11月の時点で「61戸全戸移住」の要求までだされていたという事

実である。しかし建設省は水没者への補償のみにこだわり、住民の要求には応じなかった。白屋区長の井阪勘四郎さん（75）は行政への不信と憤りをこめていう。

「ダム計画ができたころから地すべりの危険性をいいつづけてきた。が、当時の建設省は住民の意見をきこうとはせず、ダム建設一筋。委員会の専門家の人たちも『浅い地すべりだ。防止策をするから安全だ』というだけだった。結果として私たちの意見が正しかったことが証明された。当面は全戸永住移転と生活再建の見通しをたてなければ……」

平成３年６月の対岸白屋地区。護岸工事なのか地すべり対策工事なのか、コンクリートで包まれている。下に河中道路が施工されている。右下は当時の国道、第二中学校らも解体撤去されている。

大滝ダム建設と関連する「白屋・人知地区の地すべり」について、行政が設置した委員会は何冊かの調査報告書をまとめている。奈良県のダム地質調査委員会（委員長佐々木憲三・京都大学名誉教授、地すべり学会元会長。以下、県委員会）は78年10月の「ダム地質調査報告書」で、白屋地区については「深さ70メートルまで風化した粘土が認められる……地すべりの深さは風化岩盤内まで考えた場合平均15メートル、最大25メートル」だとしている。発生するとしても「浅い地すべり」というわけだ。

県委員会の76年４月の中間報告書は、白屋で掘った80メートルの試掘横杭（地質調査用小トンネル）で３本の断層を確認した、

> と書いているが、最終報告書ではこの断層について一言も触れていない。（後略）

　前節でも記したように、大迫ダムの建設中にも地すべりが発生しており（昭和42年）、かねてからこの流域における地盤については脆弱性が専門家から指摘されていた。当時の建設省は深度50メートルまでのボーリング調査を行い、過去に地すべりを起こした形跡がないことや脆弱な地盤は範囲が狭いなどの検査結果を示し、約10年後となる平成23（2011）年の現在、毎日250台もの大型トラックが国道を行き来しての地すべり地域に対する恒久的な対策が続いているのだ。つまり、ダム本体は完成しているが、ダムの機能を果たすことがないということである。

　ちなみに、白屋地区の地すべりが発覚する３か月ほど前の平成15（2003）年２月28日に国との覚書を確認した事項では、「ダム湖内の地すべり対策は、寺尾地区が残っており、試験堪水までに完了する。その他の佐本・平和垣内・白屋・人知・上人知についてはH13年迄に実

大滝・大津古の地すべり対策工現場。排水できない状況のなかでの土木工事であるが、完璧に施工されているのであろうか。また、下流域への生態系に大きな影響を与えると考えられる（平成22年４月撮影）

施済み。今後も井戸地区を含め観測計器を設置し、動態観測を行う」（「大滝ダム建設事業に関する覚書」より）とあるが、白屋に続いて現在、大滝、高原土場が対策中である。井戸地区をはじめ村内の不安定な地質を思うと、次に湛水したとき、白屋地区のようにすぐに現象が現れたらまだ救いがあるが、じわりじわりと現象が現れる場合もある。第4章でも述べるように（289ページより）、大規模な水中洞がダムの湛水域内に存在することが明らかであることから、今後本当に大丈夫なのかと大いに不安を覚えることも事実である。

昭和37（1962）年に建設省が大滝ダム調査事務所を吉野町に設置してから、今日まで50年の歳月を要している。いまだに「賽の河原の石積み」のような地すべり対策が続けられているために完成には至っていない。3世代に跨る気の長い話であって、記憶が薄らいでいき、多くの記録が散逸し、鉢巻きを締めて反対に気勢を上げていた多くの人たちもいなくなり、大滝ダムのことを個人がまとめるのは不可能な状態となっている。

しかし、これらの工事に約3,640億円の事業費が費やされており、今後も地すべり対策などでその額が増えることが確実なため「税金の無駄遣い」と言われて批判の対象になっているが、それも当然であろう。当初、230億円とされていた大滝ダムの建設事業費は、前述したように現在3,640億円にまでふくれあがり、いまだ完成のめどが立たないコンクリートの壁と250台ものダンプを毎日のように見ている。とても、山深い川上村に似合った光景ではない。

このような事態を招いてしまった責任は、いったいどこにあるのだろうか。前掲の〈週間金曜日〉の記事は、次のように締めくくられていた。

　究極的には、事業計画に予算付けをし、調査不足のままそれいけどんどん方式で建設一途の道を走らせてきた、過去約30年間の建設省と国土交通省の大臣・事務次官・河川局長等であろう。
　が、政治家は責任から逃げる。官僚もまた、行政の過失責任（瑕疵）が裁判の判決で明らかになったときでも責任をとらない人たちである。
　忘れてならないのは側面的な協力者の存在である。事業当事者の国の行政に対して権威付けをし、事業計画の実施具体化を下支えしてきた学者、専門家たちの責任である。政官財の３大権力と第４権力の報道に続き、第５の権力ともいわれる「学の責任」である。
　具体的にいえば、地すべり学会の会長・副会長を務めてきた大学教授や建設省・国交省の土木研究所（現在は独立行政法人）の専門家たちである。大滝ダム関連のいくつかの委員会は、ほとんどすべて地すべり学会と土研の委員で構成されている。地すべりに関しては、日本の最高権威と目されている人たちである。

　これまで村民は、国の説明する対策工事を信頼して、流れに沿ってダムと付き合ってきた。しかし、ダム建設を目前で見てきた私が今改めて願うことは、「住民不在」としか言いようのない事業計画が今後行われないことである。もちろん、本書において記していることは私の知る範囲でのことであって、決してすべてではない。伊勢湾台風が原因となって大滝ダムが建設されるという流れから、その建設の過程を手元にある写真とともに説明させていただいた次第である。
　すべての反対組織の誕生の経緯や活動、そして建設過程やその顛末を整理すれば大滝ダムをめぐる裏の全貌もつかめると思われるが、言うまでもなくそれはとても難しい。仮に「大滝ダム誌」が刊行された

役場庁舎内（昭和40年撮影）

としても（というより、刊行しなければならない）、その全貌が明らかにならないかもしれない。ひょっとしたら、国土交通省において「大滝ダム工事史」が先に発刊されるかもしれないが、巨額を投じたダム建設を果たしてどのように位置づけるのか……できることなら早く見たいと、本書を執筆する過程で思うようになった。

振り返ってみると、私が最初に役場に勤務したときの村長は、先にも記した住川逸郎氏であった。ダム問題について、毎月の「川上村広報」に「視点」と題してその時々の考えを掲載されていた。「反対」から「賛成」への選択をされたときの広報（昭和41年３月）を読めば、村長の心情や思い、そして当時の村の姿が多少なりとも分かっていただけると思う。本章の締めくくりとして、以下に引用させていただく（住川逸郎村長は、時に村有林の競売入札で業者による談合事件があり、責任を取って辞職されている。昭和43年６月18日退職）。

村民のみなさんへ

川上村長　住　川　逸　郎

ダムの問題につきましては、かなり長い間、相ともに帰趨に迷ったようなことでした。わたくしは、もともと、この問題はゼロか百かと考えており、姿勢、それも基本姿勢としては、今でも反対という姿を崩さないし、今後もそれで良いものだと信じています。

けれども、また、この問題は、単に、理事者の考え方や、村議会の議決だけで、うまく運ぶ問題ではなく、直接村民のみなさん、とくに水没を予定される方々の動向によって、最終的に決定されてしまう問題でありますところに、困難が横たわっているのでありまして、基本態度一本で押し切れない弱さをもっているのであります。すなわち、過去多くの例に徴しましても明らかでありますように、いわゆる絶対反対から条件闘争へ（わたくしは、この言葉をいまだに好みませんが)、これが、ダム築造の過程であるように見うけられるのであります。

旧役場玄関

村にとって利益の無い事業に賛成するわけにはまいりませんが、村民自体の側に、若し反対の線が、たとえ一角にもせよ崩れ落ちて、それを拠点にして、いわゆる、施工者

丹生川上神社境内で住川村長と話し合う住民

側との妥協ムードができあがる過程を眺めつゝ、これではいけない、これは、条件らしいものを何ひとつ闘い取ることのできないうちに、ダムができあがるんじゃないか、という惧れが感じとれ出す。これが、理事者として裁断をおろす「時」を決定する重要なポイントになるものと考えます。

わたくしは、既に、その「時」が来ていると考えており、今まで度々、広報でも取りあげてまいりました。よく世の中でも言われますように、最後まで行きつかないうちに、お互いに、なお話し合いに気持よく応じ合えるうちに話し合った方が、平たく言えば得策だと思うのです。そうすることによって、権利を正しく主張することのできる、共通の土俵にのぼろうと思うのです。それも、明快に、そして着実に。

さりながら、ダムの構築によって、この村は、完全にその姿を変えましょう。思えば悲しいことですが、この際、いたずらに感傷にふけることなく、方策を将来に托したいと念願いたします。

何処の例をみましても、ダムの完成までには、まことに紆余曲折、長年月を費やしております。わたくしの思うところでは、これもよくない、一たん決定したら、完成はむしろ早い方がよいのです。

ですが、どうか誤解しないでください。この村と村民を無条件に放置しようとしているのではありません。今こそ重大決意をして、施工者側とよく話し合いに応じます。そのかわり、主張すべきは主張しましょう。ただそれだけです。

村民のみなさんの心からなる理解と協力を期待いたします。

昭和41年３月30日（広報とは別に発行）

大滝ダムの建設予定地で、永六輔氏を招いて「湖底サミット」が開催された。その際、東川の子どもたちによって「古典太鼓踊り」が披露された（昭和61年５月18日）

第4章

どうなる川上村

人はもちろん生き物すべてが水に支えられている。大切できれいな水が地球上からなくならないようにしなければ

1 水はタダか？

前章の冒頭でも述べたように、吉野川の水をめぐっては下流域の和歌山県と様々な対立があった。それがダムの建設によって解消し、現在、川上村は奈良県の北部を中心とした地域、そして和歌山県の橋本市を中心とした所に対して、上水道の供給という大事な役目を果たしている。水に関して、最上流域に位置する川上村の責任は想像以上に大きいものがある。

かつて川上村は、他県の五つの「川上」（岡山県川上町、岡山県川上村、長野県川上村、岐阜県川上村、山口県川上村）と連携して、「のぞいてみませんか、コップの水の故郷」という発想のもと1988（昭和63）年から「全国川上水サミット」を開催したり、源流域としての位置づけを明らかにするために全国に向けて「川上宣言」を1996年８月１日に発表するなど様々な活動を行ってきた。しかし、平成の大合併により川上村が２村（奈良県・長野県）だけとなり、残念なことに現在は活動ができなくなっている。それに代わって立ち上げられたのが、全国の源流域９町村で組織されている「全国源流の郷協議会」（2005年11月30日設立・事務局は山梨県小菅村）である。もちろん、わが川上村も同協議会の会員となっている。

ところで、読者のみなさんは、現在日本の森林が外国企業などによって買い求められているという事実をご存じであろうか。山を維持管理する住民が現在以上に少なくなっているという理由のほか、所有者も魅力のなくなった山を手放すことに抵抗がないという現状もある。特に、代替わりの時は抵抗なく売ってしまう可能性が高い。

ちなみに彼らは、山の経営を目的として買っているわけではなく、水源地を買い占めようとしているのである。いや、もう少し正確に言うと、水を必要とする日本人から高額の利用料を得るためかもしれない。そうなると、言うまでもなく水道代が上がることになる。もし、これに応じない場合は、買われた森林をかなりの高額で買い戻さざるを得なくなる。そのような状態になることを危惧して、東京都をはじめとした自治体において水源地を買い取ろうという試みが行われている。

このような状況に対して、「全国源流の郷協議会」の降矢英昭会長をはじめとした代表が2010年12月１日に農林水産省を訪ね、関係閣僚に対して「外国資本による水源地購入に関する法的規制の措置や健全な森づくりに欠かせない林道や森林作業道の積極的な整備と、国産材の需要拡大」などを要請している（「源流の四季」第40号、2011年１月、多摩川源流研究所発行を参照）。

そして、2010年10月23日、協議会は「第１回　全国源流サミット」を山梨県道志村にて開催して「源流宣言」を採択し、その内容を農林水産省を訪れたときに伝え、源流の再生への理解と協力、支援などを求めている（「源流宣言」については次ページのコラムを参照）。

いずれにしても、「水は天からの貰い水」とかつて私たちが子どもの頃は言っていたことが、これから先はどうなるか分からなくなった。これまで一人当たり一日に約300リットルの水を「タダ」という感覚で使っていた日本人に、「水は資源である」という現実が突きつけられたことになる。これまで以上に全国各地の源流域が重要な責任を負うことになり、国民それぞれに、水に対する意識の向上が求められることにもなる。

当然、川上村においても「水源地としての誇りと責任」、そして「その重みを内外にしっかりと発信」していく必要がある。また、現在村が所有している森林は全体の２％でしかないため、山林を所有する人たちにも意識の向上が望まれる。しかし、その川上村の高齢化率は50％を超えており、県内一番の水準となっている。

コラム　源流宣言　――未来を拓く源流新時代の幕開け――

豊かな森林（みどり）に覆われている源流は、清らかな水を湛え、綺麗な空気などの恵みをもたらし、人々の暮らしを支え、元気な心を養い人間らしい生き方に大きな影響を与えると共に、国土を保全してきました。

今、源流は、急速な少子・高齢化が進み、古来より培われた歴史や文化が消滅し、大切な森林が荒廃の一途を辿っています。地球規模での異常気象が振興するなか、このままでは、山は崩れ、河川は暴れ、国土の荒廃へと進んでしまいます。

生物多様性の保全や地球温暖化防止への取り組みとして持続可能な循環型社会の構築が求められる昨今、豊かな資源に恵まれた私たちの源流を再生し、確実に次世代に引き継ぐことが、私たちに課せられた喫緊の使命であると痛感いたします。

私たちは、源流新時代の幕開けを切り拓くために、国民共有の財産である源流を社会全体で守り、そして育んでいく国民的運動を展開することを誓います。よって、ここに源流宣言を発します。

一　源流に生きる私たちは、国土や生物多様性の保全、地球温暖化や自然災害の防止のため、水源の涵養や教育・福祉のさらなる充実を求め「国民参加による源流再生」を進めます。

一　源流に生きる私たちは、持続可能な循環型社会の構築のため、上流域と下流域が一体となって、森林の再生に取り組みます。森林内路網の整備を促進させ、多様で健全な森林の整備や木材の友好的な活用を図り、源流の特質を生かした「源流産業」の振興を目指します。

一　源流に生きる私たちは、安全で心安らぐ健康的な国民生活の実現のため、源流と都市などとの上下流の交流・連携を推進し、日本の希望と未来を拓く源流の魅力と可能性を情報発信しながら「元気な源流づくり」を進めます。

一　源流に生きる私たちは、低炭素社会実現に向けて、木質バイオマスや水力、風力などの自然エネルギーの研究、活用に取り組みます。さらに、次代に備えて、源流の暮らしが育んできた本物の知恵と技を若者に伝えるため、各地の大学やＮＰＯ・企業等と連携して全国に向けて源流大学の開設、普及に取り組みます。

一　源流に生きる私たちは、未来永劫、豊かな森林《みどり》を育み、伝統と文化を継承し、その暮らしを紡いでいくために、「源流文化体験」を通して流域の内外で人材教育、担い手の育成に取り組みます。

平成22年10月23日

第1回全国源流サミット

全国源流の郷協議会

会　長	山梨県	小菅村長	降矢　英昭
副会長	宮崎県	五ヶ瀬町長	飯干　辰巳
副会長	長野県	木祖村長	栗屋　徳也
会　員	宮崎県	椎葉村長	椎葉　晃充
会　員	岡山県	新庄村長	笹野　寛
会　員	高知県	津野町長	池田　三男
会　員	奈良県	天川村長	柿坂瀰壽麿
会　員	奈良県	川上村長	大谷　一二
会　員	長野県	根羽村長	小木曽亮弌
会　員	長野県	川上村長	藤原　忠彦
会　員	山梨県	道志村長	大田　昌博
会　員	群馬県	みなかみ町長	岸　良昌

源流三之公川

わが川上村は、2011（平成23）年は中学3年生が一人もいないという状況で人口減が続いており、この先それが止まる見通しもない。かつて隆盛を誇った林業も山の案内さえできる人がいなくなり、先祖から受け継いだ山もその境界が分からないために管理ができないという状況で、山の価値を問うどころか放置されているのが現状と言える。要するに、源流域にある小さな集落では「限界集落」化し、神社や寺院の管理はもとより共同体としての機能が維持できなくなっているということである。その原因を考えると、やはり林業の低迷とダム建設にあったと思われる。

とはいえ、ここに来て地球温暖化が深刻な問題となったことも手伝って、ようやく森林のもつ機能が改めて認識されるようになってきた。全国的にも森林環境税や水源税として水道料金に上乗せしたり、目的税として県民税に含めて徴収し、水源地などの環境保全事業などを支援しようとしている。一例を挙げると、神奈川県では県民税の時限立法（2006～2010年度）として積算190億円の事業費を確保して積極的に環境保全を展開しているし、渇水時に水不足で悩む香川県では、利用用水の上流にある高知県に年間3,500万円の支出をしているようだ。

このようなことがもっと全国的に知らされ、外国資本が入り込む前に多くの人々が林業の衰退から過疎に悩む町村に目を向けるようになり、かつてのように水の心配もなく、各地の平野に実りの秋が訪れ、美味しい農作物とともに美味しい水が飲める環境を取り戻す必要がある。そのためには、何と言っても教育が必要であろう。和歌山市が三之公の源流に「市民ふるさとの森」を設置し、現場において市民を対象とした環境教育などを行っていることは喜ばしいことである。

その教育を中心とした活動を川上村で展開しているのが「森と水の源流館」である。以下では、その役割などを含めて活動内容を簡単に紹介していく。

2 森と水の源流館

森と水の源流館の目指すこと

ここ川上村は、吉野川・紀の川の源流の村。降り注いだ雨は、森に蓄えられ、それが湧き水としてゆっくりと流れ出て、やがて一筋の流れとなり、吉野川（紀の川）となって奈良盆地や遠く和歌山平野にいたる大地を潤します。豊かな「森」と「水」の恵みを、未来の子どもたちに手渡したい。そのために私たちは何を考え、何をするべきなのでしょうか。

「森と水の源流館」の入り口

私たちは、源流を通して自然と私たちの関わりをみなさんといっしょに考え、行動し、その体験から一人ひとりが答えを見出していく取り組みを「源流学」と名づけました。

「森と水の源流館」は、みなさんを源流（「源流学」）へといざないます。自然や環境、生き物たち、いにしえからの人々の暮らしなどにふれ、源流とは何か、私たちの暮らしとどんな関係があるのか、「森と水の源流館」でいっしょに体験してみませんか？

これは、「森と水の源流館」のホームページの冒頭に書かれてある文章である。このなかに出てくる「源流学」について、館長の辻谷達雄氏は次のように書いている。

「『源流学』とは、源流を通して人と自然の役割について考え、行動し、その体験の中から一人一人が答を見出していく取り組みです。大学の先生方や専門家だけの研究テーマではなく、源流の自然、環境、生き物、生活、風土、人や物の交流、産業、歴史、遊び等、源流についてのさまざまなことを知り、行動していくことが『源流学』であると考えています。現代社会が失ってしまったもの、また見失ってしまいそうなものを源流域で学ぼうというものです」（パンフレット〈源流学のススメ〉より）

単に、自然環境や水のことだけを考えるのではなく、そのエリアに存在するものすべてを対象として学ぶという考え方は敬服に値する。川上村のこれらのことが簡単に分かるように、館内の３階には「川上村物語」と題されたビデオシアターがある。「自然編――龍はよみがえる」、「歴史編――未来への伝言」、「筏編――未来へと繋ぐ」の３本を観れば、川上村の全体像が分かるようになっている。それぞれ10分ほどの映像だが、よくできていてなかなか見応えがある。

そして、何と言っても迫力のあるのが２階にある「源流の森シアター」である。「10mをこえる巨木が立ち並び、谷筋から水が湧き出

２階にある、木々を見上げる源流の森のジオラマ

す源流の森の姿をそのまま再現しました。四季を通して変化する森の美しさや神秘的な自然現象、色々な生き物のようすが、巨大パノラマ映像で体験できます。かけがえのない源流の森が伝えるメッセージをからだ全体で感じ取ってください」という案内どおり、まるで森の中にいるような錯覚すら起こしてしまうほどである。「森編」、「川編」の２本で構成されている映像を都会の人たちが観たら、すぐさま現場に足を運びたくなるのではないだろうか。

もちろん、このほかにも、大型水槽で紀の川の河口和歌山市から吉野川の源流川上村まで川を遡るようにそこに棲む生き物の違いを紹介したり、村にあった古民家を移築して当時の生活の様子を紹介しており、十分に楽しめる施設となっている。しかし、それ以上にすごいのが、ここのスタッフが年間を通して行っているイベントの数である。定例プログラムとなっている「水源地の森ツアー」、「もりみず探検隊」、「吉野川紀の川しらべ隊」をはじめとして様々なプログラムが毎月開催されているのだ（詳細はホームページを参照）。それ以外にも、近畿圏の都市で行っているパネル展や県内の小学校に出向いての「出張源流教室」などを行っており、源流学の基礎を村外の人たちに伝えている。

また、定期的に来村して源流学を学ぶという学校も多い。奈良県内から約80校の小学校、下流域の和歌山県からも数校の小学校がわざわざ川上村まで来て学んでいるほか、中学校から大学に至るまで多くの若者が学んでいるのだ。言うまでもなく、これからの源流域である川上村を守っていくのはこのような若い世代の人たちである。それだけに、少なくとも吉野川（紀の川）流域に住んでいる若い人たちに村に来てもらって源流域のことを知ってもらい、継続的に維持管理する社会的意義を学んでもらいたいと私は思っている。

もう一つ、村の魅力に取り憑かれた若い人がいれば移住してきてもらい、その彼らに村の将来を託したいとも思っている。「都会だけが生活の場ではない」と、年老いた私は力説したい。また、それだけの価値がある村だということを、70年以上にわたってこの村で生活した人間として断言することができる。

それでは最後に、この村の魅力をさらに高めるために、村の観光資源の一部を紹介していきたい。近畿圏に住んでいる人でも川上村の所在を知らない人が多く、訪れる人も少ないためにその整備や開発が遅れているという面もあるが、これらの資源の活用も次世代の人たちに託したいと思っている。

3　村の観光資源

現在、「川上村での観光は？」と問われたら、確かに一言で答えることは難しいであろう。「ダムで観光開発」とこれまで謳われてきたわけだが、大迫ダム湖の釣り堀公園程度では心許ないし、大滝ダムもまったく期待がもてない状況と言える。しかし、第1章でも紹介したように、1500年にも及ぶ歴史ロマンもあれば、550年にもわたる後南朝の史跡がある。吉野山や大台ヶ原のような派手さはないかもしれないが、村内には年中を通じて心を癒してくれるポイントがいっぱいある。近年、健康管理と静かさを求めて定年退職をした人たちがたくさん各地を訪れているようだが、そういう人たちにとっても最高の穴場ではないかと思っている。

万葉人の足跡や後南朝にまつわる史跡以外にも、村内には鍾乳洞とか美しい滝がある。自然がつくり出した神秘なる光景を鍾乳洞で見、山菜採りをしながら渓谷を登っていって滝を眺めることによって新しい発見が必ずある。まずは、鍾乳洞から紹介したい。

鍾乳洞

中奥川の石炭岩層

私は、幼い時から鍾乳洞に興味があった。その理由は、白川度にあった「天人窟」が理由であるかもしれない。母の実家にあった小さな洞窟であるが、夏休みになれば「天然クーラーだ」と言ってよく入った。また、「鍬之瀬橋」の由来を聞き、下多古にある洞窟がここまでつながっているということを知って驚いた。

さらに驚いたのが、中奥川が干乾しになることであった。川の近くの石を取り除くと、流れが全部吸い込まれて下流に流れなくなり、魚のつかみ取りの絶好の場所となった。祖母がせっせと「よしのぼり」（地元ではチチコとかバタコという）を竹籠に入れて持って帰り、佃煮をつくってくれた。当時でも違法な漁法であったと思うが、そこは食糧難の時代、暗黙の了解があったのであろう。その後、昼過ぎに元に戻すのだが、川の底に大きな洞窟が潜んでいるという神秘的な光景を目の当たりにしたときには、不思議に思ったと同時に感動もした。

これ以外にも、村内には多くの洞窟がある。しかし、現在観光的に公開されている洞窟は、奈良県の天然記念物の指定を受けている柏木地区にある「不動窟」でしかない。大峰修験者が柏木ルートを利用した際は、修行の一環として、大迫にある播竜窟や北和田にある水晶窟も探勝したと言われている。

村ではこれらの洞窟の可能性を探り、2004（平成６）年に調査を行ったが、規模が小さいうえに点在していること、また白川渡、中奥川付近の洞窟は水中洞となっているため観光用としては利用が難しいという結論を出した。しかし、私の受けた感動はいまだ消えない。先ほど記した「鍬之瀬橋」にまつわる洞窟のことである。目視程度の調査報告であり、かなり上流域から地下に水が染み込んでいる状況を調査していないようである。何としても、この洞窟に関しては夢で終わらせたくないと思っている。再調査して新たな観光名所にするだけでなく、森と水の理解がより得られる切っ掛けになるかとも思っている。

以下に、村内にある洞窟を地区別に紹介しておこう。

不動窟の入り口

不動《ふどう》窟（柏木）――次ページのコラム参照。柏木には、ほかにも聖天《しょうてん》窟・聖護院窟があり、それぞれ深さ20～40メートル。

水晶窟（北和田）――「釈迦窟」とも言われ、深さは約120メートルで、奥には釈迦の像が置かれていると言われているが、現在は崩壊して中に入れない。

蟠竜《ばんりゅう》窟（大迫）――コウモリが多く棲んでいたことから「コウモリ窟」とも呼ばれている非常に大きな洞窟。入口から10メートルほどの所に「蟠竜の浮彫」と呼ばれる自然の彫刻がある。ほかに、弁天窟、あさい窟がある。

水晶窟の入り口

村内には、これら以外にも天人《てんにん》窟（白川度）、滝の窟（神之谷）、天誅窟、ラセン洞（ともに伯母谷）がある。

コラム　不動窟

この不動窟は、約２億5000万年前にできたとされている。役行者《えんのぎょうじゃ》によって約1300年前に発見され、不動明王が祀られていることからこの名前が付いた。それ以来、多くの修験者がこの洞窟で修行を行っている。

年間を通して平均気温が13度という洞窟の中は四つの窟《いわや》からなっていて、それぞれが狭い道で結ばれている。三つ目の窟に来ると、滝の轟音に驚き、流れ落ちる急流を目の当たりにして思わず感嘆の声を上げてしまう。実は、この急流、どこから来てどこに流れていくのかが分かっていない。まさに「水の隠れ家」である。岩の裂け目から流れ出し、また岩を砕くように流れ込んでいく水。大自然の荘厳さとその神秘性に感動する瞬間である。

第３窟から這うようにして「胎内潜り」と名付けられた通路を潜り抜けると、「奥の院」と名付けられた第４窟に至る。洞内で最も広い場所であるが、ここの壁に龍が潜んでいた。自然がつくったアート、是非、ご覧になっていただきたい。

外に出て、国道169号に面した駐車場の右手に「不動水」と書かれた水汲み場がある。洞内から水を汲み上げて、誰でも持ち帰ることができるようにしている。「奈良のおいしい水31選」にも選ばれている水だけあって、休日には奈良市内や大阪からも訪れる人が多い。

鍾乳洞の中にある不動の滝

滝

次は滝の紹介である。第１章でも記した「蜻蛉《せいれい》の滝《たき》」以外にも、川上村には美しい滝がたくさんある。しかし、簡単に鑑賞できる滝はわずかであり、水量によって大きく表情が変わるのも滝の常である。そのいくつかを、私が撮った写真とともに紹介していこう。

琵琶《びわ》の滝《たき》（下多古）――下多古川の清流を辿りながら森林の中を歩いていくと吊り橋がある。それを渡って滝見台に登れば目の前に望むことができる。大峰山系の豊富な水量で、いつ訪れても満足させてくれる滝であり、春の新緑、秋の紅葉の時期、冬の氷結といったぐあいに思わずため息が出るほどの光景を楽しむことができる。写真は滝見台から撮影したものだが、滝見台の手前は足元に少し注意が必要である。

中の滝（下多古）――琵琶の滝頭より10分ほど上に登った所にある。

御船《みふね》の滝《たき》（井光）――白い衣の菩薩が水量によって表情を変える。それぞれの菩薩に名前を付け、少し精進の気分になれることもあってファンの多い滝である。冬期の氷瀑は文殊菩薩を現すとも言われ、知恵を授ける滝と伝えられている。

岩戸《いわど》の滝《たき》（井光）――井光川の初夏の新緑・秋の紅葉に映える。

明神《みょうじん》の滝《たき》（入之波）――落差50メートルの直瀑で、勢いよく流れ落ちる滝しぶきでマイナスイオンの飛沫浴を楽しめる。

大《おお》天《てん》井《じょう》滝《たき》（高原）――天川村洞川へと続く林道近くにある。ドライブの途中でも気軽に立ち寄れる滝である。

西河《にじっこう》の滝《たき》（大滝）――「この滝は近づいて見よと貝原の翁が訓戒を残していることもあるので、つとめて間近に覗いて見ると、その辺り全てなんとも言えない大きな岩石の数多く重なり立つ間を、あれほど大量の川水が走り落ちるようすは、岩に触れて砕け上がる白波の光景などは、面白くても恐ろしくても、言うのはかえって疎かになってしまうだろう」『菅笠日記』より。

雌滝《めだき》（大滝）——雄滝の上流を20分ほど歩いていくとあり、夫婦滝の感がある。

雄滝《おだき》（大滝）——写真の上部、見えないところにまだ二段くらいあり、高さは60メートルもある。村道際にあり、容易に鑑賞することができる。

仙女《せんにょ》の滝《たき》（西河）——名も知らぬ滝に出合うことがある。ここで秘かに水浴びをする仙女をイメージして、私はこのように名付けた。

蜻蛉《せいれい》の滝《たき》（西河）——昔は「玉之緒の滝」と呼んでいた。雄略天皇にまつわる伝説は第1章で記述したとおり。

私は、紅葉に映える秋の滝より新緑のころの滝が何となく好きである。やはり、自然の新しい息吹を水がもたらし、その勢いが滝の存在を高めているのかもしれない。それに、5月から6月の雨の多い時期、滝を囲む新緑が水に濡れて写真を引き立ててくれるという魅力がある。こんな滝を見に行くためには山道を歩かなければならない。従来の杣《そま》道《みち》が消え、けもの道のほうが道らしくなっているが、いずれにしろ注意が必要である。滝までの行程については、観光案内書やインターネットなどで紹介されているので、それらを参考にしていただきたい。

手軽な山歩き

最後の観光案内として、ハイキングコースの紹介をしたい。きれいな水と緑のなか、体力づくりを兼ねて自然散策できる山歩きコースが村内には何か所かある。とはいえ、山の中に位置する村のことゆえ交通が決して便利ではないので、出発点と終着点のことを考慮する必要がある。あいにくと本書は旅行ガイドブックではないのでその点に関しては詳しく書けないので、他の案内書やパンフレットを参考にしていただいて挑戦してほしい。

比較的楽な山道を行くハイカーたち

吉野山へ——近鉄大和上市駅からバスを利用して、大滝を10時頃に出発するのがよい。芭蕉ら古人の歩んだ道、西河《にじっこう》の滝、龍泉寺、蜻

コアジサイの群生

蛉の滝などを経て、爺坂婆坂を越えて青根ケ峰に行き、奥千本から吉野山散策をして近鉄電車で帰るという、一番よく歩かれているコース。毎年4月、5月は大勢の人で賑わっている。

白屋岳へ——地すべりの影響から無人となった白屋集落を抜けて、白屋岳へ登るコース。振り変えると、水のないダム（？）に張り付く新集落の姿が眺められる。5月のシャクナゲ、そして6月、山の北側林道武木－小川線付近の山中に咲くコアジサイの群落は見事である。また、国有地となった白屋集落跡に芝桜などが植えられて「花園の里」となれば一挙に汚名返上になるのではないかと思っている。

大天井岳——天川村との村境にある五番関トンネル付近に車を止めて耳を澄ますと、大峰修験者の鈴の音が聞こえるのではと思うほど吉野大峰奥駆け道（世界遺産）が近くにある。その奥駆け道より大天井ヶ岳へのコースもよく利用されているが、木が大きくなって見通しがあまりよくない。しかし、時には「六根清浄、六根清浄」と唱えて歩く修験者に会うこともあり、現世を離れた気分に浸るのにはちょうどよい。また、柏木から大迫、伯母谷覗き、小笹の宿、

木の根を踏み分けて参詣する修験者

山上へのコースも推奨したいが、山上近くの阿弥陀森からは女人禁制となっている。

それにしても、伯母谷覗きの絶壁から台高山系を望むパノラマはすばらしく、また１町（約108メートル）ごとに石標が道案内として設けられていることも登山者には心強い味方となる。しかし近年、この石標が多く欠落しており、村で何とか整備して欲しいと思っている。

明神の滝に歴史を知る巨木が流れ込み、太古の雰囲気に包まれる

三之公・隠し平——第１章で紹介した後南朝の遺跡コース。村の最奥、まさしく源流であるが、林道の終点まで車で行き、そこから徒歩で「明神の滝」までが１時間、さらに１時間ほど歩くと「隠し平行宮跡」に着く。約600年近く前に後亀山天皇の皇孫が住まわれていたというこの地で、時を超えた思いに耽ってみるのはいかがだろうか。原生林を管理する村の「源流の森」もここにあるが、夏場には山ヒルが多いので注意が必要である。

これらの観光名所のほかにも、釣りを趣味としている人に是非おすすめしたいのが「渓流の女王アマゴ釣り」である。村内には支流を活かした特定漁場、釣り場が設置されているため手軽な釣りを楽しむ人も多いが、澄み切った水、鳥のさえずりを聞きながらきれいな谷を遡上すれば天然物を釣ることができる。もちろん、漁協の遊漁券を購入する必要があるが、その醍醐味は格別である。

ダムができるまでは吉野川のアユも全国に名が知られていたわけだ

アマゴを狙って

が、この地のアマゴなどの川魚の質の良さを天下に知らしめたという歴史が川上村にはある。

1937（昭和12）年6月26日に皇太后陛下が県内に行啓せられた際、川魚を川上村の漁協にご下命されている。そして、25日にアマゴ上納の下命、27日にマス、アユ、ウグイをご下命され、非常にお気に召され、7月4日には名古屋の御泊所へご下命、同7日には沼津の御用邸、さらに8日には東京の大宮御所へと拝命された。

このことについては当時の〈村報〉に詳しく書かれているが、衛生、配送、取り扱いなどの苦労話についての記載のあと、「（前略）我が村民はこの天與の河川を利用し、大いに水産業を盛んにし、漁業の道徳を守り、濫獲を戒めて、お互いの福利を増進し、この有難き御聖旨に應へ奉らねばならぬ」と結んばれていた。

アユは一名「香魚」と呼ばれ、キュウリに似た香りがする。苔を食べることによると言われているが、養殖物であれ天然物であれ、水質の悪い河川のものではその香りはしないし、当然味も落ちる。かつてのような本物の川魚の味がなくなってしまうような現状は、誠に悲しいことである。

4　村のおみやげ——「大滝茶屋」の柿の葉寿し

昔から、川上村の土産物としてはアユ、アマゴが主流となっている。釣り人や川遊びの人々が年々増加するに従ってそれらの人気は一層の高まりを見せたわけだが、それ以外に「名物」と呼ばれるものが村にはなかった。一時、シイタケやシメジ生産組合も生まれたが、長続きすることはなかった。

1961（昭和36）年７月に大台ドライブウエーが開通したこともあって多くの観光客が村内を通過するようになったが、車は素通りし、砂ぼこりが残されるだけで村を潤すことはなかった。そんな状況を恥ずかしいと思い、特産品をつくろうと翌年の1962年、私の母である辻井梅野（1909～1998）の提案で婦人会の活動をしていた４人の女性によって、吉野地域に昔から伝わる「柿の葉寿し」の製造を始めることになった。

どこの家庭でも夏祭りにはつくられるという身近な食べ物だけに、それが売れるかどうか、最初は半信半疑であったようだ。まずは大台ヶ原の山上にある「大台山荘」の土産品の売り場に並べて欲しいと、山荘の経営者でもあり当時の副知事であった下位真一郎氏に嘆願したところ、副知事から「うまい。山の家にぴったりだ。それに、一種のなれずしだから長持ちする」（〈サンケイ新聞〉1970年６月27日より）という言葉をいただいて勢いづいた４人は、村内に調理場兼売り場を造ることになった。それが「大滝茶屋」である。今でこそ、新幹

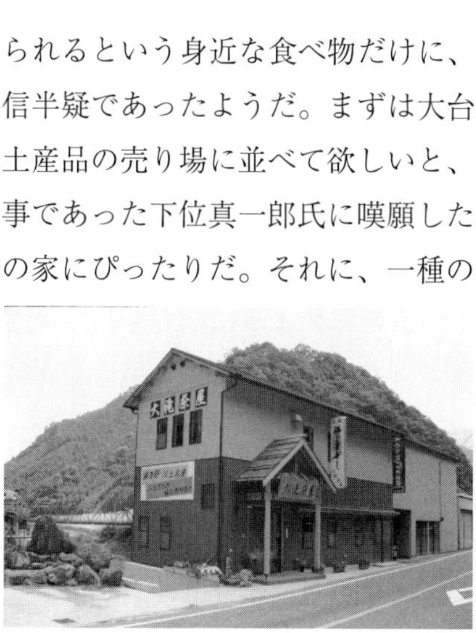

現在の大滝茶屋

このような手づくりが現在も続けられている

線や近鉄電車の売店で売られている「柿の葉寿し」であるが、一般に市販するようになったのは大滝茶屋が最初である。

たっぷり塩をしたサバを水洗いして二枚に下ろし、小骨を取って一枚一枚すいていく。洗った柿の葉をぬれ布巾でキュッと力を入れて拭き、薄味のすし飯を小判型のお握り器で抜くというように、現在でも梅野の娘たちの手によって一つ一つがていねいにつくられている大滝茶屋の柿の葉寿しは、一日置くと、サバの塩と油け、そして葉の香りがすし飯に馴染んで最も美味しくなる。

はるか500年前の昔、川上村に御所を構えた後亀山天皇の皇孫である万寿寺宮を慰めるために、村の婦女が熊野灘の塩サバでつくった寿しを柿の葉に盛って出したのが始まりとされる柿の葉寿し、素朴な昔の味を伝え続けていることが人気となり、奈良新聞社（当時大和タイムス社）による「大和土産物100選」や「大和名物30選」において絶えず上位に選出されるようになった。その以外にも、雑誌やテレビなどでも毎年のように紹介されている。現在では、川上村の土産と言うよりは奈良県の土産・特産として位置づけられており、休業期間（12月～３月初旬）を除く毎週末には、ハイカーだけでなく遠方からわざわざ来るお客様で賑わい、売り切れとなる日も多々ある。

第１章の「後南朝哀史」（15ページより）のところでも紹介したように、母梅野は1971（昭和46）年５月に大滝茶屋の横に芭蕉の句碑

（口絵参照）を建立したりして地域おこしなどにおいても熱心であった。とりわけ後南朝に関しては特別な関心を寄せていたこともあり、史実の解明とも合わせて上北山村小《こ》橡《とち》の滝川寺を訪問したり、遠く岡山の地まで足を運んでいる。それが講じて、1951（昭和26）年の秋には神之谷に住む小泉兵治郎氏の『南朝史』を書き写し、1960（昭和35）年にはそれが宮内庁で転写されて保存されることにもなった。

後南朝に魅せられて、三之公八幡平には毎年のように一週間ほど家を借りてまで供養に訪れ、隠し平にも何度か足を運んでいた母であるが、生前二篇の詩を詠んでいる。一つは柿の葉寿しづくりの喜びを詠んだものであり、もう一つは後南朝に想いを寄せて詠んだものである。本書の締めくくりとして、この二つの詩を紹介しておきたい。

吉野川瀬に　河鹿が鳴いて　　鎧ケ嶽の青葉のかげに　山の桜が色寄せて
大滝茶屋にも春が来た　ヨイショ　ヨイショ

柿の葉伸びる　待ち遠しさに　お客さんから急《せ》き立《た》てられて　今年も楽しい鮨づくり
味も姿も変らぬように　ヨイショ　ヨイショ

美味しさ一杯　自信をもって　今日も明日もと大わらわ　日本の国のはしばしに
柿の香りを運んでくれる　ヨイショ　ヨイショ

宅急便も良いたより　昔の歴史ふりかえり　川上の味生かして
村の名物世に出そう　ヨイショ　ヨイショ

「三之公山のつれづれに」（昭和59年１月30日）

春らんまんの花ざかり　御代の春をばうたわんと
集い来れるもののふの　姿ぞあはれ山桜

峻嶮山は果てもなし　光を照らす月の夜に
あずさの弓の苔まくら　谷間の水のささやける

空は晴れたり雲もなし　柴の戸通す吹く風に
君が衣に月影の　はるかな都志のびつつ

錦おりな寿秋の山　歴史の糸を多どりつつ
啼くカモシカの声かなし　山の木立も枯れ果てて

宮居の冬は早やかりき　師走の風の吹きしきり
山は雲なく雪積もる　おぼろ月夜を仰ぎつつ

三之公の八幡神社にお参りをする母梅野
（1994年６月撮影）

夜半の嵐のかなしさよ　たのみのつなも切れ果てて
地にひれ伏して叫べども　御子は帰らず如何にせん

ああ大君の血を享けて　やしまの国を守らんと
若き血潮を胸に秘め　過ぎにし時をしのびつつ

山の彼方に住居して　雁の知らせをたのしみに
月の夜に聞く笛の音も　都恋しの声ならん

山に集いしますらおは　弓も刃もふりすてて
行方定めず落ちてゆく　無念の一言やるせなし

人は逝き友は帰らず
　幾星霜
五〇〇年過ぎし今も尚　村の鬼神と崇めつつ
行く春追わず又の春　諸行無常の鐘の音を
浄土の果てにききながら　古木（こぞ）の春にぞ
　花の咲く

三之公川の地蔵河原を行く母梅野（1957年撮影）

あとがき

小さい頃からカメラに興味があり、日光写真を写したり、針穴写真機をつくっては逆さに写る景色を楽しんでいた。知らず知らずのうちに趣味の一つとなり、その趣味が高じて本を出版することになったわけだが、実際にまとめようと考え出してから完成に至るまでには想像以上の時間がかかった。

本文にも書いたように、私は役場に奉職するようになってすぐに伊勢湾台風に見舞われた。52年前のことである。言うまでもなく、当時は今のようにデジカメがあるわけでもなく、写真機そのものが貴重な時代であった。つまり、誰かれなく写真を撮ることができなかっただけに、本書に掲載した写真は貴重なものと言えるだけの自負がある。それだけに、せめてこれらの写真をアルバムのような形にしてでも後世に残したいとは思っていた。

特に、伊勢湾台風の写真については、役場の職員という立場がゆえに撮れた写真も多い（これらの写真は村で保管している）わけだが、全壊、流失などが多くて、いくら名簿があっても元の所在の確認すらできないという状況となった。そのうえ、ダム建設が理由で村がさらに様変わりをし、まったくと言ってよいほど元の家屋の配置が私には見当もつかない状態となってしまった。

そこで、当時の状況を知る人々に写真を持って聞き回り、地区ごとに被害当時の家並みを記録しようと取り組んだわけだが、離村した人が多いこと、そして特に締め切りがあるわけではないという甘えも手伝って、その作業は遅々として進まなかった。しかし、決して思い出したくもない台風の時の様子を語ってくれた人々の顔が浮かぶたびに申し訳ないという思いが頭をよぎり、「何とかまとめなければ……」と老体に鞭打ってコツコツと地区ごとの図面を書き、撮りためた写真を地区ごとに整理してパソコンに収めるという作業を繰り返していった。

ようやくそれらの作業が終わった段階で、本書の出版元である株式会社新評論の武市一幸氏に会うことができた。その時、川上村のことを少しでも知ってもらおうと、後南朝に関する村の歴史やダム問題などを話したわけだが、その際、「伊勢湾台風の写真だけで本にするのはもったいない村だ」と武市氏に言われた。それが理由となって、本書の執筆に取り組むことになった次第である。

確かに、後南朝にかかわる遺跡もなくなった所があるだけに、写真を通して村の歴史の一端を紹介することができれば、この村に生まれ、この村で育った人間としてはこのうえない喜びとなる。また、村議会議員を務めた私にとっては、本書を著すうえにおいて「大迫ダム」と「大滝ダム」のこともやはり無視できない問題となった。

とはいえ、村の歴史を遡るとなると多くの資料を繙かなければならないこと、そしてダム問題となると、自らが経験したこととはゆえ事態の複雑さに直面することなどを考えると、とても私の手に負えるものではないかと思って出版そのものを諦めようかと考えたことがあったのも事実である。しかし、武市氏からのバックアップを得られたことも含めて、後南朝にかかわる記述に関しては、本文でも紹介したように両親と兄が様々な資料を残してくれたことで完成させることができた。今さらながら、少し親孝行ができたものと思っている。

本書の校正作業が大詰め迎えた2011年３月11日、東日本大震災が発生した。人の命に変わりがないとは言うものの、伊勢湾台風とはとても比較できないような映像が連日テレビに映し出されている。21世紀となった日本に、これほどの災害が現実のものとなって現れ、さらに原子力発電の存在が一層深刻な事態を招いてしまっている。

誰が言い出したのかは知らないが、「○○のために～」という一言でダムや防潮堤、そして原発といったものに大金を投じてきたわけだが、そこまでして自然に逆らう必要が人間にはあるのだろうかと思ってしまう。

今日もテレビをつけると、東北地方の被災地の姿が映し出された。その一場面に、他人の写真やアルバムを遺品集積場へ届けているという映像が映っていた。写真には様々な思い出や記録が保存されている。そのことを知っているがゆえに、自分とは関係のない写真まで届けられたのだろう。このような映像を見ていると、私も１枚の写真を最後に掲載したくなった。

昭和初期の辻井商店。門灯は大正12年頃についたようである。柱の陰に人がいるように写っているが、これは「大学目薬」の等身大の看板

これは、私が生まれた頃の実家の写真である。大変くたびれた家で、よくこの状態で持ち堪えていたものだと感心している。ちなみに、実家が行っていた商売は、今で言うところのホームセンターやスーパーのようなものであった。現金払いでなく掛売帳（今で言うところのカード）でモノが買えた店であった。第1章でも述べたように、ここで釣り糸を測り売りしたわけである。

奥のほうに1平方メートルほどの広さの電話ボックスがあり、月に1度ぐらいの割合で電池の点検がされていた。また、右手の奥に4斗樽に流し込まれた黒砂糖があって、それを金槌で割って売っていたことや、大東亜戦争が始まってからは配給制のなかで商売を手伝ったことが次々と思い出されてしまう。私が小学校に入学する前（昭和14年）に離れを増築し、この時に本家のほうも改築した。

実はこの写真、アルバムとともに伊勢湾台風の時に流失し、3日ほど経って人が見つけて届けてくれたものである。ほとんどの写真がダメとなったが、この1枚だけはなんとか残った。私にとってこの1枚は、言葉には言い表せないほど様々な思い出が詰まっている貴重な写真である。

写真というのは、どちらかと言うとセンチメンタルなことにつながる場合が多いわけだが、私の場合、この1枚の写真があったからこそ本書を執筆することができたように思う。何故なら、趣味とはいえ、この1枚の写真が切っ掛けとなって写真の世界に入り込んだように思うからである。

このようなことを思い出していると、どうしても実現したいことが頭に浮かんできた。

大迫ダム、大滝ダムという二つのダムのために多くの家屋が解体されたわけであるが、古《いにしえ》よりの生活風情を偲ぶことができる民具や山仕事で使われてきた道具類などは、入之波地区でも白屋地区でも残されていると聞く。また、統合してなくなってしまった学校の校長室や廊下に飾られていた懐かしい品々も保管されている。これらのものを整理して、「水没記念館」とでも名付けてぜひ後世に残して欲しいと思っている。

最後になりましたが、本書を執筆するにあたっては多くの方々にお世話になりました。お名前をすべて挙げることができませんが、それぞれの方に、この場をお借りして御礼を申し上げます。特に、伊勢湾台風を扱った第２章については、村民のみなさまにご協力をいただきましたこと、厚く御礼を申しあげます。記録的な面もあることから写りの悪い写真も掲載させていただきましたが、ご理解いただきたく存じます。また、お名前のまちがいや欠落などもあろうかと思いますが、ご容赦ください。

そして、本書の出版元である株式会社新評論を紹介してくれた甥の梅本聖典氏と、ご協力をいただいた親戚のみなさんに感謝を申し上げます。

本書が、川上村の歴史、伊勢湾台風史、ダム史の入門書という位置づけとなり、「地域の語りべ」の資料として活用されることを期待して筆を置きます。

2011年５月

辻井英夫

川上村年表

［＊印は北朝の年号、（　）は後南朝の年号］

西暦	元号	事　項
289		・応神天皇、小倉山八幡山に行幸。
458		・この頃、雄略天皇が西河に遊猟する。（蜻蛉野）
652	白雉３	・役小角大峰山に入峰する。
675	天武３	・丹生川上神社上社創祀されると伝える。 ・この頃、高原福源寺建立されると伝える。
679	天武７	・役小角大峰山に一千の塔婆。・一千の石塔建立する。
701	大宝元	・西河大名持神社創祀されると伝える。
867	貞観９	・惟喬親王高原村に入ると伝える。
900	昌泰３	・宇多天皇大峰山に入峰する。
905	延喜５	・東川白山神社創祀されると伝える。
947	天暦元	・西河、仙竜寺建立すると伝える。
1007	寛弘４	・藤原道長、金峰山寺に参詣し、法華経経筒を大峰山に入峰し埋める。
1085	応徳２	・仏師勝禅法師が高原福源寺の「木造薬師如来坐像」を造る。
1173	承安３	・僧仁勝によって、井戸玉峰寺木造薬師如来坐像が造られる。
1185	文治元	・源義経吉野山に潜伏。静御前、蔵王堂付近で捕らえられる。義経は、熊野へ落ちのびる。
1190	建久元	・仁西上人が高原福源寺を再興すると伝える。
1243	寛元元	・高原不開之蔵（宝蔵）創建されると伝える。
1331	元徳３	・後醍醐天皇、神器を奉じ奈良・笠置寺にのがれる。
1332	元弘２ 正慶元＊	・護良親王、吉野に挙兵、楠木正成千早城に拠って呼応する。
1334	建武元	・建式中興。（１月）
1336	延元元 建武３＊	・室町幕府成立する。後醍醐天皇、吉野に移り、南北朝に分裂する。（11月７日）
1337	延元２ 建武４＊	・高原福源寺で大般若経ができる。（４月23日）
1338	延元３ 暦応元＊	・神之谷金剛寺の「木造地蔵菩薩立像」が造られる。
1359	正平14 延文４＊	・東川運川寺で大般若経600巻ができる。

西暦	元号	事　項
1392	元中９ 明徳３＊	・南北朝合一なる。（10月25日）
1410	応永17	・後亀山法皇吉野にはいる。（11月27日）
1414	応永21	・南朝残党遺臣吉野十八郷の郷士ら北畠満雅と伊勢に挙兵する。（９月）
1441	嘉吉元	・嘉吉の乱おこる。赤松満祐が将軍足利義教を誘殺し播磨に下向する。（６月24日）
1443	嘉吉３	・禁闕の変おこる。小倉宮の密令を受け、吉野十八郷士、南朝残党遺臣と宮中へ乱入し神器を奪取する。（９月23日）
1444	文安元	・神璽（八坂瓊曲玉）を奪った、楠木正秀らは、尊義王を川上郷金剛寺仮行宮に迎え、神璽を捧じ、尊義王は南帝（中興天皇）として即位し、年号も「天靖」と改める。（２月５日）
1445	文安２ （天靖２）	・南帝金剛寺行宮より河野郷三之公へ移ると伝える。勝王（自天王）、忠義王、尊雅王は河野の宮へ移ると伝える。（１月）
1447	文安４ （天靖４）	・南帝は自天王・忠義王を三之公へ移すと伝える。（３月） ・南帝は二皇子を隠平に移すと伝える。（12月）
1448	文安５ （天靖５）	・南帝は自天皇に位を譲る（太上天皇）。（２月５日）
1455	享徳４ （天靖12）	・南帝（中興天皇）崩御と伝える。（２月５日） ・二之宮忠義王を征夷大将軍に任じ、河野行宮に移ると伝える。（３月） ・自天王（太上天皇）北山郷小橡に移ると伝える。（４月１日）
1457	長禄元 （天靖15）	・長禄の事変おこる。北山宮赤松家遺臣に夜襲され、自天王は殺され神璽奪われる。（12月２日） ・河野郷士らが塩谷で待ち伏せし、赤松遺臣を討つ。この時、大西助五郎は敵将中村を討ち、宮の御首を奪回し金剛寺に奉葬と伝える。（12月３日）
1458	長禄２	・赤松方小寺藤兵衛・小川弘光ら、神璽を盗む。神璽京都御所へ帰座する。（８月）
1459	長禄３	・自天王神社創祀すると伝える。（１月） ・第一回朝拝式を行うと伝える。（２月５日）
1467	応仁元	・応仁の乱おこる。（５月）
1476	文明８	・この頃、「川上朝拝実記」「南帝自天親王川上郷御宝物由来書」できると伝える。（２月５日）
1480	文明12	・長禄の変で難を逃れた忠義王は、高原で薨じると伝える。（３月17日）

西暦	元号	事　項
1501	文亀年間	・この頃から「吉野杉」の造林始まると伝える。
1573	天正元	・室町幕府滅亡する。
1576	天正4	・織田信長、筒井順慶に大和国をゆだねる。（5月10日）
1579	天正7	・筒井順慶は川上郷が吉水院領であると言う。（3月3日）
1582	天正10	・本能寺の変おこる。（6月2日）
1586	天正14	・川上郷など吉野郡の村むらは豊臣秀吉の直轄所有地となる。
1603	慶長8	・徳川家康が征夷大将軍になり、江戸幕府が開く。（2月）
1605	慶長10	・口役銀制度発足する。
1615	元和元	・大坂夏の陣おこる。この頃から大坂市場に吉野材は「丸太」として出材される。（4月）
1625	寛永2	・江戸幕府の命により、自天王遺品を三か保に分置し、朝拝式も三か所で行う。
1687	貞享4	・松尾芭蕉西河の滝を訪れる（笈の小文）。（4月）
1694	元禄7	・入之波温泉の版木『御夢想塩湯』によると、吉野六田の渡しより八里・熊野・尾鷲より山越に七里とある。（6月） ・宝井其角西河の滝を訪れる（甲戌紀行）。（9月29日）
1697	元禄9	・貝原益軒、西河の滝を来訪する（和州巡覧記）。
1737	元文2	・高原村で強風災害おこり、45軒の農家が被害にあう。（4月8日）
1739	元文4	・朝拝を共同祭事から毎年各村のもち廻り祭事とすることを六保九か村で決める。（1月28日）
1747	延享4	・一般の大峰山入峰盛んになる。
1753	宝暦元	・この年、上市から伯母谷川までの吉野川本流の筏路整備が終わる。
1754	宝暦2	・この頃、朝拝の献立・振舞等が改正される。
1757	宝暦7	・吉野川内の大滝を割り、筏流路の整備を郷内で取り決める。（6月）
1762	宝暦12	・高原不開之蔵（宝蔵）再建される。（11月16日）
1772	明和9	・本居宣長、西河の滝を訪れる（菅笠日記）。（3月9日）
1775	安永4	・この頃、上田秋成大峰山入峰する（藤簍冊子）。（7月）
1777	安永6	・この頃から材木商人組合の活動が活発化する。（11月）
1780	安永9	・永原南山、蜻蛉の滝を訪れる（芳野紀行）。（2月）
1800	寛政12	・「川上郷引斧由緒」により大峰山道筋を担当し、他郷の木挽用材についても歩銭・役銭を課税する。（2月）

西暦	元号	事　項
		・僧祐阿が蜻蛉の滝から人知長福寺・不動窟まで来訪する（和紀両州記）。（4月10日）
1805	文化2	・『吉野郡北山之荘由来記』刊行する。（12月）
1806	文化3	・『南帝自天親王北山由来記』刊行する。
1809	文化6	・三宝院門跡高演法親王入峰する。（7月3日）
1814	文化11	・この頃、『吉野郡川上郷旧記』ができる。
1829	文政12	・鳥居興範「川上郷三十三霊場絵巻」を東川運川寺白竜禅師とともに完成させる。
1831	天保2	・井戸十二社神社に「おかげ灯ろう」奉納する。（3月）
1847	弘化4	・畔田判存『吉野郡中物産志』刊行する。 ・『吉野郡名山図志』刊行する。
1848	弘化5	・この頃、『和州吉野旧事記』刊行する。
1853	嘉永6	・この頃、『吉野旧記』刊行する。（2月5日）
1861	文久元	・江戸城本丸修理につき郷内各村が納金する。（10月）
1867	慶応3	・徳川慶喜、大政奉還を請う。（10月14日）
1868	慶応4 明治元	・最初の奈良県成立する（元幕府領と社寺領を管轄する）。（5月19日） ・奈良県を奈良府と改称する。（7月29日） ・明治と改称する。（9月8日）
1869	明治2	・奈良府を奈良県と改称する。（7月17日）
1872	明治5	・学制を公布する。（8月2日） ・この頃、吉野木材川上郷同業組合設立する。
1873	明治6	・川上郷連合臨時議会にて、和田村より鷲尾峠、西河村より波津峠までの道を開くこと決定する。（6月29日） ・和田遷喬舎ができる。（10月10日）
1874	明治7	・大滝、柏木郵便局開局する。（3月1日）
1875	明治8	・任意団体吉野木材川上、中荘、小川郷同業組合連合会設立する。
1876	明治9	・川上郷木材産業組合滑検査所を東川に設置する。 ・この頃、公立小学校として13校（東川、西河、大滝、迫、白屋、井戸、高原、武木、碇、中奥、和田、伯母谷、入之波）開校する。（3月） ・開産金制度発足。
1879	明治12	・この年から県道東熊野街道（五社峠～伯母峰）まで道路整備着手する。（9月29日）

西暦	元号	事　項
1882	明治15	・神之谷金剛寺境内に「自天王碑文」建立する。(12月)
1883	明治16	・明治天皇、皇后両陛下の御真影下賜される。(12月14日)
1887	明治20	・川上郷役場迫に設置（大滝から移転）する。(7月8日)
1888	明治21	・市制、町村制を公布する（4月25日)
1889	明治22	・川上郷23村合併し「川上村」となる（人口5526人、戸数1079戸)。(4月)
1890	明治23	・この年に、土倉庄三郎第3回内国勧業博覧会において解説書を付けて吉野筏を出品する。
1892	明治25	・白屋材木産業組合できる。(10月) ・この年から、船津街道（土倉街道）の上多古落合橋から三重県船津村までの道路整備に着手する。
1894	明治27	・開産金廃止に伴ない、「川上村特別税条例」を内務大臣、大蔵大臣が許可する。 ・日清戦争始まる。(8月1日)
1898	明治31	・森庄一郎『吉野林業全書』刊行する。(11月12日)
1900	明治33	・吉野木材川上郷同業組合設立する。(7月28日)
1902	明治35	・吉野木材同業組合連合会設立（五郷で）する。(9月15日)
1904	明治37	・『川上村誌』刊行する。(1月15日) ・日露戦争始まる。(2月10日)
1906	明治39	・川上村農会設立する（会員1506人)（1月6日)
1908	明治41	・西河小、大滝小を統合して川上第一尋常小学校を設置する。 ・迫小、白屋小、井戸小が統合して川上第二尋常小学校設置。井戸小は分校として残る。(4月1日) ・和田小が川上第三尋常小学校と名称を変更する。柏木尋常小学校を開校する。(6月13日)
1910	明治43	・大滝郵便局電話事務を開始する。(12月26日)
1911	明治44	・迫郵便局開局する。(1月16日) ・迫、柏木郵便局電話事務を開始する。(12月16日)
1912	明治45 大正元	・宮内庁尊秀王御墓を河野宮御墓と改称する。(1月29日) ・大正と改元する。(7月30日) ・宇治川電気株式会社迫水力発電所運転開始する。(8月1日)
1914	大正3	・第一次世界大戦始まる。(7月28日)
1920	大正9	・有限責任川上東部信用購買組合設立する（135人)。(11月20日) ・有限責任川上中央信用購買組合設立する（170人)。 この年の国勢調査によると、人口7992人内男4118人、女3874人、

西暦	元号	事　項
		戸数1367戸。（12月25日）
1921	大正10	・吉野銀行上市支店川上出張所を開設する。（9月16日）
1922	大正11	・大正天皇、皇后両陛下の御真影下賜される。（5月10日） ・吉野銀行川上支店柏木出張所を開設する。（10月13日）
1923	大正12	・『吉野郡史料』刊行する。（2月18日） ・奈良県立吉野林業学校設置する。この年に大滝鎧掛の磨崖碑「土倉翁造林頌徳記念」を造る。（4月1日） ・関東大震災おこる。（9月1日）
1924	大正13	・奈良県立吉野林業学校を西河に移転する。（4月1日）
1926	大正15 昭和元	・川上村役場焼失する。（10月5日） ・昭和と改元する。（12月26日）
1927	昭和2	・川上村役場を再建する。（12月27日）
1928	昭和3	・川上村産業組合が設立する。（10月23日）
1929	昭和4	・小学校・登記所焼失する。（7月2日） ・三ノ公トガサワラ原始林が国の天然記念物に指定される。（12月17日）
1930	昭和5	・斎藤茂吉来訪する。（8月12日） ・昭和天皇、皇后両陛下の御真影下賜される。（10月31日） ・谷崎潤一郎来訪する（吉野葛）（11月2日）
1933	昭和8	・柏木尋常小学校廃校になり、川上第三尋常小学校に統合する。（3月31日）
1934	昭和9	・カモシカが国の天然記念物に指定される。（5月1日） ・丹生川上神社上社の仮神殿遷座祭が行われる。（5月15日） ・南都銀行設立し川上迫支店開設する。（6月1日）
1935	昭和10	・『川上村の郷土誌』刊行する。（4月3日）
1936	昭和11	・吉野熊野国立公園が指定される。（2月1日） ・丹生川上神社上社本殿遷座祭が行われる。 ・この年に野口雨情来村、「川上小唄」をつくる。（3月3日）
1938	昭和13	・吉野木材商業組合連合会設立する。（6月20日）
1939	昭和14	・自天王遺品（縹糸威筋兜、大袖、胴丸金具）国宝に指定される（同25年法改正で8月29日に重要文化財に改定される）。（5月27日） ・高原福源寺「木造薬師如来坐像」が国宝に指定される（同25年法改正で5月30日に重要文化財に改定される）。（9月8日）
1940	昭和15	・福島宗緒『吉野川上村史』刊行する。（1月31日）
1941	昭和16	・追補責任川上村森林組合設立する。

西暦	元号	事　項
		・木材統制が実地される。（6月1日） ・太平洋戦争始まる。（12月8日）
1942	昭和17	・関西配電株式会社設立する。宇治川電気と合併（4月）。
1943	昭和18	・軍用飛行機川上号命令式を実地する。 海軍機（報国号）（3月14日） 陸軍機（愛国号）（6月1日） ・奈良交通設立し、柏木営業所開設する。（7月1日）
1944	昭和20	・ポツダム宣言を受諾する。（8月14日） ・川上村山林労働組合結成する。（11月23日）
1946	昭和21	・吉野材木組合連合会結成する。（4月）
1947	昭和22	・学区制の改革により、川上第一中学校、川上第二中学校、川上第三中学校が開校。（4月1日） ・川上村青年団体協議会発足する。（4月） ・十津川、紀の川総合開発計画案が出される。（8月16日）
1948	昭和23	・奈良県立吉林業学校学制改革により、奈良県立吉野林業高等学校と称する。（4月1日） ・川上村農業協同組合設立し、事務所を迫、東川、大滝、井戸、上多古に設置する。（6月5日） ・奈良県立吉野林業高等学校、奈良県立川上高等学校と改称する。（8月）
1949	昭和24	・大迫貯水池案がまとまる。（2月28日） ・井戸玉峰寺「木造薬師寺如来坐像」を国の重要美術品に認定される。（4月13日） ・土倉翁顕徳記念碑建立する。（5月25日） ・川上村漁業協同組合設立する。（9月1日） ・第3回十津川、紀の川総合開発調査協議会が、京都、祇園のレストラン「プルニエ」で開かれ、利水基本方針、事業実地順序で奈良・和歌山両県の了解成立する。調査協議会を発展的に解消し、十津川、紀の川総合開発協議会が設立された。（10月20日） ・川上郷木材林産協同組合設立する。（11月25日）
1950	昭和25	・奈良、和歌山両県知事が十津川、紀の川総合開発事業実地の協定書（プルニエ協定）に調印する。（6月11日）
1951	昭和26	・第1回川上村村議会議員選挙を行う。投票率は90％で有権者数は4433人。（4月23日） ・国土総合開発の特定地域19か所が決定した。（12月19日）
1952	昭和27	・川上村森林組合設立（森林法）する。（2月13日）

西暦	元号	事　項
		・この年、スウェーデンのリングクェスト氏が吉野林業のすばらしさを発表する。 ・川上村教育委員会発足する。(11月1日)
1953	昭和28	・第1回川上村村長選挙を行う。(2月23日) ・大迫ダム地質調査実地（農林省）する。(4月8日) ・第13号台風で、川上第一中学校運動場および入之波小学校流失する。(9月) ・関西労災病院川上診療所開設。(10月)
1954	昭和29	・「かわのり」「丹生川上神社上社暖地性植物自生地」「大台ヶ原サンショウ魚」を県の天然記念物に指定する。(3月2日) ・川上村婦人グループ協議会が結成される。(3月28日) ・津風呂ダムサイト掘削を開始する。(9月1日)
1955	昭和30	・高松宮殿下来村、河野宮墓に参拝、南帝王宝物を拝観される。(5月11日)
1956	昭和31	・この年に川上郷木材林産組合に改組する。 ・猿谷ダム貯水を開始する。(9月24日) ・自天親王、500年忌祭を行う（12月2日) ・『後南朝史論集』刊行する。(12月2日)
1957	昭和32	・奈良交通奥吉野線（奈良～柏木間）急行バス新設する。(8月15日) ・『広報かわかみ』創刊する。(9月10日)
1958	昭和33	・奈良県立川上高等学校、奈良県立吉野林業高等学校と改称する。(4月1日) ・大迫ダムについて入之波水没者に建設計画を説明し、満水面測量調査に協力を依頼する。(12月10日)
1959	昭和34	・大迫ダム対策組合結成する（入之波地区住民67人）(1月5日) ・伊勢湾台風襲来。本村を直撃し、死者72人全遺流失家屋209戸におよぶ。(9月26日・土)
1960	昭和35	・建設省、防災ダム計画の予備調査を開始する。(4月)
1961	昭和36	・大台ヶ原ドライブウェイ開通し有料化する。(7月1日) ・建設省大滝ダム建設事業計画説明会を実地する。(7月) ・農林、建設両省、大迫ダムに洪水調節機能を加味することで協議する。(7月7日)
1962	昭和37	・村議会、総合開発特別委員会を設置、大迫、大滝、入之波三ダム建設や、五社トンネル開通などに対処する。(2月7日) ・大滝ダム調査事務所を吉野町丹治に設置する。大滝ダム実施計画調査に着手する。(4月)

西暦	元号	事　項
		・北塩谷橋完成（５月26日） ・村議会は「大滝ダム反対」を決議する。（８月） ・区長会は大迫、大滝両ダムの建設にあくまで反対の態度を決める。（８月24日） ・農林省と建設省は、大迫ダムを農業用水専門、大滝ダムを洪水調節専用として建設することに決める。（11月６日） ・建設省および農林省は、大迫ダム・大滝ダム実地計画確定する。また、大迫ダムは農業専用、大滝ダムは洪水調節専用とする。（11月14日）
1963	昭和38	・入之波区、大迫ダム施工のための調査拒否を決議する。（１月） ・大滝ダム調査事務所吉野町河原屋に移転される。（４月） ・村議会ダム対策特別委員会を設置する。（定員９人）（５月７日） ・県議会議員が大迫ダム着工について知事の決断を迫る。 ・大迫ダム促進協力を条件に和歌山県側が折れ、紀の川分水問題は解決した。（６月11日） ・川上村ダム対策委員会設置する（８月） ・副知事、ダム協力要請のため来村するが、大滝ダム反対派は座り込みで阻止する。（９月６日） ・大滝ダムの調査は無理、大迫ダムと大滝ダムは切り離して考えるべきとの結論を出す。（11月16日）
1964	昭和39	・川上村地域開発協議会が発足、第１回会合する。（１月10日） ・大迫ダム仮排水トンネル工事に着工する。（２月４日） ・建設省、大滝ダムの河床ボーリングを開始する。（２月29日） ・入之波ダム予備調査始まる。（３月） ・大迫ダム水没山守会、村に陳謝する。（４月25日） ・川上村ダム対策委員会を廃止して川上村ダム対策住民連絡協議会を設置する。 ・第１回川上村ダム対策住民連絡協議会開催する。（５月26日） ・奈良県、河川予定地制限令告知する。（６月） ・入之波第２組合結成。 ・大迫区、ダム対策委員会を組織、伯母谷区も近畿農政局に要望書を出した。（８月） ・副知事が来村。大滝ダム調査の協力を求める。水没関係住民は強硬に反対する。（11月６日）
1965	昭和40	・森林組合山主会、山守会、川上村漁業協同組合がそれぞれ近畿農政局に要求書を提出する。（２月22日） ・川上村助役の定数を２名とする条例公布する。（３月15日） ・一般国道169号線指定される。（３月29日）

西暦	元号	事　項
		・大滝ダム工事事務所となり出張所を迫に設置し、建設事業に着手する。（4月1日） ・この頃から年末にかけて、大迫ダムの補償交渉などの話し合いが活発化する。（6月5日） ・高原地区で伊勢湾台風遭難の碑建立する。（9月26日）
1966	昭和41	・大滝ダム調査立ち入りについて覚書を締結（建設省・奈良県・川上村）する。（3月31日） ・土倉庄三郎銅像再建除幕式を行う。（7月29日）
1967	昭和42	・大迫ダム、ダムサイト左岸直上流上方で大規模な地すべり（クラック）発生する。（5月11日） ・補償交渉について、大迫ダム水没再建同志会、農林省、村の三者が会合。（7月12日） ・大滝ダム第二出張所を大滝に設置する。（10月）
1968	昭和43	・『入之波地区民族資料調査報告書』刊行する。（3月30日） ・鐙掛け橋竣工。（7月）
1969	昭和44	・大滝ダム水没者対策組合連合会（水対連）を結成する。（4月） ・大迫ダム仮締め切り工事に着手する。（5月28日） ・新入之波宅地造成入札。（7月25日） ・大迫ダム、転流を開始する。（8月13日） ・大迫ダム本体基礎掘削工事を始める。（10月）
1970	昭和45	・大迫ダム本体工事着工する。（4月28日） ・大迫ダム定礎式（6月4日）。
1971	昭和46	・新入之波集落の造成終わる（2月14日） ・大滝で芭蕉句碑（ほろほろと山吹散るか滝の音）建立する。（5月2日）
1972	昭和47	・建設省大滝ダムの建設に関する基本計画告示される。（4月） ・入之波小学校、第3小学校へ統合（4月1日）。 ・大迫ダム本体のコンクリート打設を完了。（7月8日） ・川上村「入之波ダム」早期実現を要望する。（8月10日） ・水対連、建設省の内示を不満として要望基準を提示する。（10月） ・大迫ダム本体工事完成する。（12月）
1973	昭和48	・宿泊研修施設「自然の家」開所。（4月1日） ・大迫ダム、貯水を始める。（9月11日） ・大迫ダム完工する。（10月27日） ・五社トンネル開通（11月10日）。
1974	昭和49	・県道国栖大滝線指定される。（6月11日）

西暦	元号	事　項
		・水対連と建設省の一般補償基準交渉が不調に終わり、建設省は個別交渉に転換する。（７月）
1975	昭和50	・建設省は、一般補償基準書を全水没者および県、村に配布する。（10月）
1976	昭和51	・村外宅造（橿原市曲川町）について橿原市と協定する。（６月） ・吉野川分水国営事業終了する。（10月１日）
1977	昭和52	・奈良県立吉野林業高等学校廃止される。（３月31日） ・奈良県立吉野高等学校新設する（吉野町飯貝）。同校川上校舎となる。（４月１日） ・川上村ダム対策本部設置する。（６月１日） ・村内宅地造成基本方針で覚書調印する。（11月）
1978	昭和53	・自天王遺品「胴丸」復元する。（10月１日）
1979	昭和54	・水源地域対策特別措置法に基づく地域指定される。（１月） ・川上村、水特法に基づく整備計画内示及計画樹立する。（３月） ・県立吉野高等学校川上校舎閉校する。（３月）
1980	昭和55	・大滝ダム地すべり対策委員会設置する。（７月）
1981	昭和56	・川上中学校開校（第一、第二、第三の三校を統合し、村内一校に）（４月１日）。 ・大滝ダム建設の着工同意に関する覚書確認書の締結を川上村、奈良県、建設省の三者で行う。（10月24日） ・大滝ダム仮排水トンネル工事に着手。（12月）
1982	昭和57	・柏木「不動窟」県の天然記念物に指定される。（３月12日） ・大迫ダム緊急放流事件（死者７人）おこる。（８月１日）
1983	昭和58	・川上村のシンボル決定。木：杉　花：ヤマブキ　鳥：ヤマガラ（３月） ・『大迫ダム誌』刊行する。（３月31日） ・川上東小学校および川上西小学校開校（村内２校に統合なる）
1984	昭和59	・大滝ダム仮排水路トンネル工事完成する。（１月） ・「ここに吉野林業高校ありき」の碑建立する。（11月24日）
1985	昭和60	・蜻蛉の滝に宝井其角の碑を建立する。 ・柏木トンネル開通する。（12月25日）
1986	昭和61	・白川渡ナメキ宝篋印塔発掘調査開始する。（４月16日） ・湖底サミット開催する。（５月18日）
1987	昭和62	・『川上村史史料編』上巻・下巻刊行する。（２月28日） ・大迫ダム釣り公園開園する。（５月30日） ・「木工の里」オープン。

西暦	元号	事　項
		・白川渡八幡山発掘調査開始する。（８月） ・丹生川上神社上社より縄文式土器発見される。（10月）
1988	昭和63	・村営ホテル「杉の湯」開館する。（４月30日） ・全国川上サミット88’開催する。（５月17日） ・役場新庁舎開庁（７月１日）。 ・商工、労働会館が迫佐本団地へ移転する。（７月１日） ・大滝～迫新国道供用開始（７月１日）。 ・川上村の筏流し、再現する（北和田からナメキまで）。（10月５日） ・大滝ダム本体工事着手（12月）。
1989	昭和64 平成元	・平成と改元する。（１月８日） ・『川上村史　通史編』刊行する。（３月31日）
1990	平成２	・川上診療所移転開所（６月18日） ・林道武木－小川線開通。（７月５日）
1991	平成３	・大滝ダム転流開始（１月29日）。 ・白屋橋・井戸橋・北和田橋が竣工。（６月） ・てくてく館（観光案内所）オープン。（７月21日）
1993	平成５	・もくもく館（林業資料室）オープン。（４月24日） ・大滝ダムのデザイン決定する。（５月） ・林道高原－洞川線開通。（６月３日） ・あきつの小野スポーツ公園オープン。（10月１日）
1994	平成６	・西河へ殉国塔遺碑。（４月19日）
1995	平成７	・歯科診療所開業。（５月12日） ・入之波温泉「五色湯」オープン。（７月７日）
1996	平成８	・大滝ダム学べる建設ステーションオープン。（４月20日） ・ふれあいセンターオープン（４月17日）。 ・井光養漁場竣工（10月21日）。 ・大滝ダム本体コンクリート打設開始（11月18日）。
1998	平成10	・鍬の瀬橋・武光橋が竣工。（３月） ・丹生川上神社上社御遷宮（３月14日）。 ・迫～下多古新国道供用開始（３月23日）。 ・大滝ダム定礎式（４月25日）。
1999	平成11	・匠の聚オープン。（５月23日） ・広域林道吉野、大峯線開通。（10月14日） ・三之公の原生林、購入。平成11、12年度に380ha。
2000	平成12	・下多古～白川波国道供用開始。（８月10日） ・丹生川上神社上社の発掘調査。（11月）

西暦	元号	事　項
2002	平成14	・やまぶきホール、森と水の源流館オープン。（４月） ・大滝ダム堤体完成（10月）。
2003	平成15	・国道169号伯母谷ループ橋開通（１月17日）。 ・大滝ダム試験湛水開始（３月17日）。 ・川上小学校開校（一校となる）（４月１日）。 ・白屋地区住民、北和田川上東小学校跡地へ仮移転。（７月）
2005	平成17	・白川渡オートキャンプ場オープン。（５月３日）
2006	平成18	・白屋地区村内移住者、大滝地内へ移転。（12月）
2007	平成19	・御朝拝式550年祭。（２月５日）
2008	平成20	・望郷の碑、完成。（５月18日）
2010	平成22	・８月現在、地すべり対策の工事中。

参考文献一覧

- 伊藤　獨『悲運の南朝皇胤並自天王祭祀について』（非売品）檜書店、1972年
- 尾崎知光・木下泰典編『菅笠日記』和泉書院、1987年
- 貝原益軒『和州巡覧記』（木版）1696年
- 川上村大迫ダム誌編集委員会『大迫ダム誌』奈良県吉野郡川上村、1983年
- 川上村教職員組合『郷土の先覚者　土倉庄三郎翁』、1968年
- 川上村史編纂委員会『川上村史（通史編）』川上村教育委員会、1989年
- 川上村朝拝組『南帝自天親王川上郷御寶物由來』（不明）
- 岸田日出男『後南朝史蹟地圖の説明』自費出版、1956年
- 小泉兵治郎『南朝史』個人記録、1934年
- 御勢久右衛門編『大和吉野川の自然学』トンボ出版、2002年
- 後南朝史編纂会編『後南朝史論集』新樹社、1956年
- 小松左京『本邦東西朝縁起覚書』ハヤカワ文庫、1974年
- 更矢伊兵衛『更矢家重代日日記憶録』個人記録、（不明）
- 白洲正子『かくれ里』新潮社、1971年
- 田中淳夫『森林からのニッポン再生』平凡社新書、2007年
- 谷　彌兵衛『近世吉野林業史』思文閣出版、2008年
- 谷崎潤一郎『吉野葛・盲目物語』新潮文庫、1951年、2002年改版

・土倉梅造監修『完全復刻　吉野林業全書』日本林業調査会、1983年
・中谷順一『南帝由来考』自費出版、1985年
・奈良県教育委員会編『村の生活史』奈良県吉野郡川上村、1970年
・奈良県教育委員会文化財保存課「入之波地区民俗資料調査報告書」川上村、1968年
・奈良県教育会（教育委員会）取りまとめ「川上村風俗史」、1915年
・奈良県吉野郡川上村広報「かわかみ」編集委員会編「川上村昔ばなし」奈良県吉野郡川上村、2007年
・奈良県吉野郡役所編『吉野郡史料（上・下）』（覆刻版）名著出版、1971年
・奈良県立橿原考古学研究所『宮の平遺跡Ⅰ』（奈良県立橿原考古学研究所調査報告第84冊）奈良県教育委員会、2003年
・福島宗緒『吉野川上村史』奈良県吉野郡川上村、1940年
・堀内民一『萬葉大和風土記』人文書院、1962年
・増田晴天楼『大和路の芭蕉遺蹟』奈良新聞社、2003年
・宮原田綾香『それでも八ッ場ダムはつくってはいけない』芙蓉書房、2010年
・吉野川分水史編纂委員会編『吉野川分水史』奈良県、1977年
・吉野郡川上村教職員組合青年部編『わたしたちの村　川上』川上村教育委員会、1962年
・吉野町史編集委員会編『吉野町史（上）』吉野町役場、1972年
・Voice 特別増刊「山本七平追悼記念号」PHP 研究所、1992年
・〈週間　金曜日〉2004年６月25日号
・〈サンケイ新聞〉1970年６月27日
・「源流の四季」第40号、多摩川源流研究所、2011年１月
・川上村広報誌「かわかみ」
・「興村」第３号、1937年８月１日

・パンフレット「観光のしおり　ニジッコの里」
・森と水の源流館のパンフレット

・川上村のホームページ
・南近畿土地改良調査管理事務所のホームページ

著者紹介

辻井　英夫（つじい・ひでお）

1933（昭和８）年12月24日、川上村に生まれる。
1952（昭和27）年、奈良県立川上高校卒業後、衣料品の販売を村内で行う。
1959（昭和34）年８月、川上村役場に就職した翌月に伊勢湾台風が襲来（９月）し、情報収集、連絡係、救援物資の配布などの仕事に従事する。また、1981（昭和56）年には川上中学校、1983（昭和58）年には川上東、西両小学校の統合の推進と新校舎建設を担当する。その他、税務課、総務課、住民課、企画課、教育委員会事務局などにも携わる。
1989（平成元）年12月に退職。その後、自営業（酒類などの販売）。
1991（平成３）年４月、川上村議会議員に当選し、2007（平成19）年４月に退職（４期16年）。その間に、「吉野広域議会議員」と「南和広域議会議員」を歴任する。
趣味は、写真撮影と釣り。

住所：奈良県吉野郡川上村大滝418

吉野・川上の源流史
――伊勢湾台風が直撃した村――

（検印廃止）

2011年７月15日　初版第１刷発行

著　者　辻井　英夫

発行者　武　市　一　幸

発行所　株式会社　新　評　論

〒169-0051 東京都新宿区西早稲田3-16-28
http://www.shinhyoron.co.jp

TEL 03（3202）7391
FAX 03（3202）5832
振替 00160-1-113487

落丁・乱丁はお取り替えします。
定価はカバーに表示してあります。

写真　辻井英夫
（但し書きのあるものは除く）
印刷　フォレスト
装丁　山田英春
製本　桂川製本所

Printed in Japan
ISBN978-4-7948-0875-2